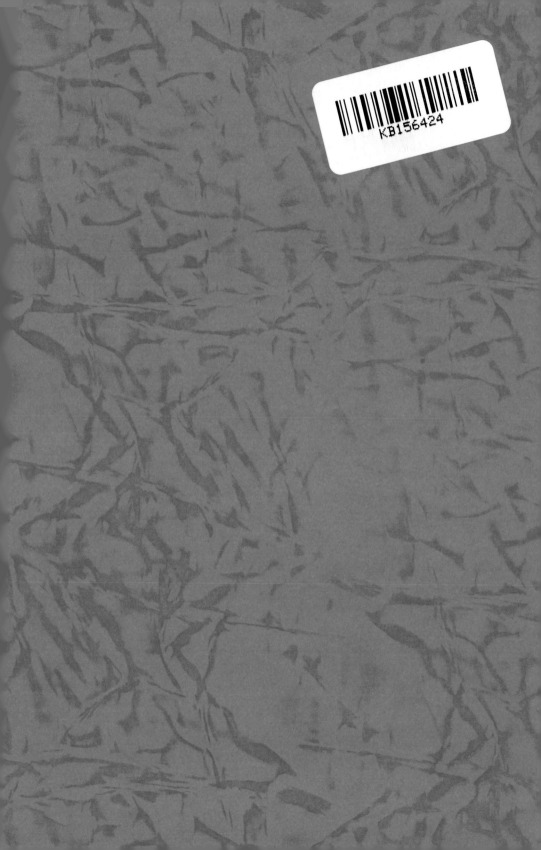

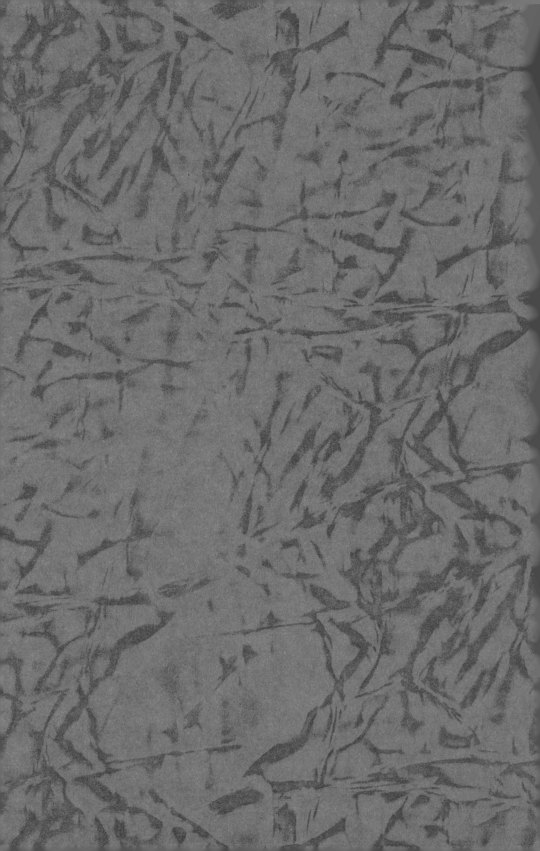

大鵬逆風飛
生魚逆水泳

큰 새는 바람을
    거슬러 날고
삶이 있는 물고기는
물살을 거슬러 오른다.


대통령  노무현

행정가와 CEO를 위한 8가지 리더십의 원리

# 노무현의 리더십 이야기

| 노무현 지음 |

행복한책읽기

# 노무현의 **리더십 이야기**(개정판)

초판 1쇄 펴낸날 / 2002년 10월 15일
초판 10쇄 펴낸날 / 2009년 6월 4일
개정판 1쇄 펴낸날 / 2014년 12월 16일

지은이 • 노무현 | 펴낸이 • 임형욱 | 편집주간 • 김경실 | 책임기획 • 임형욱
편집장 • 정성민 | 편집 • 김경실 정민숙 양정진 | 디자인 • 김경화 | 영업 • 이다윗
펴낸곳 • 행복한책읽기 | 주소 • 서울시 종로구 창신6나길 17-4, 1층
전화 • 02-2277-9216,7 | 팩스 • 02-2277-8283 | E-mail • happysf@naver.com
인쇄 및 제본 • 동양인쇄(주) | 배본처 • 뱅크북
등록 • 2001년 2월 5일 제30-2014-27호 | ISBN 978-89-89571-87-2 03340  값 • 12,800원

# 리더십을 다시 생각한다

21세기를 시작하는 첫 번째 화두는 '리더십'이다. 모든 곳에서 리더십의 중요성을 말하고 있다. 서점가의 베스트셀러 목록을 뒤져봐도 '리더십'이라는 제목이 붙은 책이 몇 권씩이나 한꺼번에 올라있는 모습이 보인다. 여기에 다시 내가 '리더십'이라는 제목이 붙은 책 한 권을 더 보태려 한다.

나는 2000년 8월 7일 해양수산부 장관으로 임명되어, 2001년 3월 26일 퇴임했다. 8개월이 채 안 되는 재임기간이었지만 나는 최선을 다해 해양수산부를 이끌었고, 해양 수산 항만의 당면한 여러 문제를 풀기 위해 전국을 뛰어다녔다. 이 과정에서 참으로 많은 경험을 했다. 어촌의 주름진 할아버지를 비롯해 수많은 민원인을 만나기도 하고, 해양수산부와 관련 부처의 각급 공무원을 만나 협조를 구하기도 했다. 장관직을 수행하면서 보람된 일도 많았지만, 정책결정의 한계와 어려움 때문에 고뇌한 적도 한두 번이 아니었다.

이 과정에서 나는 우리 나라의 공무원이 어떻게 일을 하고 있으며, 또 어떻게 일을 해야 하는지, 우리 나라의 장관은 어떤 조건에서 책임을 맡게 되며, 어떻게 장관으로서의 리더십을 발휘해야 하는지를 생각했다. 공무원의 리더십이 행정부에 있어 아주 중요한 문제라는 생각을 하면서 인간과 조직 그리고 리더십에 대한 나의 평소 생각을 하나하나 실천에 옮겼다. 이 책은 이러한 입장에서 생각하고 실천했던 나의 리더십과 지식경영에 대한 보고서이다.

비록 짧은 장관 재임이었지만 이러한 나의 경험을 여러 사람들과 나누고자 재임시절부터 틈틈이 생각과 활동을 정리해 두었다. 그리고 작년 3월 말 퇴임하자마자 그냥 버리기 아까운 기억들을 하나의 책으로 엮기 위해 새롭게 정리하기 시작했다. 글의 초안은 작년 6월 말에 완성되었다. 이것을 책으로 출판하기 위해서는 더 손을 대야 했지만 이후의 정치활동이 너무 바빠 시간이 나지 않았다.

그렇지만 대통령이 되어 나라를 이끌고 행정부를 통할하겠다고 출사표를 던진 마당에 국민들에게 장관으로서의 나의 활동 내용을 공개해야 한다는 생각은 늘 갖고 있었다. 국민들이 정치인을 제대로 판단하고 평가할 수 있는 근거를 제공하는 것도 정치인의 의무이기 때문이다.

또한 많은 사람들이 나의 국가경영 리더십에 대해 궁금해하고 있는 현실에서 나의 리더십을 국민들에게 설명할 필요성도 강하게 느꼈다. 이런 생각으로 나의 홈페이지에 올려 두었던 원고를 좀더 다듬어 이번에 책으로 출판하는 것이다.

이 책의 출판으로 국가경영을 책임과 권리, 정보와 지식의 공유 및 확대 과정으로 보고자 한 나의 생각이 독자 여러분과 공유되기를 희망한다.

이 글을 정리하는 과정에서 많은 사람들의 도움이 있었다. 우선 이 모든 일들을 있게 한 해양수산부 직원과 관계자 모두에게 감사를 드린다. 그리고 일지를 정리하고 기억을 더듬어 내는 데 나와 함께 일했던 장관비서실 직원들이 큰 역할을 했다. 특히 비서실의 황종우 사무관과 정책자문위원이었던 배기찬 씨가 책을 기획하고 글을 정리하는 데 많은 도움을 주었음을 밝힌다. 마지막으로, 여러 가지 악조건 속에서도 이 책의 출판을 기꺼이 수락한 「행복한책읽기」의 임형욱 대표에게 감사드린다.

2002년 10월
여의도에서 노무현

# contents

서문 - 리더십을 다시 생각한다   5

## 제1장 신뢰로 조직을 움직인다

**리더십의 원리**

1. 애정과 열정으로 하나가 되자   12
2. 신뢰하면, 신뢰를 받는다   16
3. 든든한 바람막이 역할을 한다   20
4. 업무에 정통해야 신뢰를 얻는다   25
5. 진솔한 마음으로 대화를 즐기기   29
6. 스스로 낮추면 권위가 생긴다   35
7. 나와 관계된 것은 더욱 냉정하게   40
8. 존재이유를 알고 꿈을 갖는다   44

## 제2장 전략적으로 정책을 판단한다

**리더십과 문제해결**

1. 여론과 현장, 그리고 현실   50
2. 문제의 본질에서 생각하기   55
3. 전략적 사고로 문제를 해결하기   60
4. 먼저 생각하고 먼저 행동하기   65
5. 의욕을 넘어 실현 가능성을 보기   72
6. 때로는 신중하고, 때로는 신속하게   76
7. 미래를 바라보고 미리 준비한다   81
8. 생각의 지평을 넓힌다   84

## 제3장 확신으로 내부 추진력을 강화한다

**리더십과 조직관리**

1. 토론하고 설득해서 확신을 갖게 한다   90
2. 때로는 자존심을 부추길 필요가 있다   95
3. 된다는 생각으로 부딪쳐 보라   101
4. 성공사례를 통해 확신을 갖게 하기   106
5. 먼저 나서서 분위기를 변화시킨다   114
6. 칭찬은 아끼지 않고 사기는 꺾지 않는다   120

# 제4장　　조직의 내부역량을 강화한다

**리더십과 인사관리**

1. 리더는 일할 의욕을 생산한다　126
2. 인사의 생명은 '공정에 대한 신뢰'이다　131
3. 공동체가 함께하는 인사시스템　139
4. 책임있는 리더에게 권한을 준다　144
5. 낙하산은 없다. 경쟁으로 승부한다　146
6. 끊임없이 학습하고 정보와 지식은 공유한다　152

# 제5장　　설득과 홍보에 열성을 다한다

**리더십과 마케팅**

1. 열의와 용기로 국민을 설득한다　162
2. 자신의 조직은 자신이 홍보한다　166
3. 홍보를 잘해야 진실이 살아난다　168
4. 상대를 존중하되 당당해야 한다　174
5. 갈등해결의 능력을 길러야 한다　179

# 제6장　　'국민을 위해', '국민과 함께'

**리더십의 목표**

1. 국민의 입장에서 사고하고 판단하기　184
2. 가능하면 되는 방향으로 생각한다　190
3. 국민 한 사람이라도 소중하게　197
4. 진실을 말하는 것이 최고의 의무이다　204
5. 자율이 스스로 문제를 해결한다　208

c o n t e n t s

**제7장**

**리더십의 핵심**

## 리더로서의 인식을 분명히 한다

1. '주인' 의식을 갖는다　214
2. '관리'가 아닌 '행정리더'가 된다　218
3. 자신감과 자긍심을 가지고 일하게 한다　221
4. '도우미'로서의 행정가가 된다　226
　리더론1 – 전문성과 정치력　229
　리더론2 – 리더의 자질과 능력　231
　리더론3 – 리더의 힘　236

**제8장**

**리더십과 비전**

## 동아시아의 중심국가를 향하여

1. 발상의 전환과 동북아의 중심국가　242
2. 21세기의 시대정신과 리더십　253
3. 동북아의 '평화와 번영'을 위한 새로운 질서　272

**부록 | 노무현의 리더십 분석 |**

## 노무현 깊이 읽기

1. 노무현의 '꿈꾸는 조직' 만들기 / 박광열　288
2. 사랑과 생명의 리더십-기업경영에서 노무현의 리더십을 이야기한다 /김용구　295
3. 3김 이후의 정치적 리더십과 노무현 / 유시민　304
　노무현 관련 도서 및 인터넷 사이트　325

# 1장 | 리 더 십 의 원 리

# 신뢰로 조직을 움직인다

1. 애정과 열정으로 하나가 되자

2. 신뢰하면, 신뢰를 받는다

3. 든든한 바람막이 역할을 한다

4. 업무에 정통해야 신뢰를 얻는다

5. 진솔한 마음으로 대화를 즐기기

6. 스스로 낮추면 권위가 생긴다

7. 나와 관계된 것은 더욱 냉정하게

8. 존재이유를 알고 꿈을 갖는다

# 신뢰로 조직을 움직인다

## 1. 애정과 열정으로 하나가 되자

전차경주로 유명한 영화 '벤허'를 보면 유다 벤허가 모는 4마리의 백마와 호민관 메살라가 모는 4마리의 흑마가 경주를 벌인다. 영화이 기는 하지만 이때 벤허는 백마들을 애정으로 대하고 채찍질을 하지 않는다. 단지 고삐만 한 번씩 당길 뿐이다. 반면에 메살라는 속도를 내기 위해 흑마들에게 끊임없이 채찍질을 가한다.

이 경주에서 결국 벤허가 승리하지만, 나는 이 영화를 보면서 전차 경기의 승패보다도 애정으로 대하는 말과 채찍으로 대하는 말의 경기력에 주목했다. 이것이 단지 영화일 뿐이고 또 그 대상이 인간이 아닌 말에 불과하다고 하더라도 사람을 어떻게 대해야 하는지 큰 시사를 받았다. 말이 그렇다면 인격을 가진 인간에게는 더욱 채찍보다 애정이 중요하지 않겠는가.

　여러 가지 책들을 보면 리더십의 유형은 크게 두 가지로 나누어진다. 하나는 권위형이고 다른 하나는 민주형이다. 권위적 리더십과 민주적 리더십을 가르는 근본적인 차이는 인간과 권력에 대한 관점의 차이에 있는 것 같다. 이에 대해 오석홍 교수는 『조직이론』(박영사, 1999)에서 다음과 같이 정리하고 있다.

　"권위형의 지도형태는 권력의 기초가 지도자의 직위에 있다고 보는 관점 및 인간을 게으르고 신뢰할 수 없는 존재라고 보는 관점에 부합하는 것이다. 권위적 지도자는 추종자들에게 권력을 행사하고 추종자들의 행동을 면밀히 통제하고 감시한다. 또 임무수행에 관한 정보를 독점하고 추종자들이 의사결정에 참여하는 것을 거부한다.
　민주형은 권력의 기초가 지도대상집단의 동의에 있다고 보고 인간은 자기규제적이고 창의적으로 일할 수 있는 존재라고 본다. 추종자의 자율성을 존중하고 일반적인 감독을 통해 지도대상집단을 이끌어간다. 지도대상집단 성원 사이의, 그리고 성원과 지도자 사이의 의사전달이 원활해지도록 하며 의사결정에 추종자들의 참여를 촉진한다. 민주적인 지도자들은 권력과 책임을 추종자들에게 적절히 위임한다."

　권위적 리더십은 '인간을 게으르고 신뢰할 수 없는 존재'로 보고 권력은 직위에서 나오는 강제력이라고 생각한다. 그러나 민주적 리더십은 '인간은 자기 규제적이고 창의적으로 일할 수 있는 존재'로 보고, 자발적인 추종을 중시한다.

나는 국회의원으로서 활동할 때나, 지방자치실무연구소를 설립하여 운영할 때나 나와 함께 하는 사람을 한결같이 동지로 보았고 그들의 자율성과 창의성을 최대한 존중하는 방향으로 일을 해 왔다. 지금껏 내가 몸담았던 어떤 조직보다도 큰 조직인 해양수산부의 수장이 되어서도 나의 이러한 인간관, 조직관은 마찬가지였다.

'하나의 조직을 올바르고 강하게 이끌기 위해서 무엇보다 중요한 것은 애정과 열정으로 하나가 되는 것이다. 그 고통과 기쁨, 절망과 희망까지를 함께 나누는 것이다.' 이것이 리더십에 대한 나의 기본생각이다.

취임 첫날 해양수산부 청사로 와서 장관실에 들어가니 기획예산담당관이 취임사를 건네주었다. 내 나름대로 준비해 온 내용이 있어서 어떻게 할까 잠시 생각하다가 준비해 준 취임사를 먼저 읽고, 내가 하고 싶은 얘기를 덧붙이기로 했다. 이는 취임사를 준비한 직원들에 대한 배려의 측면도 있었지만, 장관으로부터 진정 듣고 싶은 메시지를 거기에 담아 놓았으리라고 여겼기 때문이었다. 더군다나 그 취임사를 그냥 내친다면 처음부터 그들과는 이질적인 존재로 인식되고, 그들을 무시하고 그들을 신뢰하지 않는다는 인상을 줄 수도 있다고 생각했기 때문이다.

대회의실에 도열한 직원들 앞에서 나는 "친애하는 해양수산 가족 여러분"으로 시작하는 취임사를 읽어 내려갔다.

'꿈이 있는 자, 준비된 자, 도전하는 자만이 바다를 지배할 수 있다. 공직자는 업무에 정통해야 하고, 공정해야 하며, 무엇보다 사랑을 품고 살아야 한다. 나는 해양수산부가 겪는 어려움을 극복하고, 부처에

주어진 사명을 감당하는 데 장관으로서 앞장서서 최선을 다하겠다. 여러분들이 도와주시리라 믿는다.'

대략 이러한 줄거리로 준비해 준 취임사를 맺었다. 그리고 잠시 한숨을 돌린 후 원고 없이 내가 하고 싶은 얘기를 시작했다.

"여기 오면서 많은 생각을 했습니다. 저는 해양수산부에 우리 민족의 장래가 달려있다고 생각합니다. 이곳에서 저는 항상 그래 왔듯이 좌고우면 하지 않고 앞만 보고 일해 가려 합니다. 많은 일을 하고도 제대로 평가받지 못한 여러분의 고충을 충분히 이해합니다. 그러나 해양수산부는 현재보다는 미래가 있는 부처입니다. 우리 어깨 위에 한국경제의 미래가 달려 있습니다. 감히 다시 한번 저와 함께 노력해 주시길 당부 드립니다.

매는 제가 맞겠습니다. 여러분에게 쏟아지는 매는 제가 맞겠습니다. 일하십시오. 자신 있게 일하십시오. 일을 추진하다 생긴 실수는 있을 수 있습니다. 그건 제가 책임지겠습니다. 그러나 일을 하지 않으면 그 모든 책임은 여러분이 져야 할 것입니다. 진실을 이야기하십시오. 반대의견이 있으면 직을 걸고 반대하십시오. 현장에 가서 보고 판단하십시오. 이제부터 여러분과 저는 한 팀입니다.

저는 가장 가까이하기 쉬운 사람, 가장 일하기 편한 사람이 되도록 노력할 것입니다. 제 집무실의 문턱은 낮을 것이며, 저의 이메일은 항상 여러분을 기다리고 있을 것입니다. 서로가 바빠서 만나기가 어려우면 이메일을 통해서라도 대화합시다. 이렇게 시작된 커뮤니케이션은 반드시 발전될 것입니다.

해양수산부는 머지않아 가장 중요한 부서가 될 것입니다. 지난날

체신부가 지금은 가장 각광받는 부처 중의 하나인 정보통신부가 되었습니다. 해양수산부도 그렇게 떠오를 것이고, 이미 그 일은 시작되었다고 봅니다. 위대한 동북아시대 경제의 견인차가 될 부처로 성장하게 될 것입니다. 이 중차대한 과제를 함께 짊어지고 나아갑시다.

저 개인은 부족한 면이 많습니다. 그러나 여러분이 도와주시면 새로운 역사를 만들 수 있습니다. 한 팀이 되어 열심히 노력합시다.”

'여러분과 나는 한 팀이다.' '여러분에게 나는 가장 가까이에 있는 사람이다.' '중차대한 과제를 함께 짊어지고 나아가자.'
이것이 애정과 열정으로 해양수산부와 하나가 되려고 한 나의 첫 메시지였다.


## 2. 신뢰하면, 신뢰를 받는다

신뢰는 모든 조직의 기초이지만 '사회자본'으로서 경쟁력의 중요한 요소로도 부각되었다. 그러나 우리 사회에서 가장 부족한 것 중의 하나로 드는 것이 '신뢰'이다. 정치와 정치인에 대한 국민의 신뢰는 이미 오래 전에 땅바닥으로 떨어졌고, 행정과 공무원에 대해서도 신뢰가 계속 저하되고 있다.

국가사회 차원에서뿐만 아니라 행정조직, 기업조직에서도 신뢰는 큰 의미를 띠고 있다. 조직이 민주화되고 생활이 정보화되면서 조직운영에서 '신뢰'의 중요성은 더욱 증대되고 있다. 전략적 제휴나 가상조직, 팀제, 임파워먼트 등의 새로운 조직관리방식은 '신뢰'를 토대로 할 때에만 작동할 수 있다. 이에 따라 '신뢰경영'이라는 말도 심심찮게 나오고 있다. 조직을 장악하고 성과 있는 조직을 만들기 위해서는 신뢰하고 신뢰받는 관계 형성이 필수적이다. 그렇다면 이렇게 중요한 신뢰를 어떻게 주고, 어떻게 받을 것인가.

내가 해양수산부 장관으로 임명되었다는 소식이 보도되면서 여기 저기서 축하전화가 걸려왔다. 잘하라는 격려들이 대부분이었지만, 행정경험이 없는 내가 공무원들과 호흡을 잘 맞출 수 있을지 우려를 나타내는 사람도 더러 있었다. 친한 동창 하나는 "장관 하나 길들이는 데 공무원들은 서너 달이면 충분하다고 한다더라. 조심해라"라는 강한 경고의 메시지를 주기도 했다.

하지만 이러한 우려나 경고와는 달리 내가 국회의원으로 활동하면서 겪은 공무원에 대한 인상은 별로 나쁘지 않았다. 국회 상임위 활동을 할 때 만만찮은 양의 자료를 요구한 적이 많았는데, 쉽지 않으리라 생각하며 시한을 정해 요구한 자료들이 어김없이 내 책상 위에 얹혀져 있었다. 공무원들에 대한 세간의 평가가 좋은 것만은 아니지만 나는 그런 경험을 토대로 '그들이 있었기에 그래도 이 나라가 이만큼이나마 지탱되고 있구나' 하는 나름의 평가를 내리기도 했다.

그런데 이제 장관이 된 내게 던져진 경고조의 메시지를 어떻게 받아들여야 할지 고민이 되었다. 권위적인 태도와 의심 어린 눈짓으로 그들과 첫대면을 하는 것이 과연 바람직할까? 나는 아니라고 보았다. 아무런 편견 없이 공무원들과 만나야 한다고 마음을 다잡았다. 오히려 한가족이라는 믿음으로 더 반갑고 씩씩하게 인사하고 얘기를 나누리라 생각했다. 의심 많은 지도자가 어떻게 조직을 제대로 이끌어 갈 수 있겠는가.

특히, 당시 해양수산부는 마치 패잔병의 행렬과 같이 무기력하고 침체된 분위기였다. 두 번에 걸친 정부조직 개편의 소용돌이 속에서 겨우 살아남긴 했지만, 조직이 상당 부분 축소될 수밖에 없었고, 연이은 한일어업협정을 둘러싼 국민들의 질타에 변명할 기력조차 잃어버린 듯한 상황이었다. 그런 그들에게, 힘센 장관이 왔으니 이제는 좀 달라지겠지 하는 기대를 가진 그들에게, 새로 온 장관이 불신과 의심의 눈초리로 쏘아붙인다면 그것은 확인 사살하는 것과 다를 바 없는 일이었다. '신뢰하자, 그리고 그들도 나를 신뢰할 수 있게 하자. 저 사람을 따라가면 우리가 정말 잘 될 수 있겠구나 하는 믿음을 심어주자.' 나는 그렇게 생각했다.

나는 우선 직원들을 믿고 일을 맡겼다. 실제로 정책을 만들고, 그 정책이 성공적으로 추진되도록 하는 일은 상당부분 실무직원에게 달려 있기 때문이다. 정책을 결정함에 있어서 의문 나는 부분을 해소하고 더 나은 대안을 모색하기 위해 몇 차례에 걸쳐 심도 있는 토론을 벌일 때도 많지만, 그럴 때에도 결코 직원들의 의견을 자칫 무시하는 일이 없도록 각별히 조심했다. 그리고 일단 방향이 결정되면 직원들이 자신감 있게 추진할 수 있도록 격려하였다. "내가 필요하면 언제든지 말하세요"라는 말로 언제든 도우미가 될 준비를 하고 있음을 알려주었다.

그런데 일을 하다보면 나와 다른 방향으로 가닥을 잡아오는 일도 있었다. 어촌관광사업의 경우가 그랬다. 내가 아이디어를 낸 후 몇 차례의 토론을 거쳤는데도 정책방향에 대해 나와 실무자 간의 생각의 폭을 완전히 좁힐 수 없었다. 그러자 이 사업 담당자인 이 과장이 이번에는 자기 소신대로 밀고 가겠으니 믿고 맡겨달라고 했다. 나와는 의견이 달랐지만 나는 그의 소신과 자신감이 맘에 들었다. 그래서 '좋다. 그 방향으로 추진해 보자'고 하면서 서명해 주었다.

나는 장관에게 자신의 생각을 떳떳하게 말하고, 사안에 따라서는 자기 소신대로 밀고나가는 과장들의 모습에서 '이 사람이 정말 나를 신뢰하고 있구나' 하는 생각을 가졌다. 믿지 않는다면 대충 지시한 정도로 일을 처리하고 말겠지만, 믿기 때문에 더 잘하려고 그렇게 애를 쓰는 것이 아니겠는가. 결코 호락호락해 보이지 않은 일들을 처리한 과장들이 오히려 "일하기 편했다"는 말을 하더라는 얘기를 들으며, 나는 믿고 맡기는 것이 얼마나 중요한 일이었는지를 새삼 실감할 수 있었다.

오스본은 『정부개혁의 5가지 전략』(삼성경제연구소, 1998)이라는 책에서 다음과 같이 공무원에 대한 관점을 바꿔보라고 권한다.

"대부분의 공무원은 사기꾼이 아니다. 그런데 왜 공무원 모두가 납세자의 돈을 사취하려 한다고 생각하는가. 대부분의 공무원들은 무사안일주의자가 아니다. 그런데 왜 가능한 일을 안 하려고 한다고 의심하는가. 대부분의 공무원들은 적법절차, 공정성, 형평성의 가치를 존중한다. 그런데 왜 공무원들이 이러한 가치에 대한 신념을 짓밟을 것이라고 생각하는가."

결국 신뢰란 자기 자신을 스스로 규율하고 자기의 일을 스스로 처리할 수 있다는 믿음에서 나온다. 전부는 아니라 할지라도 대부분의 공무원들이 자신들을 스스로 통제할 수 있다는 사실을 먼저 신뢰해야 대민 관계에서도 신뢰관계가 형성될 수 있는 것이다.


## 3. 든든한 바람막이 역할을 한다

몽골의 속담에 "개의 보호 밑에서 양들은 살찐다"는 말이 있다. 이와는 반대로 '갓 심은 나무를 죽이려면 아침저녁으로 그 나무를 한번씩 흔들어라'는 통설도 있다.

하나의 조직에 지도자, 리더가 존재하는 이유는 무엇일까? 여러 가지가 있겠지만 나는 조직 구성원들이 외부의 압력에 흔들리지 않고 자신이 맡은 바 사명을 충실히 수행할 수 있도록 보호자의 역할, 바람막이의 역할을 하는 것도 그 중의 하나라고 생각한다.

내가 최전방에서 군대생활을 할 때 모셨던 소대장은 정말 바람막이와 같은 사람이었다. 그는 소대원의 잘못으로 중대장에게 불려가 기합을 받고 와서도 "됐어. 나 혼자 쪽팔면 되는 거야. 군대는 그런 거야" 하며 소대원에게 다시 책임을 추궁하는 일이 없었다. 불공정하게 우리 소대가 불이익을 받게 되면 중대장이나 대대장에게 올라가 똑부러지게 항변하였다. 그리고 바람직스럽진 않지만, 우리 소대원 하나가 중대본부 병사들한테서 맞고 오면, 당장 올라가서 중대원들을 혼내고 돌아왔다. 그런 소대장이 윗사람들 보기에는 어땠을는지 모르지만, 최소한 우리 소대원들의 사기를 높이고 결속시키는 데에는 큰 힘이 되었다. 소대장을 안 따를래야 안 따를 수가 없었다. 그래서 우리 1소대는 항상 작업도 제일 빨리 완수하고, 축구시합에서도 늘 1등을 독차지했다.

나는 공무원 사회가 외부의 평가에 대해서 지극히 민감하고 안절부절못하는 데에는 장관의 책임도 적지 않다고 본다. 국회나 언론에서 한마디 들었다고 장관이 기분나빠하면 윗사람의 눈치를 살피는 국·과장들은 초비상이 걸리고, 부처의 분위기는 썰렁하다 못해 싸늘해지는 것이다.

공무원들이 미처 알지 못하는 사실을 국회의원이 찾아 지적할 수도 있다. 공무원보다 더 넓은 시각으로 언론이 정책을 평가할 수도 있다. 그건 그대로 받아들이면 되는 일이다. 질책할 만한 사항이 있어도 굳이 외부에서 직원들 기죽여 가며 드러낼 필요는 없다고 생각한다. 밖에서는 당당하게 공직사회에 대해 변론할 것은 변론하고, 부처로 돌아와서는 분명하게 가려서 책임을 묻는 장관, 저 사람 밑에 있으면 이유 없이 책임을 떠넘겨 받지는 않으리라는 신뢰를 주는 장관들이 많아졌으면 좋겠다.

장관으로서 나는 바깥에서 불어오는 질책과 간섭이라는 외풍을 든든히 막는 조직의 바람막이가 되기 위해 나름대로 최선의 노력을 기울였다. 내가 책임져서 직원들이 소신껏 일할 수 있고, 정책이 제대로 굴러만 간다면 충분히 감당할 만한 가치가 있다고 보았다. 그리고 실제로 몇몇 경우에 스스로 책임을 떠맡는 결단을 통해서 그 이상의 보람을 느낄 수 있었다.

부산신항만 민자개발사업의 재협상 타결이 그 대표적인 사례이다.

항만개발은 우리 나라의 지정학적 여건을 고려해볼 때 미래를 위한 가장 확실한 투자이다. 10년이나 20년 이내에 우리 나라를 비롯하여 중국, 일본, 러시아를 포괄하는 동아시아가 세계 경제의 중심이 될 것이라는 데 학자들 사이에 이견은 없는 것 같다. 그때가 되면 사람과 물건이 동북아 지역으로 밀려들어 올 것이고, 그 중심에 위치한 우리 나라는 물류와 관광의 중심지로 부각될 가능성이 대단히 높다. 항만개발은 이러한 미래를 미리 준비하는 과제 중의 하나이다. 현재 일본이나 중국이 엄청난 규모의 예산을 항만개발에 쏟아붓고 있는 것도 한 번 빼앗기면 되찾기가 쉽지 않은 중심항만(Hub Port)의 지위를 선점하기 위한 노력이다. 인천국제공항이 사람을 끌어들이는 역사라면, 부산항과 광양항 개발은 세계의 화물을 유치하기 위한 역사인 것이다.

부산신항만 민자개발사업은 이렇듯 중요한 의미를 지니고 있는데, 사업시행자인 부산신항만주식회사가 경제적 어려움으로 인해 사업을 시작하지 못하고 있다가 가까스로 재협상의 물꼬를 터서 내가 취임할 즈음에는 마무리 단계로 접어들었다. 남은 문제는 적정수익률과 정부 지원금 규모였다. 말하자면, 수십 년에 걸쳐 본전을 뽑아야 하는 항만산업에 수조 원의 목돈을 일시에 집어넣는 대가로 적정한 수익을 보장해 달라는 것인데, 그 수익률을 놓고 옥신각신하고 있었던 것이다.

수익률에 대한 입장 차이는 최대로 보아도 0.3% 정도였다. 그런데도 합의에 이르지 못했던 것은 당초 협상시 합의한 수익률에서 2% 이상은 못 올려 준다는 가이드라인 때문이었다. 협상이 결렬되어 사업이 지연될 경우 입게 될 막대한 피해에 비하면 새 발의 피에 불과한 액수를 두고, 그것도 부산신항이 활성화되면 정부비용이 한 푼도 들지 않을 수도 있는 상황 속에서 협상의 양측 당사자는 지루한 줄다리기만을 계속 하고 있었던 것이다.

정부측 실무자는 적정선에서 합의를 보고 싶어도 감사원 등 사정 기관의 감사를 의식하지 않을 수 없기에 이러지도 저러지도 못하고 있었다. 공무원들이라면 누구나 한 번쯤 겪었거나 겪을 수 있는 그런 경우였고, 그런 만큼 충분히 납득할 만한 일이었다. 아무리 국가를 위하는 일이라 할지라도 규정까지 어겨가며 협상에 임할 결심을 하기란 실무자로서는 지극히 어려웠기 때문이다.

전후 상황을 파악한 나는 결국 내가 책임을 질 수 밖에 없다고 생각했다.

"협상지연으로 인한 경제적 손실을 따져볼 때 가이드라인을 조금 상회하는 것은 결코 명분 없는 행동이 아니다. 만약 감사가 나온다면 모든 책임은 내가 지겠다. 실무자는 소신껏 협상에 임해서 신속히 타결짓도록 하라."

확실한 지시가 내려지자 일이 일사천리로 진행되었다. 내가 책임진다는 말을 하지 않았다면 2000년 12월의 성대했던 기공식은 상당히 늦춰졌을 지도 모른다.

장관이 된 뒤 나는 가급적 직원들과 어울리는 자리를 많이 만들려고 했다. 그리고 술자리를 마련할 때는 과장, 계장뿐만 아니라 모든 과원들이 함께 참석하도록 했다. 술잔을 주고받으며 이런저런 얘기를 하다보면 역시 과장은 장관 앞이라서 그런지 몸을 사리는 것이 역력했다. 말소리도 조심스럽다. 이에 반해 평직원들은 마치 연예인을 만난

듯이 내게 온갖 것을 다 물어본다. 그리고 나는 기억도 잘 나지 않는 자기와 나의 인연에 대해서 풀어놓기도 한다. 아무튼 회식자리는 늘 유쾌하고 즐거웠다.

아마도 두 번째 회식 때였던 것 같은데, 주임 한 분이 "저야 장관님을 자주 뵐 기회가 없지만, 취임식 때 장관님께서 여러분에게 쏟아지는 매는 내가 맞겠다, 여러분이 열심히 일하다가 실수하면 내가 책임지지만, 일하지 않는 자에게는 책임을 묻겠다고 하셨잖아요. 그 말씀을 떠올리며 장관님만 믿고 일하면 되겠구나 하는 생각을 합니다"라며 웃던 모습이 기억난다. 누군가가 자신을 든든히 받쳐주고 있다는 사실, 자신에게 쏟아질 비판과 질타를 온전히 감당해 줄 상관이 있다는 사실은 더할 수 없는 위안이 되고 힘이 되는가 보다. 나 역시 이런 것을 경험한 바 있기에 그 주임의 얘기를 충분히 공감할 수 있었다.

정정길 교수는 『대통령의 경제리더십』(한국경제신문사, 1994)이라는 책에서, 노태우 대통령 시기에 발생한 공무원의 무사안일과 인기영합적 정책결정 그리고 부처할거주의의 상당한 책임이 행정부를 책임지고 있는 대통령이 보호막의 역할을 제대로 하지 못했기 때문이라고 평가한다. 이러한 평가 위에서 외부의 압력으로부터 정책담당자를 철저히 보호해야 한다는 교훈을 도출하고 있다.

대통령이, 장관이 공무원을 보호하지 않으면 공무원은 스스로를 보호한다. 공무원이 스스로를 보호하는 방법은 땅에 납작 엎드려 꼼짝하지 않는 것, 이른바 '복지부동'이다. 잘못되면 비난받을 것이 두려워 위험한 행동을 하지 않고 기계처럼 일을 처리하는 것, 이른바 '무사안일'이다.

## 4. 업무에 정통해야 신뢰를 얻는다

　신뢰형성에 필요한 신뢰대상의 특성으로 일반적으로 네 가지를 들고 있다.

　첫째는 신뢰대상의 능력이다. 신뢰대상에게서 원하는 것을 얻을 수 있는 능력이 있다는 것이 확인되어야 신뢰가 생긴다는 것이다.

　둘째는 일관성이다. 왜냐하면 능력이 있어도 일관성이 없으면 기대한 결과를 얻을 수 없기 때문이다.

　셋째는 정직성에 바탕을 둔 개방성이다. 상호작용의 과정에서 필요한 정보를 자유롭게 교환할 수 있어야 신뢰가 형성된다.

　넷째는 공정한 배려이다. 서로간의 입장과 이익을 공정하게 대할 때 신뢰가 커진다는 것이다.

　이러한 논리에 따르면 업무파악능력은 상호간의 신뢰형성에 필수적일 뿐만 아니라, 조직을 장악하고 성과를 낼 수 있도록 이끌어 나가는 데도 필수불가결하다.

　나는 업무파악을 위해 크게 세 가지 방법을 썼다.

　첫 번째는 업무자료를 많이 읽어보는 것이다.

　두 번째는 업계나 학계에 계신 분들과 자주 만남을 갖는 것이다.

　세 번째는 실무자와 대화하면서 끊임없이 질문하는 것이다.

　나는 어찌 보면 평범한 이 방법들을 적절히 사용한 덕분에 장관으로 있으면서 업무를 잘 모른다는 평가를 들은 적이 없었다. 취임 초기에는 새로 입각한 장관 중에 유일한 정치인이어서 그런지 TV와 신문사의 인터뷰 요청이 거의 연일 쇄도하였는데, 그 내용이 취임 소감이나 각오, 향후 정치일정 같은 것 외에도 당시 현안이었던 수협 경영정상화, 부산 인천 항만공사 설립, 한중어업협정, 납꽃게 사건이 빠짐없이 들어가 있었다. 언론을 통해 설득시킬 것은 설득하고, 홍보할 것은 홍보해야겠다는 현실적인 필요도 업무를 더욱 깊이 파고들게 만드는 원동력이 되었던 것 같다.

이런 연유로 나는 실 국별 업무보고부터 질문을 쏟아붓기 시작했다. 실무자들을 모두 올라오게 하느니 나 혼자 내려가는 게 낫겠다 싶어, 한편으로는 직원들이 일하는 모습도 직접 볼 겸해서 국장실에서 보고를 받기로 했다.

실 국별 보고에서 내가 받은 첫인상은 '일이 참 많구나' 하는 것이었다. 한편 보고내용이 분석적이지 못하다는 느낌도 지울 수 없었다. 아마도 배경부터 일일이 설명하는 것이 처음 업무를 접하는 장관의 머리를 혼란스럽게 할 수 있다는 판단 때문이었는지는 몰라도, 보고서에는 ○○하겠다, ○○하겠다는 식으로 사업만이 나열되어 있었다. 무엇을 어떻게 끌고 나가야 하는지에 대한 해답이 보이지 않았다. 내가 이런 점을 지적하자 보고를 준비하고 있던 다른 실 국들은 부랴부랴 보고서를 손질하기도 했다.

나는 업무보고를 받으면서, "자원은 고갈되고, 어선 수는 줄어든다는데 10년 후에 30%나 수산물 생산량을 증식시키겠다는 것이 과연 현실성이 있느냐? 완전히 국제경쟁 속에 노출된 해운산업에 있어서 정부의 역할은 뭐냐? 항만건설이 시급하다는데 구체적으로 물동량과 건설수요를 비교 분석한 수치는 있느냐?" 등등 아주 근본적인 것에서부터 지엽적인 부분까지 질문을 던졌다. 이를 통해 나름대로 많은 정보를 얻을 수 있었고, 직원들도 현실분석과 전망이라든가, 정부가 해야 할 일과 하지 않아도 될 일의 구분과 같이 단위업무에 치중하다 보면 간과하기 쉬운 부분에 대해서 다시 한번 생각해 보는 기회를 가질 수 있었다.

나는 또한 수협의 경영정상화나 항만공사 설립과 같은 현안과 관련하여 너댓 시간짜리 회의를 십여 차례나 거듭하면서 대책을 마련했다. 말 그대로 뿌리를 뽑겠다는 심정으로 업무를 파악했다. 근본원인에서부터 쟁점과 대응방안에 이르기까지 꼬리에 꼬리를 물면서 질문답변과 대안창출을 위한 고민을 계속했다. 현재의 접근방법이 맞는지, 우리가 내려놓은 결론이 최선인지를 확인하는 작업을 통하여 상당 부분 전략을 수정했다.

뒤에 설명하겠지만, 수협문제는 법 해석이라는 형식논리에 휘말려 쌍방간의 접점을 놓치고 있었고, 항만공사 설립문제는 신중론을 고집하다 더 큰 것을 간과하고 있었다. 다행히 두 가지 현안 모두 비상구를 찾아 원만하게 마무리를 지었는데, 이는 끊임없는 질문과 고민의 결과가 아니었나 생각한다.


한때 해양수산부 과장들 사이에서는 "내 잘못 아냐, 다 장관님 때문이야"라는 말이 유행어처럼 돈 적이 있었다. 무슨 일인데 그렇게 과장들이 발뺌을 하며 자신에게 쏠린 비난의 화살을 장관에게 돌렸을까?

다름아니라 결재 때문이었다. 나는 장관으로 있으면서 하루에 대략 대여섯 건의 결재를 했다. 공식일정이나 미리 약속한 면담시간을 피해 결재를 했는데 시간을 놓칠까봐 보통 서너 명의 과장이 비서실에서 대기했다. 그리고 결재시간이 길어짐에 따라 대기시간도 길어졌고, 이에 따라 그 책임이 자신이 아닌 장관에게 있다는 우스갯소리를 한 것이다.

나는 결재를 하면서 가능한 한 업무를 상세히 파악하고자 하였다. 잘 모르겠으면 되묻고, 담당자의 논리가 부족하다 싶으면 확고하게 갖출 수 있도록 조언을 아끼지 않았다. 정책추진력의 핵심은 설득력인데, 이는 논리적 뒷받침이 없이는 얘기할 수 없는 부분이기 때문이다. 국정감사를 비롯하여 국회의 대정부질문, 상임위원회, 예산결산위원회에서 제기되는 다양한 문제들에 대해서 비교적 소신 있게 답할 수 있었던 것도 평소에 결재를 하면서 미리미리 업무를 파악해 둔 덕분이 아닌가 한다.

사실 2000년도 국정감사를 치르면서 간부진들은 내심 불안감을 가지고 있었다고 한다. 으레 국정감사를 앞두고는 실 국별로 돌아가며 주요 현안과 예상질문 답변에 대해 보고를 받기 마련인데, 기획관리실과 수산정책국의 보고를 받고는 더 이상 보고회의를 소집하지 않았기 때문이었다. 말하자면 장관이 곤욕을 치르지 않도록 공부를 시켜줘야 하는데, 내가 공부하지 않겠다는 모양새가 된 것이다. 나는 대신에 '잘 이해가 안되면 따로 물어보겠노라' 고 하면서 준비한 자료를 달라고 했다. 그리고 감사 전날에도 평소와 같이 일찍 집으로 들어갔다. 가정교사를 붙여도 걱정인데 혼자 자율학습을 하겠다고 하니 초조해지지 않을 수 있겠는가. 그런데 내가 의원들의 질문에 대해 아주 사소한 부분까지 비교적 막힘 없이 답변하는 걸 보고는 국장들이 그제서야 안도감을 느꼈다고 한다.

11월 초에 종합감사까지 다 마친 후 홀가분한 마음으로 늦은 저녁을 함께 하는 자리에서 국장들은 이런 사정을 얘기하면서 언제 그렇게 자세하게 파악하셨느냐고 물었다. 그래서 결재하고 자료 보면서 다 파악했다며 기분 좋게 웃었다.

리더가 업무에 정통한 것은 대단히 중요하다. 다른 어떤 인간적인 장점도 업무에 정통한 토대 위에서 빛을 발할 수 있기 때문이다. 공조직의 카리스마는 업무파악 능력에서 나온다. 업무에 정통하지 않으면 행정리더로서의 영(令)이 서지 않는다. 정통하려면 읽고, 만나고, 물어야 한다. 그리고 그보다 먼저 자신의 일에 애정을 가져야 한다.

유홍준 교수의 『나의 문화유산답사기』에 "사랑하면 알게 되고, 알면 보이나니, 그때 보이는 것은 전과 같지 않으리라"는 말이 있다. 애정과 지식의 상관성에 관한 이 말은 정책결정권을 가진 행정가에게도 그대로 적용될 수 있다.


## 5. 진솔한 마음으로 대화를 즐기기

장관이라는 자리가 한 부처를 통솔하는 최상단의 위치다 보니 지시하고 명령하는 것을 장관의 주된 활동으로 생각하는 사람들도 많겠지만, 실은 그 반대이다. 장관직에 있으면서 나는 남의 생각과 의견을 듣는 것이 얼마나 소중하고 가치 있는 일인가를 새삼 확인하게 되었다.

GE의 CEO로 유명한 잭 웰치가 뛰어난 업적을 낼 수 있었던 것은 '크로톤빌'이라는 연수원에서 임직원들과 솔직하고 친밀한 대화를 나눌 수 있었기 때문이다. 그리고 세계적 경영학자인 피터 드러커도 『경영자의 조건』이라는 책에서 지식노동자와의 대화가 중요함을 강조했다.

공무원은 한편으로는 '행정리더'이고 다른 한편으로는 '지식노동자'라고 말할 수 있다. 따라서 공무원과 신뢰를 쌓고 성과를 향상시키는 데 대화는 아주 중요한 수단이다. 대화는 상대방을 이해할 수 있는 가장 간편하면서도 효과적인 방법이다. 각자가 가진 의견을 나누고, 아이디어를 찾아내는 가운데 정책추진에 대한 공감대를 형성하고, 자신감을 갖게 되는 것도 대화가 주는 유익한 혜택 중의 하나이다.

"진솔한가, 필요한가, 친절한가." 이 세 가지를 항상 염두에 두고 대화에 임하면 언제나 알찬 성과를 얻을 수 있을 것이다.

나는 국회의원으로 활동할 때에도 가급적 대화하는 자리를 많이 만들려고 노력했고, 이 버릇은 장관이 되어서도 마찬가지였다. 직원들과 얘기할 수 있는 기회가 많으면 많을수록 좋다고 생각했다. 그래서 국 단위로, 때로는 과 단위로 직원들과 저녁식사를 함께 하고, '직원과의 대화'라는 시간을 마련하기도 했다. 해양수산부 홈페이지에 있는 장관응접실에 '직원들 소리'라는 코너도 만들었다. 국장단 회의도 토론에 주안점을 맞춘 형태로 바꾸어 보았다.

당초 '직원과의 대화'는 매달 정기적으로 실시하려고 했는데, 정기국회가 시작되고 나니 직원들도 바쁘고, 나 역시 여기저기 쫓아다니느라 마음의 여유를 갖지 못해서 생각만큼 많이 개최하질 못했다. 취임한 지 한 달이 다 되어 가는 즈음 제1회 '직원과의 대화'를 개최했다. 나는 한 달을 맞는 소감과 더불어 공무원들도 함께 공감했으면 하는 '국민의 정부' 개혁의 의미에 대해서 간단하게 얘기하고 직원들에게 말할 기회를 주려고 했었다. 그런데 이야기를 시작하고 보니 어느덧 50분이 흘러가 버렸다.

시계를 보고서 내가 너무 길게 얘기했구나 싶어 대충 내 얘기를 마무리짓고는 직원들에게 하고 싶은 이야기가 있으면 주저 없이 얘기하라고 했는데 아무런 반응도 없었다. '아차' 싶었다. 대화한다고 해놓고선 나 혼자 그렇게 떠들어댔으니 하고 싶은 얘기가 있어도 얼른 가서 밀린 업무를 처리해야 한다는 마음에 직원들이 입을 다물 수밖에 없으리란 생각도 들었다. 누구를 지목해서 말을 시켜볼까도 했지만 딱히 누구를 부를지도 생각나지 않았다. 한번 더 아무나 일어서서 얘기해 보라고 했지만 아무도 말문을 열지 않았다. 하는 수 없이 첫 번째 직원과의 대화는 그렇게 끝을 맺어야만 했다.

아니나 다를까. 직원 한 명으로부터 이메일이 날아왔다. 민 과장이었다. 자기는 장관이 '직원과의 대화'를 한다고 해서 잔뜩 기대에 부풀어 대회의실로 올라왔단다. 그런데 이건 대화가 아니라 연설이니 어떻게 된 일이냐. 차라리 '대화'라는 말을 쓰지나 말든지 번듯이 '직원과의 대화'라고 하고선 혼자서만 그렇게 얘기하는 법이 어딨느냐는 것이었다. 장관에게 보내는 편지니 예의는 갖추었지만 내용은 '기대했다가 실망했다는 것'이었다. 다행스럽다면 정권교체, IMF 극복, 남북회담 등 국민의 정부가 추진하고 있는 개혁의 의미가 무엇인지에 대해서는 충분히 공감할 수 있었다는 대목이었다. 하지만 이거야말로 비판이란 빵 위에 살짝 뿌려놓은 시럽 같다고 느껴졌다.

'기어이 명예회복을 하리라' 다짐한 나는 비서관에게 다시 한번

'직원과의 대화' 시간을 잡도록 지시했다. 의욕이 너무 앞섰던 것이 문제였다고 판단했지만 한편으로는 내가 얼마나 할 말이 많았으면 그렇게 했겠냐고 스스로를 합리화하는 생각도 했던 것 같다.

두 번째 대화시간은 미리 잡혀 있는 일정관계로 몇 주가 지나서야 겨우 이뤄질 수 있었다. 나는 먼저 지난번에 혼자서 얘기한 것에 대해서 사과했다. 오늘은 질문에 충실히 답변만 하겠다고 했더니 직원들이 웃었다. 그러나 누구 하나 선뜻 나서서 얘기하는 사람은 없었다. 지난번 충격이 아직 가시지 않았나 보다, 걱정이 되었다.

나중에 물어보니 공무원들은 원래 지목하지 않으면 먼저 얘기하는 법이 별로 없다고 했다. 그것이 관행처럼 지켜지고 있다는 것이다. 하는 수 없이 나는 이메일을 보낸 민 과장을 지목했다. 아무도 얘기하는 사람이 없자 그도 아마 장관이 자신을 시킬 거라는 사실을 직감적으로 느꼈나 보다. 일어서서 이메일을 보낸 사연을 얘기하고, 부처를 끌고 나감에 있어 내가 가지고 있는 소신이 무엇인지를 물었고, 나는 평소 생각했던 바를 이야기했다. 그러고나니 그 다음에는 양 사무관, 곽 과장 등이 손을 들고 일어나서 질문을 했다. 그리 많은 직원들이 질문하지는 않았지만 비교적 두 번째 대화시간은 성공적으로 마무리되었고, 나는 조금이나마 조직의 수장으로서 명예를 회복할 수 있었다.

국장단 회의방식을 바꾼 것도 대화와 토론의 문화를 정착시키기 위한 노력 중의 하나였다. 아마 아직도 많은 부처에서 국장단 회의는 매주 월요일에 지난주 실적과 금주 계획을 국장들이 돌아가며 보고하고, 장관이 지시를 내리는 식으로 진행하고 있을 것이다. 해양수산부도 별반 다를 것이 없었다. 각 실국으로부터 취합한 보고서를 기획관리실장부터 차례대로 읽어내려 가는데, 보통 걸리는 시간이 40분이 넘었다. 이런 식의 보고라면 집에서 이메일로 받아서 아침에 읽어보고 오면 되는 것을 굳이 회의까지 한답시고 모일 필요는 없다고 보았다. 오로지 윗사람을 향해 보고하는 데에만 익숙해 있지 부처의 현안에 대해서 국장들끼리 대화하고 토론하는 일은 별로 해본 적이 없는 것 같았다. 그 이면에는 다른 국 소관에 속하는 문제를 두고 왈가왈부 자신의 견해를 제시하는 일을 마치 내정간섭처럼 기분 나쁘게 받아들이는 옳지 못한 의식이 잔존하기 때문이었다.

바꿔야 했다. 다른 것은 몰라도 같은 부처에서 일어나는 일을 남의 나라 일인 양 여기며 함께 고민하기를 주저하는 풍토는 바꿔놓아야 했다. 그리고 단면적으로 실적과 계획이 나열된 보고서를 주저리주저리 읽어 내려가며 시간을 허비하는 일도 개선할 필요가 있었다.

그래서 몇 차례의 토론을 거쳐 국장단 회의방식을 손질했다. 보고서는 현안과제, 일반지속과제, 업무개선사항, 각종 행사 등으로 항목이 보다 입체화되었고, 국장들은 꼭 필요한 사항만 보고했다. 그리고 매주마다 논의가 필요한 한두 가지 주제를 골라 서로의 의견을 주고받으며 대책을 강구하도록 했다. 시간은 이전보다 조금 더 걸렸지만 훨씬 실속 있는 회의가 되었다. 한 부처에 근무한다는 공동체의식도 이런 방식을 통해 훨씬 고양되었으리라 본다.

이러한 제도적인 개선만큼 중요한 것은 직원들과 가까이 하려는 마음과 지위고하를 떠나서 서로 편안하게 얘기를 나눌 수 있는 분위기를 조성하는 일이다. 그래서 마음의 문턱을 낮추는 일이 필요했다. 나는 취임사에서도 밝혔듯이 "가장 가까이 하기 쉬운 사람, 가장 일하기 편한 사람"이 되기 위해 노력했다.

이와 관련해서 먼저 떠오르는 사람은 안 사무관이다. 항만건설을 위한 민자유치를 담당하는 민자계획과가 부산신항만 협상을 마무리한 날, 그 동안의 노고를 위로나 할까 해서 과원들과 함께 저녁식사를 했다. 술잔이 오가고 협상 동안 어려웠던 일 등을 주고받다가 이야기 주제가 한정어업면허문제로 넘어가게 되었다. 기억으로는 그 날 오후에 법무담당관실과 민자계획과가 이 문제를 놓고 오랫동안 토론을 했다는데, 갑자기 안 사무관이 자기는 장관님과는 생각이 다르다면서 분명하게 자기의 의견을 피력했다. 혹시 장관이 기분 상해서 분위기가 썰렁해지지나 않을까 다른 직원들이 내심 걱정했을 것이라고 나중에 비서관이 말하기도 했는데, 그런 일에 별로 신경 쓰지 않는 나는 '충분히 가능한 일이고 어렵다고 생각하는 게 문제다'라고 내 나름의 논리를 폈다.

그런데 안 사무관이 물러서지 않고 장관님이 현실을 잘 몰라서 그렇다고 다시 반박하는 것이었다. 한두 사람이 더 말을 거들면서 토론이 족히 30~40분간은 이어졌던 것 같다. 결국 합의된 결론을 내리지 못하고 "어이 안 사무관, 장관 한번 밀어 줘!" 하며 내가 그 날 토론을 매듭지었다. 안 사무관이나 나나 대화를 할 때에는 동등한 인격체로서 대접을 받아야 한다고 보았고, 그래서 나는 장관의 권위로 직원의 말을 누르려고 하지 않았다. 그 뒤 여러 차례 있은 직원과의 회식이 모두 즐겁고 유쾌하게 진행된 것도 그 날 분위기가 소문으로 전해진 것이 일조하지 않았나 생각한다. 여하간 그 날 이후 안 사무관은 '장관급 사무관' 이라는 영예로운 별명을 달고 다녔다.

직원들과 대화하는 문화를 만들기 위해서 또한 나는 지시로 끝낼 수 있는 일도 가급적 대화로 풀어 나가려고 했다. 그것이 직원의 인격을 존중하는 일이라 생각했고, 그렇게 해야만 직원들도 나를 어려운 상대로 여기지 않으리라 믿었다.

직원과 장관, 직원 서로간을 잇는 커뮤니케이션의 길을 만들어 놓은 것이 다른 무엇보다 보람된 일이 아닌가 싶다. 사람 사이를 좁혀 이해하고 공감하게 만드는 일보다 소중한 일도 그리 많지만은 않은 것 같다.


## 6. 스스로 낮추면 권위가 생긴다

"권위 있어 보이려 하면 권위적이 되고, 권위를 잊고 자기를 낮추면 권위를 얻는다."

이 말은 처음 국회의원이 되었을 때 어느 선배 의원님으로부터 들은 것인데, 세월이 흐를수록 그 의미를 경험으로 깨닫게 된다. 나는 체질적으로 권위적인 것과는 다소 거리가 있다고 자부하고 있지만, 장관직을 수행하면서 자칫 권위적 안이함에 빠져들지나 않을까 항상 조심스러워했다.

직원들과 식사를 하다보면 제일 많이 나오는 얘기가 나의 인사하는 모습에 대한 것이다. 자기들보다 더 고개를 숙인다는 것이다. 항만국의 정 과장은 표창 받을 때 내가 고개를 너무 많이 숙여서 하마터면 자기 머리와 부딪힐 뻔했다고도 했다. 정치인이라면 으레 선거를 의식해서라도 인사를 잘해야 하지만, 가식적으로 하기에는 그것도 쉬운 일이 아닐 것이다.

우리 어머니 말씀으로는 나는 어릴 적부터 어르신들을 만나면 하도 꾸벅꾸벅 인사를 잘해서 귀여움을 많이 받았다고 한다. 인사를 많이 하다보면 목에 힘을 주거나 어깨를 거들먹거리는 일이 자연히 적어진다. 그래서 나는 인사할 줄 아는 습관을 오늘날까지 잘 지켜온 것을 무척 다행스럽게 생각한다.

반면 나는 악수에 약한 편이다. 악수는 윗사람이 아랫사람에게 청하는 것인데, 내가 윗사람이라 여기며 손을 내밀기가 쉽지 않았던 탓이다. 장관이 되면 공식행사나 지방순시 때 관계자들과 악수할 일이 많다. 나는 그런 일에 빨리 익숙해지지가 않았고, 그래서 '노 장관은 인사는 잘하면서 악수에는 인색하더라' 는 얘기를 종종 들은 적이 있었다. 혹시 섭섭했던 분들이 계시다면 널리 이해해 주시고, 대신 고개 숙여 인사드렸던 마음만 기억 속에 남겨 두셨으면 한다.

장관이 되면 이전에는 받지 못했던 몇 가지 특별한 대접에 맞닥뜨리게 된다. 그냥 관행이거니 하면서 받아들일 수도 있지만 좋아 보이지 않는 일을 계속 하는 것이 나로서는 내키지가 않았다.

그 중 대표적인 것이 내가 청사로 출근하면 수위장(청사 방호원 중 가장 직급이 높은 사람)이 거수경례를 하고는 차문을 열어주는 일이었다. 비서관도 현관까지 내려와서 장관을 맞았다. 출근이야말로 지극히 일상적인 일인데도 매일 아침 무슨 대단한 의식을 치르는 것 같아 나는 당황스러웠다. 며칠을 그렇게 버티다가 안되겠다 싶어 비서관에게 당신도 내려오지 말고 수위장에게도 나와서 인사하거나 문 열어줄 필요가 없다는 것을 알려주도록 했다. 이러한 나의 지시는 수위장의 독특한 역할을 한편으로는 무시한 것이었기에 간단히 처리할 문제는 아니었으나 결국 내가 재임하는 기간 동안에는 이러한 관행이 중단되었다. 지방출장 시에도 지역공관장이 좋은 차를 빌려 마중 나오는 것이 관례였으나 이 역시 중단시켰다.

나는 직원들과 어울리는 자리에서 나를 특별히 대접하는 것이 별로 달갑지 않았다. 그래서 자리든 음식이든 구별 없이 주어지기를 원했지만, 비공식 모임에서나 가능할까, 공식적인 행사에서는 아무래도 그러기가 쉽지 않았다.

그런데 2001년 초에 있었던 "해양수산부 어떻게 바꿀 것인가"라는 워크숍에서는 이러한 나의 바람이 이루어졌다. 5급 이상 직원들을 전부 참여시키기 위해 다섯 차례로 나눠 진행된 이 워크숍은 1박 2일의 합숙프로그램으로 계급고하를 따짐이 없었다. 나는 마구 뒤섞어 짠 팀의 일원으로서 같이 색종이를 오려 붙이고, 매직으로 글씨도 쓰면서 우리 팀이 좋은 점수를 따도록 땀을 흘렸다. 계급이 무시되다 보니 5급 사무관들도 심심찮게 장관이나 국장에 대한 비판을 늘어놓았다.

내 차례가 되어서 나도 해양수산부의 문제점에 대해 발언하였는데, 진행자로부터 말을 길게 한다며 요점만 간단하게 말하라는 핀잔을 들었다. 장관이 핀잔받는 모습을 보며 모두가 깔깔대며 웃었고, 오랜만에 장관이 아닌 직원으로서 격의없이 어울려서인지 나도 자주 웃음이 났다. 나는 워크숍에 참가하며 자유롭게 대화하는 문화가 권위적인 자세를 비우고 진정한 권위를 세우는 데 도움을 준다는 믿음을 갖게 되었다.

아랫사람에 대한 예의와 관련해서 비서 얘기도 하지 않을 수 없다. 장관들은 항상 비서가 수행하기 때문에 빈손으로 다니는 것이 일반적이다. 나도 평소에는 비서가 내 가방을 들어준다. 정확히는 비서 가방에 내 서류를 넣어 다닌다고 표현해야 더 맞을 것 같다. 그런데 국무회의 때 공포안건이 많거나 지방출장 때 짐들이 자꾸 불어나면 비서가 양손 가득 가방과 보따리를 들어야 할 일이 생긴다. 나는 이런 경우라면 반드시 가방이나 보따리 하나는 내가 맡는다. 비서는 짐꾼이 아니고 엄연히 참모이기 때문이다. 비서는 두손이 모자랄 정도로 많은 짐을 들고 힘겨워 하는데 장관이랍시고 팔짱만 끼고 걷는다면 사람들이 어떻게 생각할까. 나는 또 그렇다치고 비서는 어떻게 여길까를 생각하면 결론은 간단하다. 이것은 비서의 인격과 품위에 직결되는 문제인 것이다.

우리 직원들이 제일 의아하게 생각했던 것 중의 하나가 자동차를 탈 때 비서를 옆자리에 태우는 일이었다. 비서자리하면 운전석 옆 조수석을 떠올리는 것이 통상적이라 나의 이런 행동을 파격이라고 여기는 사람들이 많았다. 그러나 조금만 더 생각해 보면 이상할 것도 없다. 비서와 얘기를 나누고, 가끔 전화도 건네받아야 하는데, 그러기에는 앞좌석보다는 옆좌석이 훨씬 편하고 자연스럽다. 뒷통수를 보고 얘기하는 경우와 서로 얼굴을 보며 대화하는 경우의 차이는 굳이 설명이 필요 없을 것이다.

비서를 비롯한 참모진들은 일반적으로 좋은 소리를 듣기 어렵다. '인의 장막' 이니 하며 윗사람의 눈과 귀를 막고 권한을 남용하는 사람 쯤으로 치부되기도 하고, 일이 잘못되면 보필을 제대로 못해서 그렇다며 비판을 뒤집어쓰기도 한다. 그리고 그럴 때마다 참모는 정확하게 윗사람의 말만 전달하고, 조직의 말에 해석을 달거나 각색함이 없이 그대로 보고하는 정보의 출납자로서의 역할에 충실해야 한다는 말이 나온다.

참모는 두 가지 유형이 있을 수 있다. 사실만을 정확하게 전달하는 '정보출납형'과, 자기 의견을 제시하고 사소한 절차상의 문제들은 윗사람의 뜻을 헤아려 스스로 결정권을 행사하는 '판단보조형'이 그것이다. 물론 이는 확연히 구분되는 유형이 아니라 상대적 경향의 문제이지만, 내가 선택하는 참모형은 후자 쪽이다. 판단을 보조하는 역할을 잘 감당할 수 있으려면 폭넓은 대화와 토론이 필요하다. 그 과정 속에서 기본적인 가치와 목표, 절차와 수단에 관한 원칙을 함께 공유하며 사고방식과 스타일을 일체화해 나가는 노력이 이루어져야 한다고 믿고 있다.

나는 참모들과 각각의 상황에서 무엇을 중요하게 생각해야 하는지, 언제 정면돌파를 하고 또 우회하는지, 무엇은 단호하게 자르고 또 타협하는지에 대해 공감대를 형성해야 하며, 최종적인 판단과 책임은 나의 몫이라 할지라도 그들도 나만큼 사명감과 책임감을 가지도록 해야 한다고 생각한다. 그리고 이를 위한 수단으로서 수평적 관계에서 반박과 언쟁을 하는 일이나 함께 나란히 걷고 다리를 꼬고 대화하는 일도 자연스럽게 받아들여져야 한다고 본다.

참모와의 이상적인 관계는 몇 마디 키워드만 가지고도 충분히 서로의 마음을 읽을 수 있는 사이이다. 그러기 위해서는 우수한 사람을 참모로 선택할 수밖에 없고, 순환논리 같지만 그런 사람들을 그냥 녹

음기처럼 대접할 수는 없다. 나는 개개의 일정을 소화함에 있어 적어도 참모들과는 목적과 이유, 쟁점과 전략에 대해 터놓고 얘기하는 편이다. 그리고 큰 테두리만 제시하면서 절차상의 문제는 참모들에게 맡기곤 한다.

스스로 낮추어 권위를 세우는 것에 대해 노자(老子)는 다음과 같은 진리를 말했다.

"강과 바다가 수백 개의 산골짜기 물줄기의 복종을 받는 이유는 그것들이 항상 낮은 곳에 있기 때문이다. 따라서 사람들보다 높은 곳에 있기를 바란다면 그들보다 아래에 위치하고, 그들보다 앞서기를 바란다면 그들 뒤에 위치하라. 이와 같이 사람들의 뒤에 있을지라도 무게를 느끼지 않게 하며, 그들보다 앞에 있을지라도 그들의 마음을 상하게 하지 않아야 한다."

## 7. 나와 관계된 것은 더욱 냉정하게

'공정' 이라는 잣대는 상대방에게만 적용되는 것이 아니라 자기 자신에게도 적용되는 것이다. 이 잣대의 적용을 자기 자신에게만 예외로 할 때는 신뢰도, 리더십도 생기지 않는다. 그래서 동서고금을 막론하고 진실로 강한 사람은 자기 자신에게 엄격한 사람이라고 말해오지 않았는가. 그러나 항상 공정한 잣대로 사물을 판단하기란 웬만한 수련 없이는 힘든 일인가 보다. 나쁜 짓을 저지른 두 사람을 보면서도 친소 관계에 따라 평가가 엇갈리는 것이 우리네 간사한 감정이고, 남의 자식이 한 일은 가차없이 비난하면서도 제 자식에게만큼은 뭔가 이유가 있었겠지 하며 감싸고 싶은 것이 또한 인지상정이 아닐까. 그래서 진정으로 공정하려면 나와 관계된 일일수록 더 냉정한 잣대를 갖다대야 한다는 것이 나의 지론이다.

나와 연관된 사람, 무관한 사람 막론하고 장관으로 재임하면서 수많은 민원이 올라왔다. 그러나 나와 가까운 사람, 나와 관계된 것일수록 그 어떤 민원이나 청탁보다 냉정하게 올곧은 잣대를 대지 않으면 안되었다. 그리고 담당직원을 신뢰하며 그들의 의견을 존중해야 했다. 그래야 할 수 있는 일은 확실하게 할 것이고, 안 되는 일은 명쾌하게 불가 결론을 내려야 민원인이나 직원과의 관계에서 신뢰가 깨지지 않을 것이다.


이렇게 민원과 청탁에 대한 원칙을 지키려다 보니 나와 가까운 사람들을 도울 수 없어서 안타까웠던 일들이 적지 않았다. 그 중 하나가 이 여수 지역 공유수면 매립면허신청(바다를 메워서 육지로 만드는 일을 할 수 있게 해달라는 신청)과 관련된 청탁이다.

정부는 10년을 단위로 매립수요를 파악하고, 적정성을 검토하여 「공유수면 매립기본계획」이라는 것을 세운다. 그리고 그 계획에 포함된 지역에 한해서 매립면허 신청이 들어올 경우 타당성을 판단해서 면허를 내주고 있다. 제1차 기본계획은 당시 건설부가 수립했는데 1991년도부터 2001년 4월까지로 되어 있고, 제2차 기본계획은 해양수산부가 종료시점에 맞추어 확정 발표하였다. 제2차 기본계획을 짜면서 해양수산부는 모든 문제를 제로베이스(이전의 계획에 얽매이지 않고 근본부터 다시 검토하는 방식)에서 검토하기로 했다. 이는 해양의 중요성에 대한 국민적 인식이 10년 전과는 확연히 달라져서 제1차 계획 때의 기본방침들을 그대로 적용하는 것이 바람직하지 않다는 판단 때문이었다. 제1차 계획 때 매립예정지로 포함된 지역이라도 매립면허가 나가지 않은 곳은 모두 다시 검토해서 지정여부를 판단했다.

그런데 2000년 12월경에 나와는 아주 친하고, 평소에 많은 도움을 주셨던 K선생님이 여수지역에 매립을 하겠다고 면허신청서를 들고 오셨다. K선생님이 매립하겠다는 지역은 법률적으로 문제될 게 없었다. 제1차 기본계획에 반영되어 있고, 이미 1997년에 다른 사람이 매립면허를 받았다가 개인적인 이유로 실효된 곳이었기 때문이다. 늘 도움만 주시고 부탁 한번 하신 적이 없으셔서 미안한 마음을 갖고 있던 차에 비교적 쉬운 민원을 들고 오시니 나로서는 반가웠다. 그렇지만 바로 확답을 줄 수는 없어서 "아마 잘 되겠지요"라는 말로 배웅하고는 즉시 담당자인 정 과장을 불렀다.

"거기는 안 됩니다." 이미 대답할 준비를 하고 있었다는 듯 정 과장이 무 자르듯 단호하게 말했다. 정 과장의 말은 현재 법적으로는 아무런 문제가 없는 것이 사실이지만, 틀이 거의 짜여진 제2차 계획에는 그 지역이 빠져 있으므로 앞으로의 해양이용가치를 고려해 볼 때 매립면허는 바람직하지 않다는 것이었다. 나는 따지듯이 물었다. 아직 제1차 계획이 엄연히 살아있는데 면허를 내주지 않는 게 말이 되냐고. 그렇다면 1997년에도 당연히 면허를 내주지지 말았어야지, 그때는 내주고 지금은 안 된다고 하면 어떻게 생각하겠냐고.

하지만 정 과장은 물러서지 않았다. 이미 제2차 계획의 골격이 나와있고, 제1차 계획이 끝나가는 시점에서 미래를 생각하지 않고 매립을 하는 것은 안 된다는 주장을 되풀이했다. 한번 육지가 되면 바다로 되돌리는 것이 불가능하기 때문에 법적으로 가능한지 여부보다는 미래의 쓰임새를 더 중시해야 한다는 것이다.

나는 법률가로서 내 주장도 일리가 있지만 정 과장의 논리도 틀리지 않다고 생각했다. 특히 면허는 허가와는 달리 가능하냐는 판단 이상의 고려가 필요하다는 것도 이해할 수 있는 부분이었다.

한참을 고심하다 나는 정 과장의 논리를 존중하기로 했다. 내 논리가 맞지 않아서가 아니라 그 민원이 나와 가까운 사람이 신청한 것이었고, 무엇보다 바다의 미래를 생각하지 않을 수 없기 때문이었다. 법도 좋지만 소중한 바다를 단순한 법논리와 바꿀 수는 없다고 보았다. 여하간 나는 K선생님께 전화를 걸어 자초지종을 설명하고, 이해해 주십사 하는 말씀을 드렸다.

민원이 많기로 소문난 양식개발과와 관련한 업무처리에 있어서 나는 더욱 냉정한 자세를 견지하였다. 특히 '정부지원사업'에 대해서는 과정의 공정성만 검토하고 구체적인 결과는 확인하지 않는다는 원칙을 깨지 않으려고 노력했다.

그 중의 한 사례로 중형양식단지 사업자 선정문제를 들 수 있다. 현대화된 양식장을 확산시킨다는 취지의 이 사업은 20억 원 규모의 양식단지를 건설하는 데 정부가 5억 원을 지원하는 것으로 되어 있었다. 4개소를 선정하는 이 사업에 무려 11개소가 신청서를 냈다. 모두가 넙치양식업을 하는 사람들이었다. 2.8대 1이라는 만만찮은 경쟁률을 보이자 나를 잘 아는 사람이나 국회의원들을 통해서 청탁이 들어오는가 하면, 미리부터 평가의 공정성을 따지는 사람도 있었다.

나는 이 사업을 시작할 때 담당과장에게 전문가들의 의견을 적극 반영해서 타당성 있는 기준을 만들어 공개하고, 평가 때에도 전문가들을 참여시켜 투명성과 공정성을 확보하도록 지시했다. 또 선정 때에는 적정한 비율로 지역적인 안배도 하도록 했다. 모델을 만드는 일인데 한 지역에만 집중되어서는 안 되기 때문이었다. 양식개발과 이 과장은 대학교수, 수산진흥원과 해양연구원의 연구원, 그리고 수산관리소 직원들에게 기준항목과 가중치에 대한 의견을 묻고 받은 결과를 평균하여 기준을 설정하였다. 그리고 평가에도 이들 전문가를 참여시켰다.

이런 과정을 거쳐 선정된 4개소에 대해 이 과장이 결재를 받으러 왔다. 지금까지 추진경위를 보고 받으면서 나는 사업자 선정이 객관적인 기준하에서 공정하게 진행되었음을 알 수 있었다. 그래서 선정된 사업자가 누구인지를 보고하려는 이 과장에게 "그만하면 됐다"고 말하면서 바로 서명을 해주었다. 내게 부탁한 사람들이 선정됐는지 궁금한 마음도 없진 않았지만 그 이상 알 필요가 없다고 판단했다.

나중에 부탁하셨던 분으로부터 선정되지 못해서 아쉬웠다는 전화를 받고서야 그 결과를 알 수 있었다. 나는 미안하게 되었다고, 장관 이래봤자 공정한 절차 앞에서야 무슨 힘이 있겠냐고 위로의 말을 건넸다.

## 8. 존재이유를 알고 꿈을 갖는다

"비전이 없는 민족은 망한다"는 말이 있다. 나는 비전이 없다면 민족뿐만 아니라 조직도, 개인도 제대로 활동할 수 없고 결국은 망하게 된다고 생각한다.

그렇다면 비전은 무엇인가? 비전은 꿈은 꿈이되, 절실함이 배어 있는 것이다. 진실하고 간절한 꿈이 비전이다. 이것은 내가 왜 여기에 있는가, 내가 왜 이 일을 하는가에 대한 깊은 성찰 위에서만 가능하다. '어떻게' 라는 질문보다는 '왜' 라는 질문을 깊이 던질 수 있어야 비전을 가진 인물, 비전을 가진 조직, 비전 있는 업무를 수행할 수 있다.

나는 취임사에서부터 해양수산부의 비전을 강조했다. 한일어업협정 등 여러 가지 파동으로 침체된 해양수산부가 힘있게 일을 하기 위해서는 비전을 뚜렷이 하는 게 필요하다고 생각했기 때문이다.

나는 해양수산부 전 직원이 비전을 가지지 않고서는 행정 리더로서 신바람 나게 일을 할 수 없다고 생각했고 이후 시간이 날 때마다 간절한 소망, 절실한 꿈을 가지라고 강조했다. 해수부에 대한 나의 이러한 비전은 허황한 것이 아니라 진실된 것이었다. 부산 경남에서의 나 자신의 경험뿐만 아니라 김재철 무역협회장 등의 각종 책과 글을 보면서 해양입국, 청색혁명이 해양수산부 직원과 국민의 노력으로 실제 가능하다는 확신을 했기 때문이다. 해양수산부 차원의 비전뿐만 아니라 각 부서별로, 각 업무별로, 각 개인별로 비전을 가질 것을 업무보고를 통해 거듭 거듭 강조하고 주문했다.

2001년 1월 2일 새해 첫 업무보고인 해양정책국 업무보고에서 각 국과 과가 왜 존재하는지 조직의 비전과 전망을 분명히 하라고 했다. 그리고 업무보고에 사무관 이상이 참석토록 하여 스스로 월급을 받는 이유가 무엇인지를 깊이 생각해보라고 했다. 업무와 관련해서는 낙동 강 하구언의 사례를 들면서 새만금의 10년 후 모습을 보며 정책결정자 로서의 자기 인식이 필요하다고 강조했다. 이러한 존재 이유와 비전의 강조는 그 다음날의 어업자원국 업무보고에서도 이어졌다. 수산이 어 렵다, 나쁘다고 하여 비관하지 말고 낙관적 전망 속에서 극복과제를 설정하라, 그리고 2001년도는 향후 5~10년의 전망의 토대를 마련하 는, 그랜드 비전(Grand Vision)을 짜는 시기가 되어야 한다고 했다. 해 운물류국에서도 업무나 산업이 있어야 할 이유를 분명히 하라고 하면 서, 항만공사(PA)를 하려는 이유를 인식하여 운영방향을 설정해야 한 다고 강조했다.

나는 해양정책, 해운, 항만, 수산 등 모든 분야에 "5년 후에 어떻게 된다는 거요? 5년 뒤의 모습, 상황이 어떤 것인지 생각해 보시오"라는 질문을 끊임없이 던졌다. "전체 그림 속에서 당해연도 사업계획을 짜 야 한다. 올해는 이 사업, 내년에는 저 사업을 한다고 계획하라"고 주문 했다.

이러한 나의 질문과 주문에 처음에는 직원들이 묵묵부답이었다. 그 러나 시간이 흐를수록 이러한 나의 문제의식에 직원들이 공감하기 시 작했다. 그리고 5년 후, 10년 후의 비전이 무엇이냐는 나의 요구에 따라 선원수급계획, 수산업발전계획 등등이 다시 만들어지기도 했다.

존재 이유와 꿈 그리고 비전을 나는 업무보고에서뿐만 아니라 직원과의 대화에서도 강조했다. "10년 후 여러분과 조직의 모습을 상상해 본 적이 있습니까?……소망을 품으십시오. 그 소망을 붙잡고 더 많은 시간과 노력을 투자하십시오."

해양수산부의 역량강화를 위해 2001년 초에 열린 워크숍(wave meeting)에 5급 이상 200명의 직원이 참가했는데 이때 해양수산부의 여러 문제점이 거론되었지만 해양수산부의 정체성과 비전이 중요한 문제의 하나로 제기되었다. 이것은 해양수산부가 1996년에 수산청과 항만청이 통합되어 탄생한 신생 부처이고 5년이 흐르도록 정체성과 비전을 정립하여 이를 뿌리내리는 데 큰 진전을 이루지 못했기 때문이다. 그렇기 때문에 존재 이유와 비전에 대한 나의 끊임없는 강조, '과원이 되지 말고 부원이 되라' 는 강조는 직원들이 활기 있게 움직이고 해양수산부가 하나가 되는 기폭제가 되었다.

퇴임시 문 과장은 "결과적으로 8개월을 지나 보니까 꿈과 희망 그리고 자부심을 갖게 되었습니다. 장관님이 이야기하는 대로 하면 우리가 상당한 역량을 가질 수 있겠습니다" 는 말을 했다. 그리고 윤 과장은 해양수산부의 '존재 이유' 를 부각시킨 점에서 "장관님께 신세겼다" 고 말하기도 했다.

흔히 관리자는 '어떻게(how)' 를 묻는 사람이고 리더는 '왜(why)' 를 묻는 사람이라고 한다. 관리자는 오늘을 이야기하지만 리더는 미래를 보고 오늘을 이야기하자고 한다.

리더십에는 다양한 이론이 있고, 리더십의 요소에도 여러 가지가 있다. 그러나 리더십의 중심에는 우리가 왜 존재하는가, 조직이 왜 존재하는가에 대한 진실하고 깊은 성찰이 있어야 한다고 생각한다. 그 바탕 위에서 조직이 해야 할 절실한 사명과 간절한 소망을 일깨워야 한다. 이렇게 할 때 비로소 리더는 새로운 조직과 새로운 사회 그리고 새로운 역사를 만드는 창조자가 된다.

# 2장 | 리더십과 문제해결

## 전략적으로 정책을 판단한다

1. 여론과 현장, 그리고 현실

2. 문제의 본질에서 생각하기

3. 전략적 사고로 문제를 해결하기

4. 먼저 생각하고 먼저 행동하기

5. 의욕을 넘어 실현 가능성을 보기

6. 때로는 신중하고, 때로는 신속하게

7. 미래를 바라보고 미리 준비한다

8. 생각의 지평을 넓힌다

# 전략적으로 정책을 판단한다

## 1. 여론과 현장, 그리고 현실

직원들과 대화나 토론을 하면서 내가 제일 많이 했던 말 중의 하나는 "현장에 가보라"는 것이었다.

"현장에 가면 다 있다. 문제점도 거기에 있고, 해결책도 거기에 있다. 만나야 할 사람도, 알아야 할 사실도 그곳에 가면 다 있다. 현실을 모르는데 어떻게 바른 정책이 나올 수 있겠는가. 정책의 시작은 현장을 확인하는 데 있다."

나는 이 말에 덧붙여 선례를 많이 익히고 분석해 보라는 충고도 직원들에게 자주 했다. 현실적 상황을 파악한 다음에는 구체적인 대책들을 하나 둘씩 마련해야 하는데 이럴 때 과거의 시행착오를 되풀이하는 일은 없어야 하기 때문이었다.

현장 확인이 중요하다는 것은 장관이라고 예외는 아니지만 사실 그럴 만한 시간적 여유를 내기가 쉽지 않고 또 한번 가본다고 해서 정책을 꿰차고 있는 실무자보다 더 상세하고 정확하게 파악하기도 어렵다. 그래서 특별한 경우가 아니면 보고하러 온 담당자에게 가급적 많이 물어보는 것으로 갈음하는 경우가 대부분이다.

질문하는 습관은 여러 모로 유익하다. 내가 잘 몰랐던 것을 제대로 이해할 수 있고, 담당자가 얼마나 현실을 잘 파악하고 있는지도 확인할 수 있다. 정확한 현실인식 위에 대책을 마련하면 그만큼 문제를 해결할 가능성도 높다.

이렇듯 현장을 중시하는 것과는 달리 나는 "여론을 경계하라"는 말도 곧잘 했다. 국민들의 뜻을 담은 여론을 경계해야 한다니 무슨 영문인가 싶을 것이다. 여론을 존중하고 가능하면 따르는 것이 장관의 도리이고 민주정치의 이념에도 합치되지만, 그것이 항상 올바른 선택이라고 보기는 어렵다. 왜냐하면 여론은 상식적 사고에 가까운 반면 정확한 현실인식에 바탕을 두지 않은 경우가 많아서 한두 가지 새로운 사실에도 180도로 달라질 수 있기 때문이다. 그래서 장관은 여론에 이끌려 성급하게 결정을 내리거나 우왕좌왕하기보다는 냉철한 현실인식을 통하여 최선의 대책을 마련하고 국민들을 설득하는 가운데 결과로써 여론의 평가를 받겠다는 자세를 견지해야 한다고 본다.

2000년 납꽃게 파동을 겪으면서 나는 이와 비슷한 경험을 했다. 납꽃게를 보는 일반적인 여론은 검사가 철저하지 못하다는 것이었다. 어떻게 꽃게에 커다란 납덩이가 든 것도 모르고 그대로 유통시킬 수 있느냐, 구멍 뚫린 검사망에 대해 책임을 물어야 한다는 분위기였다. 만약 나도 여론에 편승했다면 일단 담당 공무원에게 호통을 치고, 책임을 묻는 식으로 접근했을 것이다. 그러나 당시 나는 취임하고 얼마 되지 않아 검사업무에 대한 지식이 짧았고, 여론이나 선입견에 이끌려 일을 그르쳐서는 안 된다는 생각도 있어서 납꽃게 관련 보고를 받는 동안 몇 가지 사실을 확인하는 외에 별다른 말을 하지 않았다. 보고를 다 들은 후 나는 충분히 이해되지 않았던 부분들을 하나하나 짚어가며 수산물 검사 시스템에 대해 파악했다. 현장에 가서 검사과정을 직접 눈으로 확인하고 상세한 보고서를 읽어내려 가는 가운데 내가 내린 결론은, 예측할 수 없었던 일에 대해서는 문책할 수 없고, 그 대신 이례적인 상황의 재발을 막기 위한 대책을 강구해야겠다는 것이었다.

현재 시행하고 있는 수산물 검사는 먼저 부패와 변질여부를 확인하고, 그 다음 병균이나 독성물질로 인한 오염 정도를 분석하는 단계를 거치는데 식품안전성을 확보하기 위한 국제기준에 비추어 부족한 점이 없었다. 문제가 된 납덩이나 돌멩이는 검사 담당자들의 상식을 벗어나는 일이었다. 전례도 없었고 설마 그런 일이 일어나리라고는 아무도 생각지 못했던 것이다. 그런 상황에서 금속탐지기를 사용하지 않았다고 담당자를 문책할 수는 없는 노릇이었다.

검사망에 구멍이 뚫렸다는 논거로 전량검사를 하지 않았다는 지적도 있었는데 비상상황이 아닌 이상 전량검사를 하는 것은 오히려 관례에 맞지 않는 일이었다. 세계 어느 나라를 봐도 표본검사가 원칙이며 어느 정도 신뢰가 쌓이면 '선 통관 후 검사'가 상도의로 여겨진다. 표본검사의 경우도 눈으로 보고 냄새를 맡아보는 '관능검사'를 먼저 실시하고 그 다음에 정밀검사를 하는 것이 일반적이다. 특히 우리 나라는 국민들이 수산물을 많이 먹는다는 점을 고려하여 표본검사비율을 선진국보다 월등히 높게 유지해 오고 있었다.

그렇게 보았을 때 필요한 일은 문책이 아니라 국민건강을 위한 대책이었다. 우선은 신속히 금속탐지기를 구입하여 전량검사를 위한 철야작업에 들어갔다. 납꽃게라는 것이 1천 상자에 2~3상자, 그 상자 안에 있는 60마리 중 2~3마리밖에 되진 않지만 불규칙하게 나타나기 때문에 달리 찾아낼 방법도 없었다. 인력이 부족해서 일반 공무원들까지 동원된 검사과정에서 불평 한마디 없이 최선을 다했던 수산물검사소 직원들의 복무자세는 오히려 칭찬할 만한 일이었다. 정부는 또한 중국 쪽에서 납꽃게가 들어왔다는 증거를 확보하고 이를 토대로 중국과 수산물 검사협정을 맺어 사전 예방적인 검사체계를 구축하였다.

범죄는 발각되면 수그러드는 법이라, 그 이후 납꽃게는 더 이상 문제되지 않았다. 하지만 수산물검사소는 만약을 대비하여 금속탐지기를 이용한 전량검사를 계속했다. 내가 현실을 정확하게 파악하지도 않은 채 담당자들을 문책하고, 검사체계를 바꾼다고 수선을 피웠다면 이처럼 차분하게 대책들이 추진될 수 있었을까 싶다.

여론과 정책현실이란 주제와 관련하여 꼭 드리고 싶은 얘기가 하나 더 있다. 바로 독도(獨島)문제이다. 이 문제야말로 감정적으로 대응해서는 안될 일이라고 생각한다. 내가 늘 우려하는 것은 정치권과 여론에 떠밀려서 악수(惡手)나 두지 않을까 하는 것이다.

우리가 기억해야 할 일은 독도가 우리 지배하에 놓여 있다는 사실이고 이러한 상태를 계속 유지하는 것이 국제사회에서 우리의 영유권을 내세우는 데 어떤 논리보다 강한 설득력을 갖는다는 것이다. 장롱 속에 곱디고운 보석 하나를 간직하고 있는데, 자꾸만 문밖에 어떤 놈이 와서 그 보석을 제 것이라고 우기며 떠들어댄다고 그때마다 굳이 내 것임을 확인시켜 줄 필요가 있을까. 이럴 땐 대꾸하지 않는 것이 상책이다. 대꾸하다 보면 그 재미에 더 떠들어대고, 혹시라도 꼬투리를 잡아 이를 문제삼을 수도 있기 때문이다.

우리가 "이제 그만 좀 하라"고 해도 일본이 망언을 그만둘 리도 없고, 또 우리가 조용히 한다고 해서 독도를 잃는 것도 아니다. 그럼에도 앞선 해양수산부 장관들과 마찬가지로 나는 지난 국정감사 때 독도가 바위냐 섬이냐는 것에서부터 그럼 왜 한일어업협정 때 독도를 넘겨줬느냐는 질문에 이르기까지 호된 신고식을 치렀다. 나는 "독도는 분명히 유인도"라고 대답했다. 여러 학설과 주장이 있을 수 있지만 엄연히 독도경비대가 상주하고 있고 우리 어민들도 어업상 필요로 독도를 드나드는데 굳이 바위라고 깎아내릴 필요는 없다고 생각했다.

여당 의원들은 독도가 유인도라면 왜 한일어업협정 때 독도를 기점으로 EEZ(배타적 경제수역, Exclusive Economic Zone : 연안국이 자원관할권 및 환경보호권 등 주권적 권리를 행사할 수 있는 해역. 영해기선으로부터 200해리를 초과하지 아니하는 범위 안에서 설정할 수 있으나, 2개국이 서로 인접하거나 마주보고 있는 경우에는 국제법을 기초로 양국 간의 합의로 성립됨)를 긋지 않았느냐고 다시 공세를 퍼부었다. 한일어업협정은 말 그대로 어업협정이지 EEZ협정이 아니다. 어업협정 역시 EEZ를 염두에 두지 않을 수 없지만 EEZ에 대한 합의가 어려운 해역은 어쩔 수 없이 중간수역으로 남겨두어 양국 어업인들이 마찰 없이 조업할 수 있는 여건을 만드는 것이 당시로서는 급선무였다.

그래서 나는 대답했다. "협약은 쌍방이 도장을 찍어야 하는 것입니다. 우리가 아무리 독도를 유인도라고 주장한다 해도 결국 쌍방이 합의해야 한다면 독도를 기점으로 우리 마음대로 EEZ를 그을 수 있느냐는 별개의 문제입니다. 앞으로 저는 어느 경우에나 독도를 유인도로 계속 주장하고 그것이 관철되도록 노력하겠습니다. 그러나 국제사회에서 우리 정부의 입장대로 모든 것이 받아들여지지 않는다는 현실도 또 그것은 현실로서 이해해 주셔야 합니다."

독도 문제야말로 대단히 전략적으로 대응해야 한다. 냉정하게 국가적 도의와 국민적 자존심을 생각하면서 준엄한 경고를 할 때는 하되, 사사건건 감정적으로 대하는 것은 극복해야 한다.

## 2. 문제의 본질에서 생각하기

몇 해 전 나는 중학생 5명이 왕복 기차표 값과 만약을 대비한 몇 천 원을 들고 1주일 간의 역사탐방에 나선 TV다큐멘터리를 본 적이 있었다. 땡볕과 장대비가 교차하는 날씨 속에서 아이들은 서로를 격려하며 힘든 행보를 이어나갔다. 청소나 간단한 밭일을 거들어주며 먹고 자는 일을 해결하고, 과자나 청량음료를 사먹지 않겠다는 자기네끼리의 약속을 굳건히 지켜내는 모습은 대견스러웠다. 그런데 한번은 점심을 먹기 위해 식당엘 가서 일을 해주는데 주인이 점심은 물론이고, 2천 원씩 돈도 주는 게 아닌가. 난생 처음 돈을 벌어본 아이들은 너무나 신이 나서 오후 내내 일하는 데에만 몰두하였다. 하는 수 없이 취재하던 담당

PD가 끼어들었다. 왜 여기까지 떠나왔는지 잘 생각해 보라고. 그제서야 정신을 차린 아이들은 다시 걸음을 재촉하여 무사히 탐방을 끝내고 더 의젓해진 모습으로 부모 품으로 돌아왔다.

이 사례의 아이들은 다행히도 제 갈 길을 잃지 않고 해피엔딩을 맞았지만, 살다보면 본질이나 목표를 잃어버리고 전혀 다른 길로 흐르는 경우가 적지 않다. 술 먹고 늦게 들어와서 생긴 부부싸움이 엉뚱하게 시댁이나 처가식구에 대한 불평으로 번져서 사태를 어렵게 만드는 일을 종종 보기도 한다. 이와 비교하긴 뭣하지만 체계적으로 이루어질 것 같은 나라의 정책도 사람이 하는 일이라 때로는 갈팡질팡할 때가 있다. 사소한 문제에 집착해서 한참을 우회하기도 하고, 목표를 상실한 채 딴 방향으로 사태를 끌고 가기도 한다. 이럴 땐 원점으로 돌아가 무엇이 문제였는지, 어디로 가야 하는지를 차근차근 되짚어보는 노력이 필요하다. 내가 취임할 당시 최대 현안이었던 '수협중앙회 경영정상화'도 자칫하면 목적상실의 오류를 범할 수 있었던 사안이었다.

IMF사태 이후 공적자금이 투입된 다른 시중은행들처럼 수협중앙회도 심각할 정도로 부실이 누적되어 있었다. 1999년 말 기준으로 잠정 집계한 수협중앙회의 부실규모는 5천여 억 원에 이르렀다. 정부는 수협의 부실이 어촌경제의 붕괴를 초래할 수 있다는 판단 아래 2000년 3월 공적자금을 투입하기로 결정하고 4월 말까지 구체적인 실사에 들어갔다. 금융감독원이 실사한 수협의 부실규모는 당초 예상보다 훨씬 많은 9천3백억 원이나 되었다. 더 큰 문제는 수협의 부실이 서서히 알려지면서 5조5천억 원이던 예금고에서 이미 2천억 원 이상이 빠져나갔다는 사실이었다. 신속하게 공적자금을 투입하지 않으면 수협사태는 되돌리기 어려운 심각한 지경으로 빠져들 상황이었다.

그런데 공적자금은 내가 취임한 8월까지 투입되지 않은 것은 물론이고 어떤 형식과 규모로 가져갈지에 대해서도 합의가 되어 있지 않았다. 공적자금 투입의 근거가 되는 「금융산업 구조개선법」(약칭)의 해석을 둘러싸고 재정경제부와 해양수산부가 지루한 줄다리기를 계속하고 있었던 것이다. 재정경제부는 공적자금 투입은 주식회사 형태의 금융기관을 전제로 한 것이므로, 수협중앙회의 신용사업부문을 경제사업부문과 분리하여 주식회사 형태를 가진 별도의 법인으로 분리해야 한다는 입장인 반면, 해양수산부는 주식회사가 아니더라도 공적자금 투입은 아무런 문제가 없다는 주장을 되풀이했다. 돈 줄 사람은 따로 떼내겠다는데 돈 꾸는 사람이 못하겠다며 버티니 쉬이 돈이 나올 리 만무했다. 해양수산부나 수협이 신용사업부문을 붙잡아 두려는 것은 별도 법인으로 분리할 경우 수협의 대외신용도가 떨어져서 예금인출 사태가 벌어지고, 일선조합이 붕괴될지도 모른다는 우려 때문이었다.

일선조합의 대표자들은 장관실까지 찾아와서 신용사업부문은 절대 분리해서는 안 되고, 공적자금은 신속히 투입해야 한다고 아우성을 쳤다. 일선조합의 입장에서는 특히 신용사업을 분리할 경우 수표어음 결제구좌를 중앙회와 공유하지 못함으로써 지원이 끊어지게 될 것을 걱정했다. 그런데 이 점이 바로 재정경제부 담당자들을 불안하게 만드는 요인이었다. 지금까지 일선조합에 대해 이루어져 왔던 '밑 빠진 독에 물 붓기 식'의 원칙 없는 지원을 그대로 두면 수협중앙회가 또다시 부실하게 되기 때문에 차제에 확실히 분리시킬 필요가 있다는 것이다.

'분리=지원불가' 라는 해양수산부와 수협의 논리가 역설적이게도 부실방지를 위해 분리를 주장하는 재정경제부의 반대논리가 되어버리는 양상이 펼쳐지고 있었다.

말하자면 법 해석논쟁은 명분이고, 재정경제부가 실질적으로 우려하는 것은 일선조합을 지원하다가 수협중앙회의 부실이 재현되지나 않을까 하는 점인데, 이에 대한 해양수산부의 대책은 미흡하고 지금까지 보여준 모습 또한 미덥지 못했던 것이다. 나는 재정경제부의 우려를 씻을 수 없다면 결국 신용사업부문을 분리하는 방향으로 갈 수밖에 없지 않느냐는 생각을 가지고 먼저 이 문제를 여당과 협의하였다. 전문위원은 해양수산부와, 제2정조위원장은 재정경제부와 견해를 같이하고 있었을 뿐, 딱히 여당의 입장이라는 것이 정해져 있지 않았다. 일선조합장들도 다시 만나 설득했는데 그들은 '분리되면 끝장' 이라는 생각으로 완강하게 반대하였다. 이미 이쯤 되면 합리적인 이치의 문제를 떠나 정치문제로 발전되어 있다는 느낌이 들었다. 아무리 재정경제부의 논리가 옳더라도 조합원들을 설득하지 못해서 집단적 저항에 부딪힌다면 공적자금 투입도 어려울 것 같았다. 정말 만만치가 않았다.

그런데 지금까지의 진행과정을 자세히 들여다보니 해양수산부나 재정경제부 모두 각자의 주장만 했을 뿐, 서로 인정할 수밖에 없는 사실 하나를 간과하고 있었다. 다름아니라 별도 법인으로 분리하더라도 현실적으로 일선조합이 당장 붕괴되지 않도록 하기 위한 어느 정도의 지원은 불가피하고, 분리하지 않더라도 이전처럼 원칙 없는 지원은 불가능하다는 점이었다. 결국 한계만 분명하게 하면 양자간의 접점을 발견할 수 있는 문제였다. 여러 가지 이유를 내세우며 맞서고 다투어 왔지만 문제의 본질은 결국 신용붕괴를 막는 일이었다. 그 점을 알면서도 지금까지 해양수산부는 일선조합에 대한 무원칙적 지원을 막을 확고한 대안을 제시하지 못했고, 재정경제부는 분리하면서도 일선조합을 안심시킬 수 있는 카드를 내놓지 않았던 것이다. 이 두 가지만 확보되면 분리냐 아니냐는 그리 중요한 문제가 아니었다.

나는 재정경제부 담당자에게 법인 분리시 일선조합의 정상화를 지원할 수 있는 일종의 특별기금을 마련하고, 예금보장을 위해 예금보험공사에 가입할 때 보험요율을 시중은행과 동등한 1%선으로 하는 방안을 검토해 줄 것을 요청했다. 또한 해양수산부 담당자에게는 법인을 분리하지 않더라도 일선조합과의 사이에서 방화벽을 분명히 쌓겠다는 의지를 보여줄 수 있는 법률안을 준비하도록 지시했다. 그리고나서 조합장들을 찾아다니며 분리되든 안 되든 수협에 대한 정부의 지원은 현실적으로는 차이가 없다는 사실을 설득하였고, 다른 한편으로는 재정경제부 담당자들을 계속해서 만나며 수협의 부실을 막기 위한 우리측의 의지가 확고함을 인식시켜 주었다.

결국 정부는 2000년 10월 10일 신용사업부문을 별도 법인으로 분리하지 않는 대신 독립적으로 운영하는 것을 내용으로 하는 경영정상화 대책을 확정하였다. 공적자금 규모도 1조2천억 원으로 수협이 건전한 경영을 유지할 수 있는 수준이었다. 얻을 것은 다 얻었다고 할 정도로 해양수산부의 입장이 전폭적으로 수용된 것이다.

만약 신용사업부문의 분리냐 아니냐를 놓고 법적 논쟁으로만 일관했다면 수협중앙회의 경영정상화는 요원했을 것이다. 엉뚱한 곳에서 체면싸움이나 하고 있는 것은 아닌지, 목적과 방향을 잃어버리지는 않았는지 한번쯤 원점에서 되돌아보는 여유가 필요하다. 수협문제도 본질적인 부분을 중심으로 새로운 대안을 마련하고, 상대방을 설득하기 전에 우리부터 바꾸려는 진지한 노력이 있었기에 결국 모두의 마음이 열리면서 원만한 해결로 이어지지 않았나 생각한다.

## 3. 전략적 사고로 문제를 해결하기

게임에서 승리하거나 마케팅에서 성공을 거두었을 때 사람들이 흔히 '전략의 승리' 니 '전략적 사고의 산물' 이니 하며 성공요인을 분석한다. 전략적 사고는 한마디로 일의 성패를 결정하는 것이 무엇인지를 생각하는 것이다. 일의 성패를 결정하는 요인을 파악했다면 일이 해결될 때까지 이 문제에 자신의 노력을 집중해야 하는 것이다. 다시 말해 전략적 사고는 우선 실현 가능한 목표를 설정하고, 그 다음 성패를 결정하는 요인을 파악한다. 그리고 이를 중심으로 일의 선후와 경중을 분명히 하면서 단계별 과정을 짜고 자원을 배분해야 한다. 그리고 각각의 과정 속에서 발생할 수 있는 저항과 장애에 대한 극복방안을 마련해야 한다. 무엇보다 중요한 것은 이러한 모든 단계에 걸쳐서 목표와 본질을 잃지 않는 일이다.

앞에서 말한 수협문제는 다른 한편으로 '선 정상화, 후 문책' 이라는 전략적 사고를 통하여 자칫 정치적 쟁점으로 휘말릴 수 있는 상황을 원만하게 해결한 사례이기도 했다.

수협중앙회의 부실규모가 무려 9천억 원에 이르는 것으로 나타나자 감사원은 특별감사를 실시했다. 감사결과보고서에는 부실의 실태와 원인, 중앙회장의 개인적 비리 등이 조목조목 나열되어 있었다. 감사원장의 보고를 받은 후 책임을 물으라는 대통령의 지시도 떨어졌다. 이에 따라 청와대 사정관계자나 감사원은 중앙회장을 구속 수사해서 형사상 책임을 묻는 쪽으로 가닥을 잡았다. 해양수산부 담당자들 역시 재성경제부나 감사원의 의견을 감안해 볼 때 중앙회장을 문책하지 않는 것은 문제해결 의지가 없는 것으로 비춰져서 공적자금 투입에 악영향을 미칠 것이라며 신속한 조치가 필요하다고 했다. 공적자금이 투입된 은행치고 회장이 바뀌지 않은 사례는 없다는 말도 덧붙였다.

그러나 나는 다르게 생각했다. 신중하게 접근하지 않으면 사태가 엉뚱한 방향으로 끌려갈 수도 있다고 보았다. 지난 경험으로 볼 때 아무리 정당한 수사라도 당사자가 억울하다고 항변하고 조합원들이 이에 동조하여 표적수사 운운하기 시작하면 정치문제로 변질될 가능성이 다분하였다. 특히 박 회장은 경남 거제 출신이라 사안이 더욱 민감했다. 만일 그가 문책에 불만을 품고 구치소에서라도 업무를 계속하겠다고 버티면 공적자금 투입이나 경영 정상화가 물 건너가는 것은 물론이고, 예금인출 사태라는 걷잡을 수 없는 상황으로 치닫지 않으리라는 보장이 없었다.
책임은 반드시 물어야 하지만, 그것이 공적자금 투입과 경영정상화라는 목표에 방해가 되어서는 곤란했다. 어떻게 해서라도 '선 정상화, 후 문책'이라는 전략을 붙잡고 나가야 했다. 먼저 감사원장을 찾아가 도와달라고 부탁했다. 나의 뜻을 이해하고 감사결과의 공개시점에 대해 협조해 주겠다고 했다. 이번엔 민정수석을 만났다. 그 역시 이러한 취지에 전적으로 공감을 표시했다. 그 다음엔 검찰 관계자들과 이 문제를 협의했다. 수사권을 쥐고 있는 그들의 진중한 협조가 무엇보다 필요했기 때문이었다.

넘어야 할 산은 또 있었다. 언론이었다. 기자들이 벌써 눈치를 챘는지 자꾸만 물어오는 것이다. 감사자료는 말 그대로 특종인데, 이것이 유출되면 검찰도 수사를 회피할 수 없기 때문이다. 나와 해양수산부 직원들은 회장의 개인비리와 관련한 일체의 자료가 언론에 사전 노출되지 않도록 각별히 주의하였고, 국정감사 역시 여야 국회의원들의 이해와 협조 속에 무사히 넘어갔다.

이렇게 해서 개인 비리로 초점이 옮겨져 연일 신문의 사회면을 장식했던 농 · 축협 통합 때와는 달리 수협문제는 정치쟁점화되지 않고 조용조용히 경영정상화의 수순을 밟을 수 있었다.

박 회장의 문책을 미룬 것은 또 다른 의미에서 사태해결에 도움을 주었다. 정부가 2000년 10월에 확정한 대책대로 신용사업부문 대표이사를 선임하기 위해 수협법을 개정하고 추천위원회의 인선과정을 거치려면 해를 넘기고도 두어 달은 더 걸려야 했다. 이래서는 구조조정을 통한 경영정상화가 더딜 수밖에 없는 것이다. 공적자금도 도덕적 해이가 있는 임원진이 물러나고, 제대로 운용할 수 있는 새로운 대표이사가 임명되고 난 뒤에 투입되는 것이 좋은 모양새였다. 결국 신속히 대표이사를 선임하기 위해서는 기존의 수협법 체계 속에서 방안을 찾아야 하는데, 이에 따르면 중앙회장이 선임에 있어 결정적인 권한을 행사하고 있었다. 만약 박 회장이 이 일을 수행하기 어렵거나 협조해 주지 않는 상황이라면 정말 곤란했을 것이다.

　다행히 문책도 없었고 공적자금 투입도 차질 없이 진행되었던 터라 박 회장도 마음을 비우고 적극적으로 협조해 주었다. 나는 대표이사 선임에 대해서 법률상 권한이 없었을 뿐 아니라 개인적으로 누구를 영입해야겠다는 생각도 갖고 있질 않았다. 그래서 수협중앙회와 해양수산부 담당자에게 신용사업부문과 경제사업부문의 대표이사로 영입할 전문경영인을 7~8명씩 추천하도록 했다. 그리고 추천받은 사람들을 펼쳐 놓고 관계자들이 모두 모인 가운데 공개적으로 토론을 벌인 끝에 기업인과 금융인 출신으로 양 부문의 대표이사를 영입하였다. 들리는 소문으로는 두 분 모두 일에 대한 열정이 많고 직원들과도 호흡을 잘 맞추어서 '밖에서 오더니 확실히 다르다'는 평가를 받고 있다고 한다. 수협중앙회 직원들의 마인드도 상당히 바뀌었다고 들었다.

　대표이사 선임에 대해 권한이 없는 내가 외부에서 전문경영인을 도입하기로 하고 적당한 인물을 추천토록 한 것이 수협의 자율성을 침해한다고 문제삼을 소지도 있었다. 실제로 수협중앙회 부회장은 자기가 하겠다고 반발하기도 했다. 그럼에도 선임 이후 아무런 소란이 없었던 것은 공정성을 해치는 어떠한 일도 없었고, 모두가 수협을 살리겠다는 한마음으로 이 일에 참여했기 때문이었다. 선임된 대표이사들이 잘 하고 있는 것도 결과적으로 한몫 했다고 볼 수 있다.


　이렇게 대충 중요한 일들을 마무리한 다음 나는 11월 중순 수협중앙회 대의원총회에 가서 수협의 경영정상화계획을 설명하였다. 대의원들에게 배포된 「경영정상화계획」 뒷부분에는 「감사원의 감사결과

보고서」를 붙여 놓았다. 그 동안 보안을 유지했던 자료가 그제서야 공개되었던 것이다.

내가 이렇게 했던 것은 크게 세 가지 이유에서였다. 하나는 수협에 대한 감사가 경영정상화를 위한 연장선상에서 이루어진 것이지 누구를 처벌하려는 목적이 아니라는 점을 분명히 하고 싶었기 때문이다. 다음으로 감사자료만을 별도로 발표함으로써 마치 새로운 사실인 것처럼 시끄러워지는 것을 원치 않았기 때문이다. 마지막으로 이러한 부실이 다시는 발생하지 않도록 대의원들 모두가 함께 노력해야 한다는 사실을 깊이 인식시켜 주기 위해서였다.

11월 말 수협의 대표이사가 임명되었고, 박 회장은 사표를 제출하였다. 감사결과에 따라 박 회장에 대한 검찰수사도 진행되었다. 나는 검찰관계자에게 박 회장이 그 동안 경영정상화를 위해 적극적으로 협조해 준 점을 참작해 달라고 부탁했다. 여담이지만 수협의 부실 규모는 컸지만 박 회장을 형사상으로 처벌할 만한 피의 사실이 명확치 않다는 게 법률가로서 나의 판단이었다.

나는 수협문제를 해결해 나가면서 전략적 사고가 얼마나 중요한지를 배우고 또 확인하였다. 전략 없이 혹은 잘못된 전략하에 엉뚱한 순서로 접근하는 바람에 우리 사회의 많은 문제들이 원하던 결과를 얻지 못하거나 아직도 미궁 속을 헤매고 있는 경우가 적지 않다. 주변의 여건과 상황을 고려하면서 가치의 우선순위를 분명히 할 줄 아는 전략적 사고와 정치력, 그것을 통해 우리 사회의 번영과 발전을 발목잡고 있는 많은 문제들이 풀려 나가기를 바란다.

## 4. 먼저 생각하고 먼저 행동하기

스포츠 경기나 협상과 같이 상대편이 있는 경우에 주도권을 잡는 것은 대단히 중요하고 의미 있는 일이다. 주도권을 잡지 못한 채 끌려다니거나 떠밀리게 되면 그만큼 얻는 것보다 잃는 것이 많음을 우리는 익히 보아 알고 있다. "공격이 최선의 방어"라는 말도 그런 뜻에서 나오지 않았나 싶다.

중앙정부가 맡고 있는 항만업무를 항만공사(港灣公社)로 하여금 수행토록 하자는 논의는 오래 전부터 계속되었지만, 구체적인 정부방침으로 정해진 것은 1999년 3월의 일이었다. 기획예산처가 정부부처 경영진단 결과를 토대로 국무회의에 보고 확정한 「정부운영 및 기능 조정방안」에서 2001년까지 부산항과 인천항에 항만공사를 설립하도록 하였던 것이다.

그런데 관계부처나 지방자치단체들은 이러한 항만공사 설립에 관련하여 각기 다른 이해관계와 관점을 가지고 있었다. 해양수산부는 항만이 특정 지역을 기반으로 하지만 국가경제를 떠받치는 공익적 성격이 강하므로 여건이 성숙된 후 천천히 설립하자는 입장이었다. 물론 판단의 이면에는 항만운영에 관한 한 자기네들이 누구보다 정통하다는 생각도 있는 것 같았다. 기획예산처는 이 문제를 '작은 정부 실현'이라는 행정개혁의 측면에서 바라보고 있었다. 정부가 맡지 않아도 될 기능이라면 하루라도 빨리 떼내어 개혁의지를 보여주겠다는 것이다. 반면 부산시와 인천시는 자치권 확대 방향에서 접근하고 있었다. 자기 지역의 항만인데 왜 중앙정부가 운영하느냐는 비판적 관점을 견지하며 항만행정조직과 권한을 이양받는 것으로 생각하였다. '항만공사'라는 공식명칭에도 불구하고 굳이 지방자치단체들이 '항만자치공사'라고 불렀던 것도 이러한 입장이 반영된 것이었다.

여하간 이 일을 맡은 해양수산부는 항만공사의 형태와 설립시기에 대해서 거의 1년에 걸쳐 연구용역을 실시했다. 2000년 7월 발표된 용역결과는 항만요율 인상 우려, 재정자립도 미진 등을 들어 즉시 설립보다는 3년 간은 정부 책임운영기관(Agency) 형태를 유지하면서 단계적으로 항만공사 설립을 추진하는 방안이 바람직하다는 것이었다. 내가 취임할 당시에는 이러한 용역결과를 놓고 '정부가 항만공사 설립을 회피하려 한다'는 비난의 여론이 부산을 중심으로 들끓고 있었다.

나는 관계공무원들을 모두 불러모았다. 담당자들은 용역결과와 같은 문제점이 현실적으로 나타날 우려가 높고, 이것이 해양수산부로서는 상당히 부담이 된다는 생각을 가지고 있었다. 대놓고 얘기하지는 않았지만 이미 두 차례나 조직 축소의 홍역을 치렀는데 항만공사 설립으로 또다시 조직이 위축된다는 데 대해 불안감도 적지 않은 것 같았다. 여러 차례의 논의가 있었지만 결국 담당자의 입장은 용역결과대로 단계적으로 가야만 항만운영에도 차질이 없고, 조직에 주는 충격도 최소화될 수 있다는 것이었다. 나는 그것이 상당히 일리가 있고 실무자로서는 그렇게밖에 말할 수 없겠다고 생각하면서도, 한편으로는 시행착오와 부작용을 줄이고자 하는 정책적 선택이 자칫 더 큰 부작용을 낳지나 않을까 하는 우려를 씻을 수 없었다.

정책을 결정함에 있어 우리는 항상 100점짜리 대안이 아니라 그 중

나은 대안을 선택할 수밖에 없는 현실에 직면한다. 나는 항만공사 설립도 마찬가지라고 보았다. 여건이 갖추어졌을 때 설립하는 방안은 실무적으로야 100점일지 몰라도 정치적 저항까지 고려하면 60점에 불과했다. 반면 예정대로 2001년에 설립하는 방안은 실무적으로는 60점이지만 지자체의 협조나 정책적 신뢰도 등을 고려하면 75점은 줄 수 있다는 것이 나의 판단이었다. 그리고 60점짜리보다는 당연히 75점짜리를 선택해야 한다고 보았다.

기획예산처나 부산시의 입장을 접어두고라도, 항만공사 설립은 3년이나 5년 정도 미룰 수는 있지만 항만에 책임경영제를 정착시키고 마케팅 기법을 도입하기 위해서 결코 회피할 수 없는 문제라는 데 해양수산부 담당자들도 이의가 없었다. 그런데 조금 늦게 하려는 것을 부산시나 부산시민들은 '하지 않으려는 핑계'로 받아들이고 있는 것이고, 그것은 이후 해양수산부의 정책추진에 상당한 부담을 주는 정치 쟁점으로 발전할 가능성이 높았다. 더구나 2001년 설립을 정부방침으로 확정해 놓은 상태였기 때문에 자칫 해양수산부가 기획예산처를 중심으로 하는 정부 입장과 부산시 입장 사이에서 샌드위치가 될 곤경에 처해 있었다.

며칠 동안 이 문제는 내 머릿속을 떠나지 않고 나를 괴롭혔다. 좀 심하게 말하면 화장실에 앉아서도 이 문제를 어떻게 풀어야 할지 고심했다. 그러는 가운데 나는 어차피 해야 할 일이라면 떠밀려서 하기보다는 주도적으로 하는 게 낫다, 상대방보다 먼저 치고 나가서 기선을 제압해야 한다고 생각하게 되었다. 주변의 여건과 상황을 고려해 볼 때 항만공사 설립문제는 예정대로 추진하되 미흡한 부분들은 지속적으로 보완해 가는 것이 현명한 일이라고 보았다. 생각을 거듭할수록 나는 이렇게 가는 것이 최선이라는 확신을 갖게 되었다.

나는 이런 생각을 국 과장에게 전하며 예정대로 추진하는 방향으로 보고서를 만들어 보라고 지시했다. 그런데 알겠다고 대답하고 나간 지 며칠이 지나도록 보고서는 올라오지 않았다. 그 사이 다른 일도 있고 해서 재촉하지 않다가, 안되겠다 싶어 국장을 불러 진행상황을 물었다. 아직도 '검토하면서 작성하고 있는 중' 이라는 답변이었다. 실무자로서는 쉬 내 말이 납득되지 않았을 것이고, 확신이 없으니 일을 빨리 진행시키기가 어려웠을 것이다. 하지만 그렇다고 그냥 넘어갈 수는 없는 일이었다. "일단 안을 만들고 다시 토론에 부쳐야지, 계속 검토만 하면 어떻게 합니까!" 시간을 끌면 끌수록 시끄러워지고 우리에게 유리할 게 없다는 판단 아래 심리적 압박을 주려고 지시의 강도를 높였다.

그러는 사이 부산에 있는 TV방송사에서 이 관계로 부산시장도 참석하는 가운데 토론회를 하자는 제의가 들어왔다. 부산으로 내려갔다. "항만공사 설립을 왜 미루려 하느냐? 예정대로 추진하라"는 이 두 마디를 위해 부산시장은 상당히 많은 자료를 읽고 또 준비한 모양이었다. 그러나 토론은 너무도 싱겁게 끝나버렸다. 내가 "항만공사 설립은 예정대로 간다"고 단언했기 때문이다.

선제공격이 얼마나 효과적인지를 나는 그 날의 일을 통해 똑똑히 보았다. 실무자들에게도 이제는 가는 방향으로 추진하라고 강력하게 지시했다. 해양수산부 장관으로 있으면서 나는 대화와 토론을 통해 서로가 납득하고 합의하는 가운데 거의 모든 문제를 풀어 나갔는데, 이 문제만큼은 시간을 끌다가는 코너로 몰릴 수밖에 없는 상황이라고 보았기 때문에 일방적으로 실무자들을 밀어붙였다.

이제 주도권을 쥔 이상 사소한 쟁점들에 대해서는 시원스럽게 양보하는 모습을 보여줄 필요가 있었다. 그래서 '항만구조개혁 심의위원회'로 되어있던 협의체를 '항만공사 추진위원회'로 바꾸었다. 총 19명의 위원 중 부산시와 인천시에 각 1명씩을 배정하여 불만의 소리가 높았던 위원회 구성도 부산항과 인천항에 별도로 추진위원회를 구성하면서 중앙정부와 지방자치단체가 각각 5명(공무원 2, 이용자 2, 전문가 1)을 추천하는 방식으로 개선하였다. 이와 같이 항만공사 설립을 협의하기 위한 절차적 틀이 완성되고 나니 지방자치단체도 항만공사 설립 여부를 두고 더 이상 문제 삼지는 않았다.

한편 지켜내야 할 원칙들에 대해서는 단호한 자세로 대응하였다. 특히 항만경영의 효율화를 저해하는 요구에 대해서는 강경한 입장을 고수하였다.

부산시는 자치권 확대라는 관점에서 화물 하역과 같은 사업적 측면 외에 항만 내 질서를 유지하는 공권력적 행정작용까지 항만공사로 이관해 달라고 했다. 물론 선진국의 선례를 보아도 공사의 업무영역이 제각각이어서 일률적으로 말할 수는 없지만, 싱가포르의 PSA와 같이 최근의 경향은 철저히 경영 중심으로 사업적 부문만을 이관하는 것이었다. 또한 공권력적 행정작용이야 돈 버는 부분이 아니므로 많이 가져갈수록 항만공사의 채산성을 떨어뜨리는 결과를 낳게 된다. 해양수산부로 보아서도 전국적으로 항만행정을 일관성 있게 유지하고, 조직 축소를 최소화한다는 면에서 좋을 리 없었다. 이러한 면들을 고려해서 사업적 부문 외의 업무영역은 절대 양보할 수 없다고 선을 그었다. 추진방향에 대해서 솔직히 내켜하지 않던 실무자들도 그제서야 '조직 안정을 위해 배려도 해주고, 방향도 제대로 이해하고 있구나'라고 생각했는지 적극적으로 움직이기 시작했다.

부산시는 또 항만공사 사장의 임면권도 넘겨달라고 하였다. 중앙정부가 전액 출자하는 공사의 사장을 부산시장이 임명하는 일은 현행법 체계상 받아들일 수 없는 요구였다. 이러한 사실을 모를 리 없는 부산시는 '중앙정부가 출자하는 방식이 되면 지방자치단체의 인사권을 침해하게 되므로 항만을 부산시로 무상양도해 달라'는 주장까지 하였다. 항만을 효율화 측면이 아니라 오로지 자치권 확대라는 관점에서만 접근하다보니 생각이 거기에까지 미친 것이다. 하지만 중앙정부로서는 항만까지 넘겨주면서 항만공사를 만들 이유가 없었다. 이 문제는 결국 공사의 운영 전반을 심의 의결하는 항만위원회가 사장에 대한 추천권을 갖는 것으로 하여 매듭을 지었다.

항만위원회 역시 중앙정부 4명, 지방자치단체 4명, 이용자 대표 3명으로 구성하여 항만공사의 관할권에 관한 분쟁의 소지를 없애고, 이용자를 위한 효율성과 공익성을 살리는 데 초점을 두었다. 다만 항만위원회가 특수한 형태라 관계부처와의 협의과정에서 다소 어려움을 겪고 있지만, 정부 내 다른 공사와는 달리 특정 지역을 기반으로 하고 있고, 상법상 이사회와 유사하다고 본다면 법률적으로 문제될 것이 없다고 본다.

나는 이러한 쟁점들을 해결함에 있어서 TV토론 덕을 많이 보았다.

아마도 항만공사와 관련하여 네 번 정도는 TV토론을 가졌던 것 같다. 아직도 기억에 생생한 것은 사장임면권을 자꾸 문제 삼길래 "저는 항만공사 설립이 항만의 효율적 운영을 위한 것이 아니라 중앙정부나 부산시의 밥그릇싸움으로 비춰지지나 않을까 염려됩니다. 그런 오해를 불식시키기 위해서라도 공사 사장은 공채로 했으면 합니다"라고 선수를 쳐버렸다. 공채보다 더 공정한 방법이 어디 있는가. 자연히 부산시는 이 문제도 더 이상 거론하지 않았다.

나는 항만공사를 왜 설립하려고 하는지에 대해 기회가 있을 때마다 조목조목 설명하며 부산 시민들을 설득하였고, 항만공사가 독자적인 경영체로 가는 데 장해가 되는 어떠한 요구에 대해서도 차라리 항만공사제를 못했으면 못했지 결코 양보하지는 않겠다는 점을 단호하게 밝혔다. 고맙게도 많은 부산 시민들이 내 얘기에 공감해 주었고 부산시에서도 당초와는 달리 많은 부분을 양보하였다. 이렇듯 적지 않은 의견 차이를 극복하는 데에는 내가 동향 사람이라는 점도 상당 부분 작용했던 것 같다. 고향에 손해를 주면서까지 저렇게 주장하지는 않을 것이라는 믿음, 노무현은 지금까지 한다면 반드시 했고 끝까지 원칙을 저버리지 않았다는 경험적 인식이 이해와 양보를 구하는 데 도움을 주지 않았나 생각한다.

만약 상황인식을 소홀히 한 채 용역보고서의 논리에만 의존했다면 해양수산부는 심각한 결과를 초래했을 것이다. 부산 시민들의 빗발치는 비난과 공공부문 개혁을 위한 정부의 거센 압력 속에 신뢰는 신뢰대로 잃고, 떠밀리듯 일을 추진하면서 조직이나 권한 모두 제대로 챙기지 못했을 것이다. 다행히 해양수산부는 주도권을 잡고 쟁점들에 대해 선수를 치고 나갔고, 그 결과 설립에 대한 나름의 원칙들도 지켜내면서 조직의 손실도 최소화할 수 있었다. 무엇보다 항만공사의 설립목적에 대해 시민들의 이해를 얻어낸 것은 귀중한 수확이었다. 때로는 화끈하게 양보하고, 때로는 단호하게 대응할 수 있는 용기와 자신감, 그것이 바로 주도권이 주는 매력이 아닌가 한다.

## 5. 의욕을 넘어 실현 가능성을 보기

"실현 가능한가." 무엇보다 먼저 이 질문을 던져야 하는 이유는 그 물음에 드는 비용에 비해 실패의 대가가 너무도 크기 때문이다. 장관은 정책을 결정함에 있어 당면한 상황과 주체적 역량에 대한 인식에서부터 멀리는 역사의 진행방향에 이르기까지 여러 각도에서 냉정하게 평가할 줄 알아야 한다. 기술적 한계는 없는지, 사회적 저항은 극복할 수 있는 것인지 하나하나 따져가며 정책의 방향을 잡아 나가야 한다.

그런데 이러한 원칙을 늘 염두에 두었지만, 애초에 불가능한 일들은 실무선에서 폐기되어서인지 실제로 내가 실현 가능성을 놓고 고민했던 일은 서너 사례에 불과했다. 그 중 하나가 어항개발계획(漁港開發計劃)에 대한 것이었다.

어선들이 드나드는 어항은 어촌사회의 중심지 역할을 할 뿐 아니라 어업인들의 조업편의를 위해 꼭 필요한 기반시설이기 때문에 자기네 지역에 어항을 건설해 달라는 요구가 많다. 특히 국회의원들로 보아서는 국가어항으로 지정 받고 사업비를 따게 되면 그것이 표로 연결될 수 있기 때문에 꽤 신경을 쓰는 지역현안 중의 하나이다. 그런데 문제는 현재 지정되어 있는 어항도 제대로 건설하지 못하고 있다는 데에 있었다. 어항은 관리 주체를 기준으로 국가어항과 지방어항으로 나뉘는데, 105개 국가어항 중 완공된 것은 65개뿐이고, 317개 지방어항은 더 심해서 완공 어항이 70개에 불과하다. 기실 국가어항이 105개로 된 것도 끊임없는 신규 지정 요구를 못 이겨 1998년 말에 17개를 더 지정했기 때문이었다. 그런데 2000년 말까지 또다시 17개소를 더 지정하도록 계획되어 있었던 것이다.

나는 예산상의 제약으로 어항개발을 획기적으로 늘릴 수도 없는 현실에서 이렇게 지정만 확대하는 것은 결코 바람직하지 않다고 생각했다. 현재 지정된 국가어항의 완공률이 겨우 60%를 웃도는 판에 또다시 어항을 신규로 지정하게 되면 사업의 집중도를 떨어뜨리고, 지역주민들에게는 막연한 기대감과 그만큼의 실망감만 키우는 꼴이 될 것 같았다. 물론 국회의원 입장은 언제 투자되어도 좋으니 지정만 해달라는 것이었고 나 역시 그렇게 하면 생색내기 좋았지만, 아직 투자해야 할 선행사업이 고스란히 남아있는데 언제 개발될지도 모르는 사업에 결재를 할 수는 없었다. 그래서 담당과장과 상의한 끝에 국가어항 완공률이 80%에 이를 때까지는 확대 지정을 하지 않는 것으로 계획을 수정하였다.

또 하나의 사례는 불법어업 특히 소형기선 저인망 어업 [약칭 '소형기저' 라고 함. 주로 8톤 이하의 동력선(기선)과 해저면 부근에 가라앉는 긴 자루 모양의 그물(저인망)을 사용하여 조업하는 어업]과 관련한 것이다. 소형기저는 연안에서 수산자원을 남획할 우려가 높아서 법으로 금지하고 있는 어업이다. 그럼에도 소형기저는 2001년 현재 4천 척에 1

만2천여 명이 종사할 정도로 거대한 세력을 형성하고 있다. 이들은 전국어민총연합(전어총)이라는 조직을 만들어 합법화를 위한 시위도 하고 북한과 공동어로협정을 맺고 오기도 하였다. 그 동안 정부는 저리의 융자를 주며 업종 전환을 유도하기도 하고, 강력한 단속도 실시했지만 소형기저는 전혀 줄어들 기미가 없었다. 때로는 단속하는 어업지도선이나 해양경찰경비정을 둘러싸고 가스통을 폭발시키겠다느니 자해하겠다느니 하며 공공연하게 공권력에 저항하는 수준에까지 이르기도 했다.

처음 이 문제를 대하면서 나는 명색이 중앙정부라고 하면서 어떻게 수십 년 동안 이것 하나 해결하지 못했는지 부끄럽고 자존심이 상했다. 그래서 거의 몇 달 동안 나는 만나는 사람마다 특단의 대책은 없는지를 물어보았고, 혼자서 이 문제를 골똘히 생각하며 보낸 시간도 적지 않았다. 그러나 나 역시 재임 8개월 동안 기존의 정책수단을 유지하는 것 이외에 단속의 강도를 높인다든지 새로운 대책을 내놓는 일이라고는 아무것도 하지 못하고 말았다. 2000년 말 전어총이 부산에서 "한일어업협정 반대, 독도주권 수호" 등을 외치며 집단시위를 벌인다고 했을 때에도 나는 "그런 주장을 하는 것은 자유지만, 이를 내세워서 불법어로에 대한 단속을 이완시키려는 생각을 가지고 있다면 결코 용납하지 않겠다"는 경고의 메시지를 보냈을 뿐 집회의 질서를 유지하는 것 외에 별다른 대응을 하지 않았다.

내가 이렇게밖에 하지 못한 이유 중의 하나는 불법어업에 대한 단속이 쉽지 않을 뿐 아니라 강력한 단속을 펼친다고 해서 줄어들 것이란 보장이 없었기 때문이다. 뻔한 단속인력으로 한밤중에 그 넓은 바다에서 조업하는 그들을 잡아내기도 쉽지 않지만, 혹시 걸려들어도 그물을 바다에 숨겨서 증거를 확보하기도 곤란하였다. 또한 조업현장을 확보해서 쫓아가다 보면 어느새 수십 척의 어선이 둘러싸며 저항하기 때문에 적절한 조치를 취하기도 어려운 것이 사실이었다. 물론 이러한 사태까지 진압할 만큼 강경하게 대응할 수도 있겠지만 효과에 비해 비용이 너무나 크기에 엄두가 나지 않는 일이었다. 여기에다 강력한 단속마저 성공하지 못할 경우 추락하는 공권력의 권위와 신뢰도 생각하지 않을 수 없었다.

나는 보다 근본적인 문제를 치유하지 않는 이상 어떠한 단속도 불법어업을 근절시킬 수 없다고 보았다. 내가 판단한 문제의 본질은 불법어업을 저지르는 사람들이 죄의식을 갖고 있지 않다는 데에 있었다.

"다 먹고살자고 하는 짓인데 뭘 그러느냐?" "가까운 일본은 허용하는데 우리만 왜 난리냐?" "우리가 바다에서 고기 잡고 산 지가 언제부턴데 너희가 무슨 권리로 막느냐?" 이렇게 말하는 그들은 죄의식이 없었다. 합법적인 어업인들 역시 자원 고갈을 걱정하면서도 적극적으로 못하게 말리거나 도덕적으로 비난하는 일은 별로 없었다. 이러한 현실 속에서는 어떠한 단속도 불법어업 근절을 위한 효과적인 정책수단이 될 수 없었다. 그래서 나는 의식전환이 없이는 어떤 정책도 무용지물이라 생각했고, 자율관리형 어업부터 정착시켜야 한다는 결론에 이르렀다.

자율관리형 어업에 대해서는 다시 얘기할 기회가 있겠지만 한마디로 바다와 자원에 대해 주인을 정해 주자는 것이다. 남의 논에 들어와 곡식을 훔쳐 가는데 가만히 보고만 있을 주인이 어디 있는가. 나는 어업인들이 주인의식을 가질 때 불법어업도 고립의 길로 접어들 것이라 믿었고, 그때가 되어야 단속이나 업종 전환의 유인도 효과를 발휘하게 될 것으로 보았다. 시간이 걸리겠지만 나는 이것이 가장 확실하고 실현 가능한 방안이라는 판단 아래 『자율관리형 어업 구축방안』이란 홍보책자를 들고 어민들을 만나러 전국을 다녔던 것이다.

## 6. 때로는 신중하고, 때로는 신속하게

불법어업 문제를 처리하면서 나는 실현 가능한 방안을 찾아야 한다는 것 외에 또 다른 교훈 하나를 얻었다. 다름 아니라 정책에 대해 얘기할 때에는 대단히 신중해야 한다는 점이다. 이 당연한 교훈 하나를 배우는 데 나는 톡톡히 값을 치러야 했다.

사연은 이러하다. 취임하고 얼마 지나지 않아서 나는 부산지역 어업인 대표들과 간담회를 하러 부산에 갔다. 그런데 수행비서가 전어총 대표로부터 '자기네들은 왜 불러주지 않느냐'는 항의성 전화를 받았다길래 그들도 참석시키라고 지시했다.

그러자 어업정책 과장이 달려와서는 불법어업을 하는 불법단체를 참석시킬 수는 없다고 했다. 나는 왜 불법단체냐고 물었다. 과장은 해양수산부에 등록되지 않은 단체니까 불법이라고 했다. 그래서 나는 대답했다. 그들의 어로는 불법이지만 그렇다고 그들의 단체를 바로 불법으로 볼 수는 없다고. 또 등록하지 않더라도 결사의 자유는 있는 것이고, 1만 명의 어민을 대표하는 단체인데 형식을 떠나 실체로서 인정해 줘야 하지 않냐고. 담당과장의 의견을 먼저 듣고, 나와 의견이 다르면 설득하는 것이 사리에 맞는데도 나 홀로 선뜻 결정해 버린 것이 미안하긴 했지만 그렇다고 거기서 내 논리를 접을 수도 없었다.

이렇게 해서 담당과장이나 참석한 다른 어업인들이 별로 내켜하진 않았지만 전어총 대표들도 간담회의 한 자리를 차지하게 되었다. 만약 그렇게 하지 않았다면 아마 내게 신고식을 받겠다고 한바탕 시끄러웠을 텐데 다행히 모든 게 조용히 끝났다.

그런데 문제는 내가 그 자리에서 한 발언이었다. 나는 소형기저를 언급하며 "불법이라 하더라도 먹고살자고 하는 일을 법으로만 제압할 수는 없다는 것이 내 원칙이다. 퇴로도 없이 일방적으로 내쫓진 않겠다. 퇴각이 보장되는 대책을 세우면서 단속도 병행하겠다"고 했다.

의원 시절 나는 포장마차 단속논쟁 속에서 대안으로 제시된 포장마차 특별구역 지정이 성공을 거두는 것을 보며 서민들의 밥그릇은 함부로 다루어서는 안 된다는 것을 새삼 실감하였다. 그리고 갑작스런 심야 영업시간 제한조치로 인해 사정도 모르고 수천만 원씩 들여 영업을 준비한 사람들이 피해를 입는 것을 보면서 아무리 목적이 건전하고 대중적 지지가 높은 정책이라 하더라도 예고나 유예기간을 두어 선의의 피해를 최소화하는 노력이 필요하다고 생각했다. 이런 경험들이 쌓이면서 밥그릇은 소중하고 질기며 존중해야 한다는 나의 '밥그릇론' 이 형성되었다.

하지만 나는 '밥그릇론' 과 정책적 발언을 엄연히 구분했어야 함에도 분명한 선을 긋지 못했던 것이다. 서울로 올라온 후에 담당과장으로부터 나는 호된 비판을 들었다. 담당과장은 이제 소형기저 어업인들이 특단의 대책을 지속적으로 요구할 것이고, 감척에 대한 기대로 1~

2천 척은 더 늘어날 것이라며 우려를 표명했다. 실제로 전어총 대표들은 '이제 곧 합법화될 것이다, 대책을 마련해 주기로 했다' 는 유인물을 돌리며 지도부의 역량을 과시하고자 했다. 분명히 내가 말하고자 했던 취지는 대책 없이 강경 일변도로 나가지 않겠다는 것이고, 다소 시일이 걸리더라도 실효성 있는 대책을 마련할 때까지는 기존의 긴장상태를 유지할 것이니 당신들도 자제해 주기 바란다는 것이었다. 그러나 그들은 내 말을 그렇게 받아들이지 않았던 것이다.

나는 해양경찰청장에게 어업인과의 간담회를 통해서 내 발언의 정확한 진위를 전달할 것을 지시했다. 그리고 공권력에 맞서 집단적으로 저항할 경우에는 엄히 처벌하겠으니 각별히 유념해 달라는 말도 덧붙이도록 했다. 다행히 사태는 더 이상 진전되지 않고 수습되었다.

불법어로에 대한 초기의 나의 입장이 신중치 못해 일어난 문제였다면 자율어업에 대한 나의 태도는 아주 신중한 것이었고, 그 결과 엄청난 난제로 인식된 문제들이 조금씩 해결의 기미가 보이고 있다. 그리고 해양수산부의 부산 이전과 해양경찰청의 이전문제는 신속히 정책결정을 내림으로써 문제가 확산되는 것을 막아 초기에 불을 끈 사례에 해당한다.

해양수산부 장관이 되자마자 부산에서는 해양수산부, 해양경찰청의 부산 이전 문제를 들고일어났다. 일부 시민단체가 중심이 되어 해수부는 바닷가에 있어야 한다는 논리를 펴고 있었는데, 부산시장도, 야당의원도 이에 동조하고 있었다. 장관 취임 축하인사에 해수부의 부산 이전문제를 거론하는 사람도 많았다. 얼른 드는 느낌에 오래 끌면 점차 기대가 높아져서 진짜 일이 커지겠다는 생각이 들었다. 이전하든 안 하든 가부간에 결론을 빨리 내지 않으면 일을 키워서 어려운 지경에 빠질 수 있겠구나 하는 생각이 들어서 검토에 착수했다.

관계자들과 토론을 해보니까 중앙부처가 하는 일이 주로 정책기획 업무, 일선기관의 통제업무인데 다른 정부부처와 관계없는 일이 거의 없다고 할 만큼 중앙부처와 협의해야 할 일이 많았다. 그리고 장관도 국무회의, 경제장관회의를 비롯하여 다른 부처 장관들과 협의해야 할 뿐만 아니라, 상시 국회체제에서 국회에 출석하고 국회의원과 협의해야 할 일이 거의 매주 벌어지고 있었다. 토론 뒤 내린 결론은 장관이 부산에 가 있으면 일주일로 치더라도 5일은 서울에 올라와 있어야 할 형편이고 그래도 원활하게 돌아간다는 보장이 없었다. 대전 등에 있는 외청들도 중앙부처와 국회업무로 서울 사무소를 마련한 곳이 상당수이고, 심지어는 과천에 있는 부처에서도 서울에 사무소를 두고 있다는 말을 들었다. 정부부처가 일을 효율적으로 하기 위한 최선의 방법은 장기적으로 국회와 청와대 사이에 중앙관청가를 만드는 것이라고 생각하기까지 이르렀다.

이것은 외부에 연구용역을 맡기지 않아도 금방 내릴 수 있는 결론이었다. 해수부의 부산 이전이 부산경제에 도움이 되느냐를 알아보니까 유관업체 본부가 대부분 서울에 있고, 해수부가 부산으로 이전해도 화물시장, 금융시장이 서울에 집중되어 있기에 부산으로 따라갈 이유가 없다고 했다. 원양어업도 부산으로 본사를 옮겼다가 정보에 어두워 서울로 다시 올라온 사례가 있다고도 했다.

해수부의 부산 이전이 실익이 없고 업무의 효율성만 저해한다는 결론이 내려졌을 때 남은 문제는 부산 시민을 어떻게 설득하고 무마하는가였다. 쉬운 일이 아니어서 난감했다. 나의 판단으로는 해수부 이전이 아직은 일부 사람들의 선도적인 운동이고 본격적으로 불이 붙지 않은 상황이었기 때문에 빨리 진실이 전달되어야 한다고 생각되었다. 부산에서의 토론 요청에 대해 조건을 내걸었다. 일부 사람과 장관과의 간담회를 할 경우는 내 이야기는 시민들에게 전달되지 않고 이전운동을 하는 사람들이 장관을 불러서 이전을 촉구했다는 사실만 보도되어 결론적으로 문제해결에 아무 도움이 안 될 것 같았다. 따라서 TV 프로그램으로 방영하는 것을 전제로 간담회가 아니라 토론회로 하자고 답을 주었다. 마침 장관에 취임했다고 부산의 해양수산 발전에 관련된 TV 대담 프로그램들이 준비되어 있어서 시민단체 대표들과 이 문제들을 토론했다. 이 토론과정에서 내가 힘주어 강조한 것은 해양수산부의 부산 이전은 '안 된다'는 것이었다. 이유를 길게 설명하면서도 애매한 표현을 쓰지 않고 단호하게 안 된다고 말했다. 이렇게 시민들을 직접 설득한 것이 상당한 효과가 있었다. 그리고 그 뒤 몇 차례의 기회 때마다 토론하고 설득하면서 분위기를 가라앉혔다.

만일 이때 내가 '연구해보겠다', '검토해보겠다'고 답했더라면 결국 설득의 여지가 있다고 생각하고 운동을 크게 벌였을 수 있었을 것이다. 해수부의 부산 이전문제는 신속하고도 단호한 결정과 시민들에게 직접 다가가는 토론방식을 통해서 설득했던 것이 주효했다. 신중한 것도 좋지만 갈등이 생길 만한 것이거나 시간이 흐를수록 꼬일 문제에 대해서는 신속하게 판단하고 단호하게 결정을 내리고 적극적으로 설득하는 것이 필요하다. 일을 시작하는 데도 이런 태도가 필요하지만 일을 수습하고 무마하는 데도 단호함이 필요하다. 결국 정치적으로 상당히 부담스러운 것이었고, 부산 시민들이 섭섭하게 여겼을 수도 있는데 이 일이 크게 번지기 전에 조기에 수습됨으로써 곤경에 빠지지 않게 된 것을 큰 다행으로 생각한다. 이런 나의 결정을 이해해준 부산 시민들에게 감사하고 또 시민단체들도 어떤 운동을 전개할 때 그 타당성을 면밀히 검토하는 것이 좋지 않을까 생각했다.

## 7. 미래를 바라보고 미리 준비한다

누구나 한 번쯤은 초등학교 시절에 준비물을 빠뜨리고 등교해서 선생님께 꾸중을 들었던 경험이 있을 것이다. 전날 밤에 미리 챙겨놓으라는 어머니의 말씀에도 아랑곳 않고 귀찮아서, 때로는 노는 데 정신이 팔려서 '내일 아침에 챙기지 뭐' 하다가 막상 아침에는 늦잠을 자거나 성급히 챙기는 바람에 깜빡 잊어버리는 것이다.

나랏일이라고 해서 그런 일이 없다고는 장담할 수 없다. 우리가 혹독하게 치른 IMF 사태도 따지고 보면 외환 위기를 미리 대비하는 데 소홀했고, 위기를 느끼면서도 안이하게 대처했기 때문이었다. 이와 같이 정부가 미래를 대비하고 준비하는 일에 있어 실망스런 모습을 보이는 것은 어떤 이유에서일까. 아마도 '미래는 예측하기 어렵다'는 것이 가장 큰 이유일 것이다. 특히 사회경제적 상황의 경우에는 온갖 분석 기법을 동원해도 경험과 통계를 벗어난 돌발변수들이 터져 나와 사태를 엉뚱한 방향으로 끌고 가는 일이 적지 않다. 이런 일은 정부로서도 어쩔 수 없는 것이다.

문제는 예측이 가능함에도 공직사회가 대비하지 않는 경우다. 역량 부족이나 태만한 근무 자세를 지적하는 분들도 있겠지만, 내가 판단하기로는 공무원들이 현안에 쫓겨 급박하지 않은 사항에 대한 준비를 미루다가 낭패를 보는 일이 더 많지 않나 싶다. 수년 후의 일도 담당자들이 꾸준히 준비해 갈 수 있도록 끊임없이 독려하고 점검하는 일이야말로 장관의 몫이라고 봐야 할 것이다.

실 국의 업무보고와 개별 사안에 대한 결재를 하면서 내가 가장 아쉬웠던 부분 중의 하나가 바로 미래에 대한 비전과 대비가 부족하다는 것이었다. 유독 이 부분에 대해서는 공무원들이 고민을 적게 하는 것 같았다.

항만개발은 미래를 위한 확실한 투자 중의 하나이다. 너무나 유리한 입지(立地)를 가지고 있기에 공항, 항만, 관광자원 등을 제때 갖추기만 하면 그것만으로도 먹고살 수 있는 나라가 바로 대한민국이다. 그런데 항만개발계획이라는 것이 현실과는 너무나 괴리가 있었다. 단적으로 최근 5년 간 확충한 항만시설은 계획의 32% 수준이었다. 아무리 IMF니 뭐니 하는 상황이 있었다 해도 이 정도면 계획으로서의 의미가 없는 것이다. 게다가 부산항의 컨테이너 처리실적은 이미 2006년도 예상치를 초과하였다. 이 또한 분석의 신빙성을 의심케 하는 부분이었다. 아마 누구라도 이런 계획을 가만둘 수는 없었을 것이다. 항만개발이 시급하다면 이를 뒷받침할 자료가 있어야 이리저리 설득하며 돌아다닐 게 아닌가.

나는 항만국장에게 항만개발계획을 가급적 빠른 시일 내에 전면 수정하라고 지시했다. 그때가 2000년 10월 초였을 것이다. 수정계획안이 올라온 것은 그로부터 3개월이 지난 후였다. 계획 하나 수립하는 데 3개월이란 기간은 너무나 빠듯한 시간이었을 것이다. 그럼에도 그

내용을 보면 현 투자수준 유지시 2011년에는 80조 원의 경제적 손실이 발생하고, 향후 물동량 증가를 고려할 때 투자소요는 기존의 예상치보다 40% 이상 증가되어야 한다는 등, 미래전망과 투자계획이 일목요연하게 정리되어 있었다. 나는 2001년 연초에 이러한 내용을 대통령께 보고하였다. 담당자들도 이제 가야 할 방향이 명확히 잡혀서인지 예산 확보를 위한 액션플랜을 따로 만드는 등 어느 때보다도 적극적인 모습을 보여주었다.

한편 기존의 수산업 정책방향도 이해되지 않는 점이 많았다. 현실은 분명히 잿빛인데, 어찌된 일인지 10년 후의 비전은 장밋빛만 찬란했다. 어선의 생산량이 20년 새 25%나 감소하였고, 어선 수 또한 줄어들고 있는데 10년 후 수산물 생산량은 30%나 증가하는 것으로 되어 있었다. 물론 목표야 크고 높을수록 좋지만 그것은 어디까지나 현실을 디디고 섰을 때 의미가 있는 것이다. 확실한 대책도 없이 목표만 부풀려져 있다는 느낌이었다.

게다가 어업형태를 구분하지 않고 획일적인 정책수단을 사용하는 것도 정책의 효과성을 떨어뜨리고 있었다. 분명히 기업형 어업과 생계형 어업은 접근방법을 달리 해야 하는 것이다. 기업형은 경쟁력과 경제성을 기준으로 정책을 이끌어 가야 하는 반면 생계형은 어촌과 어촌경제의 기반이라는 인식하에 그 가치를 유지시켜 나가야 한다. 나는 이러한 구분하에 수산정책을 세워야 수산업의 미래도 바로잡힐 수 있다고 보았다. 그래서 새로이 수립된 중장기 수산정책방향은 어업의 경쟁력과 어촌의 가치를 염두에 두면서 실현가능한 비전을 수립하고, 이에 맞추어 구체적인 정책과제들을 제시하는 형태로 정리되었다.

정책적 판단이 언제나 맞을 수는 없다. 하지만 미래를 염두에 두지 않는 경솔한 판단이 있어서는 안 된다는 것이 나의 생각이다. 수요예측을 잘못해서 항만을 조금 더 만들었다고 나라가 망하지는 않는다. 그것은 더 멀리 있는 미래를 향한 투자로서 의미를 지닐 수 있다. 하지만 매립의 경우는 잘못되면 돌이킬 수 없는 문제가 된다. 새만금사업과 관련하여 해양수산부가 "타당하다는 확신이 설 때까지 좀더 연구하자"는 의견을 내놓은 것도 이러한 이유에서였다. 미래를 준비함에 있어서는 '설마' 하는 생각보다는 다소 시간이 걸리고 불편하더라도 '혹시' 하는 의문을 가져야 하는 것이다.

## 8. 생각의 지평을 넓힌다

최근 국가행정과 관련한 가장 탁월한 아이디어 하나를 꼽으라면 나는 주저없이 '2000년생 이후 주민등록번호 지정대책'을 말할 것이다. 그 아이디어를 듣는 순간 나는 아주 사소한 곳에 문제의 해결책이 있었구나 하며 경탄해 마지않았다.

주민등록증 소지자라면 누구나 알고 있듯이 주민등록번호의 앞 번호 여섯 자리는 생년월일을 나타내고 뒤 번호 일곱 자리는 성별, 신고지, 접수번호를 나타낸다. 그런데 문제는 '생년'을 표시하는 숫자가 두 자리밖에 되지 않아서 1900년 생과 2000년 생을 구분할 수가 없다는 데 있었다. 당시 한창 추진중이던 'Y2K대책'에서처럼 전 국민의 주민등록번호를 갱신하여 생년을 네 자리 숫자로 늘리려면 너무나 엄청난 사회적 비용이 지불되어야 했다.

그런데 바로 뒷번호에 해결책이 있었다. 뒷번호 중 첫 번째 숫자는 성별을 나타낸다. '1'은 남성이고, '2'는 여성이다. 그런데 2000년 생부터 '3'을 남성으로, '4'를 여성으로 하면 중첩 없이 모든 문제가 해결할 수 있었던 것이다. 최소한 2399년까지는 이 방식을 써도 문제가 없었다. 이 기발한 아이디어는 남성과 여성을 '1'과 '2'로 구분한다는 고정관념을 살짝 뛰어넘음으로써 나온 것이다. 만약 그 고정관념에만 매달렸더라면 비용과 혼란을 극복할 해결책을 찾지 못하고 고민과 번뇌만을 거듭했을 것이다.

조금 다른 시각, 조금 다른 기술이 세계를 놀랍게 하고, 시대를 변화시키는 사례를 우리는 지금껏 많이 보아왔다. 15년 전만 해도 거의 타자기에 의존하던 사무실은 이제 PC를 사용하는 시스템으로 바뀌었다. 만약 타자기 개발에만 매달려 좀더 예쁜 활자와 부드러운 자판만을 고집하는 회사가 있었다면 지금쯤 그 회사는 이 땅에 존재하지 않을 것이다. 한번 더 생각하는 것, 거꾸로 뒤집어보는 것, 일반적인 생각을 뛰어넘는 것, 좀더 먼 차원을 떠올리는 것이 우리의 삶을 윤택하고 기분 좋게 만든다고 나는 믿고 있다.

그래서 나는 기회가 있을 때마다 직원들에게 "생각의 지평을 넓혀라. 좀더 깊게 생각하고 좀더 넓게 관찰하라. 평지를 떠나 높은 곳에서 한번 내려다보라. 사물을 여러 각도에서 바라보라. 굳어진 고정관념을 버리고 유연한 사고를 가져라"는 얘기를 거듭하였다.

사실 이러한 발상의 전환은 직원들만이 아니라 장관에게 더욱 필요한 것이다. 왜냐하면 직원들은 정부의 정책 중 작은 부분만을 담당하게 되고, 이런 생활이 오래 지속되다 보면 깊이 파고들기는 쉬워도 아무래도 넓게 보기는 어렵기 때문이다. 좀더 유연하게 대처하고, 다른 각도에서 접근할 수 있도록 격려하는 것은 장관의 몫인 경우가 많다고 하겠다. 그래서 나 또한 어떤 문제든지 그냥 보아 넘기지 않고 한 번쯤 다른 각도에서, 좀더 넓은 관점에서 생각해 보기를 늘 삶 속에서 실천하고 또 연습한다.

나는 직원들과 대화를 나누며 자주 아이디어를 내곤 했는데, 가장 먼저 생각나는 것이 '미래형 해양복합생활공간' 이다. 퇴임하기 얼마 전에 제안한 일이라 마무리를 짓지 못했는데, 이것은 지식정보화시대를 염두에 둔 공간모델을 고민해 보라는 취지를 담고 있다. 산업화시대에는 공장이든 사람이든 한 곳에 모여 사는 것이 편리해서 모든 생활이 대도시를 중심으로 펼쳐지지만, 지식정보화시대에는 컴퓨터로 일을 하고 새로운 아이디어를 찾기 위해 여가를 병행할 수 있는 곳을 선호하게 됨에 따라 해양도시를 중심으로 발전이 이루어진다는 것은 일반적인 전망이다.

그렇다면 이러한 미래사회를 위한 해양수산부의 역할은 무엇인가. 항상 해오던 수산업, 해운항만업 외에 연안공간과 관련해서도 해양수산부는 새로운 구상을 해야 한다. 이런 생각이 구체화된 것이 바로 '미래형 해양복합생활공간' (아키토피아)이다. 생활과 산업과 레크리에이션이 조화된 공간을 미리 준비하자는 아이디어가 현실적인 모델로 이어지면 우리의 해양도시나 바닷가의 모습도 상당한 변화를 가져올 것이다.

'항만울타리 설계' 가 공모로 간 것도 내가 제안한 일이었다. 부산이나 인천과 같은 항구도시에 사는 분들은 항만구역이 철조망을 휘감은 블록 담벽으로 둘러싸여 있는 모습을 본 적이 있을 것이다. 도로와 맞붙은 곳에 있는 이런 담벼락이 보기 좋을 리 없었을 텐데도 지금까지 보안구역이니까 으레 그렇거니 하면서 그냥 넘어가고 있었던 것이다. 그런데 내가 부산에 출장을 갔을 때 부산지방청장이 부산시에서 항만울타리를 바꿔달라는 요청이 있는데 어떻게 할지 검토중이라고 보고했다.

나는 이런 일은 정부가 혼자서 고민하며 결정하기보다는 시민들에게 아이디어를 빌리는 것이 좋다고 생각했다. 그래서 그 자리에서 바로 취지를 잘 담아서 공모에 부치라고 지시했다. 그렇게 해야 정부정책도 홍보하고, 시민들도 함께 참여했다는 뿌듯함을 느낄 수 있으며, 무엇보다 더 좋은 아이디어를 얻을 수 있지 않겠냐고 했다. 결론이 쉽게 나니 일이 신속하게 추진되었다. 몇 달 뒤 입상한 작품을 보니 한결같이 시민의 편의와 항만의 특성을 잘 그려내고 있었고, 특히 보기에 좋았다. 2001년 말, 마침내 시민들도 항만에 멋진 울타리가 놓인 것을 볼 수 있게 되었다.

이외에도 생각의 지평을 넓히는 일과 관련하여 유사한 사례를 경험했던 다른 분야에서 아이디어를 빌려보라고 조언을 했던 일도 여러 번 있었다. 담당자가 자기 분야만 생각하다 보면 미처 다른 분야를 돌아보지 못할 때가 많으므로, 리더는 늘 이런 부분에 있어서는 챙겨줄 준비를 하고 있어야 한다.

내가 장관으로 오기 전부터 해양수산부가 추진했던 '환적화물 유치대책'은 생각을 전환함으로써 위기를 기회로 일궈낸 아주 좋은 사례이다. 항만시설 부족으로 늘 체선 체화에 시달렸던 우리 항만들은

IMF사태를 겪으면서 한산한 모습을 보이게 되었다. 수출입 컨테이너 물동량이 너무 많이 줄어들었기 때문이다. 수출입 화물의 99.7%를 처리하다보니 그것만으로도 항만수요에 대해 별로 걱정하지 않았던 관계자들은 위기감을 느끼기 시작했다.

그런데 공무원과 항만관계자들은 아주 다행스럽게도 이러한 위기를 기회로 활용해야 한다는 생각을 했다. 국제환적시장을 조사하고, 화물입항료 감면, 부두임대료체제 개선 등을 통해 환적화물을 유치하는 일에 본격적으로 나섰다. 환적화물(換積貨物, Transhipment Cargo)은 직접 목적지로 운송되지 않고 중간에 다른 선박으로 옮겨 싣는 화물을 말한다. 부두에서 모든 일이 끝나기 때문에 배후교통수요를 유발하지 않으면서 보통 컨테이너(2TEU) 1개를 처리하는 데 220달러를 벌어들일 만큼 부가가치가 높다. 결국 공무원들과 항만관계자들의 노력에 힘입어 만년 세계 5위의 컨테이너 처리 실적을 보이던 부산항은 환적화물의 급속한 증가에 힘입어 2000년도에 세계 3위의 컨테이너 항만으로 올라섰고 항만 노동자는 오히려 5%가 증가하였다.

한번 더 생각하고 시야를 넓히면 뿌듯하고 기분 좋은 일이 많아진다. 생각과 시각의 차원을 달리하여 새로운 변화를 만들어내고 이를 자축하는 행사가 있다면 나는 아무리 바쁜 일이 있어도, 아무리 먼 곳이라도 달려갈 것이다. 그런 곳에 갔다오면 내 생각의 지평마저 넓어질 것 같기 때문이다.

# 3장 | 리더십과 조직관리

## 확신으로 **내부 추진력**을 강화한다

1. 토론하고 설득해서 확신을 갖게 한다

2. 때로는 자존심을 부추길 필요가 있다

3. 된다는 생각으로 부딪쳐 보라

4. 성공사례를 통해 확신을 갖게 하기

5. 먼저 나서서 분위기를 변화시킨다

6. 칭찬은 아끼지 않고 사기는 꺾지 않는다

# 확신으로 내부 추진력을 강화한다

## 1. 토론하고 설득해서 확신을 갖게 한다

정책을 추진해 나가는 데 있어 가장 중요한 동력은 무엇일까. 저돌적으로 밀어붙이는 장관의 스타일을 꼽는 분도 있고, 세세한 부분까지 검토하고 챙기는 담당 공무원의 능력을 말하는 분도 있을 것이다. 그렇지만 나는 정책에 대한 담당 공무원의 확신이 가장 중요하다고 생각한다. 그 일은 반드시 해야 하고, 또 그렇게 되리라 확신하는 담당자의 자세야말로 엄청난 적극성과 추진력으로 이어지게 되는 것이다.

그래서 나는 '공무원은 명령으로 움직이는 것이 아니고 확신으로 움직인다. 움직이게 하는 힘은 확신이다. 자신감이다' 라고 끊임없이 되새겼다.

나는 '장관이 일방적으로 지시하는 경우'와 '담당자가 확신을 가지고 일하는 경우'를 비교했을 때 정책성과에 있어서의 차이는 몇배는 된다고 본다. 윗사람의 지시나 명령에 따라 억지로 일을 하게 되면 대충 구색이야 갖추겠지만 실제로 해야 할 일이나 할 수 있는 일의 절반밖에 효율이나 성과를 내지 못한다. 하지만 본인이 일에 대해 신념을 가지고 추진하면 예상한 것보다 훨씬 빠른 기간 내에 더 좋은 성과를 낼 수 있는 것이다. 그래서 장관 혼자 조급한 마음에 담당자와의 공감대도 없이 정책을 밀어붙이는 것이야말로 어리석은 일이 아닌가 생각한다.

나 역시 그런 어리석음을 보이지 않으리란 장담을 할 수 없었기에 항상 담당자와 대화부터 하고자 하였다. 장관과 담당자의 생각이 처음부터 일치하면 그처럼 좋은 일이 없겠지만, 접근방식이나 추진방향에서 다소의 차이가 있는 것은 어쩌면 당연한 일로 받아들여야 할 것이다. 담당자와 의견차이가 있을 때에 나는 보통 담당자에게 내가 생각하는 방향도 함께 검토한 후에 다시 논의해 보자는 제안을 했고, 담당자가 다시 보고하러 올 때까지 아무런 지시를 하지 않았다.

그리고 다시 보고를 받으며 담당자가 미처 생각지 못한 것에 대해서는 문제를 제기하고 논의를 거듭하는 가운데 그 일의 필요성과 방향에 대해서 공감대를 이루어 갔다. 그런 과정 속에서 불쑥불쑥 솟아오르는 다급함을 나는 '납득하고 확신을 가져야 일이 더 잘 돌아간다'는 믿음 하나로 억누르며 강압적으로 지시하거나 홀로 결정함이 없이 설득하고 기다리는 지긋함을 배우려 했다.

내 기억으로는 꼭 한번 이 원칙을 깬 적이 있는데 항만공사 설립문제가 그것이다. 이 문제는 시간을 놓치면 더 큰 난관에 부딪힐 것 같아 어쩔 수 없이 내 생각대로 밀어붙인 사례였다.

담당자와 공감대를 형성해야만 일을 추진한다는 내 나름의 원칙이 옳은 것인가에 대해 객관적으로 판단하기가 쉽지는 않다. 하지만 나는 그동안 논의했던 많은 문제들을 담당자가 내 도움도 거절하며 알아서 추진해 가는 것을 보며 내 원칙이 틀리지 않았다는 믿음을 갖게 되었다.

해운산업의 발전을 가로막고 있던 몇 가지 문제를 풀어나가는 데 있어서도 나는 주문하고 지켜보며 독려하는 일 외에 특별한 지시나 명령을 내리지 않았다. 아마도 내가 업무보고를 받으며 가장 많은 질타와 주문을 했던 곳이 바로 해운물류국이었을 것이다. 무역외 수지로 잡히긴 하지만 반도체와 자동차 다음으로 많은 외화를 벌어들이는 해운산업의 발전을 위한 정부의 역할, '세계 5대 해운국'이라는 비전을 실현하기 위한 대책, 장애 요인에 대한 해결방안 등에 대해서 취임 초에 있었던 해운물류국의 보고는 명쾌하지가 않았다. 특히 대기업에 일률적으로 적용되고 있는 '부채비율기준 200%' 약정이 해운업의 발목을 잡고 있다고 하면서도 그게 왜 문제가 되는지, 누구에게 접근해서 어떻게 문제를 풀어야 하는지에 대해서 제대로 설명하지 못했다. 해운업체나 선주협회 관계자들을 만나도 이 문제를 해결해 달라고만 했지 구체적인 방안에 대해서는 모르는 것만 같았다.

나는 부채비율기준의 정확한 내용, 해운업체에 미치는 영향, 해결대책과 앞으로의 추진계획, 그리고 내가 해야 할 일 등을 담은 보고서를 만들어 오라고 했다. 그 후 몇 차례 보고를 받고 토의를 하면서 나와 해운물류국 담당자 모두 이 문제를 체계적으로 이해할 수 있게 되었다. 내가 보기에는 담당자들도 이 문제는 해결하기 어렵다고 지레 판단하고는 면밀히 검토하지 않았던 것 같았다. 그 문제에 대한 정의와 대책이 명확해지자 담당자들은 나더러 "이번 주에는 아무개를 만나서 이렇게 얘기를 좀 해주십시오"라는 식으로 주문을 하기 시작했다. 나는 담당자들이 시키는 대로 설득 대상자들을 만나서 해운업의 특성과 일률적용의 문제점을 설명하며 상당한 진척을 이루어냈다.

이와 같이 대화를 통해서 공감대를 형성하고 정책을 추진하는 일이 대부분이지만, 토론을 거듭해도 장관과 담당자 간의 의견차가 좁혀지지 않는 경우도 있었다. 그런 경우에 나는 실무자의 의견을 좇았다.

단, 조건이 있었다. 담당자가 그 일에 대해 확신을 가지고 있어야 한다는 것이다. 나와는 견해가 다르지만 담당자가 '자기의 뜻대로 밀고 나가면 반드시 성공할 수 있다'는 믿음과 의지가 있다면 그를 신뢰하고 일을 맡겨줘야 한다고 생각했다. 목표를 향해 가는 길이 꼭 하나만 있는 것이 아니고, 중앙부처의 과장이나 국장이 전혀 엉뚱한 생각을 하지는 않을 것이기 때문이었다. 물론 만약 대책 없는 사람이 있다면 바로잡아줘야겠지만 말이다.

어촌관광 프로그램과 관련해서 나는 그런 상황에 부딪히게 되었다. 나는 어업을 다 똑같은 어업으로 보아서는 안 되며 기업형과 생계형으로 구분해서 정책방향도 달리 잡아야 한다고 생각했다. 또한 어촌은 그 자체로 정서적 문화적 가치를 지니고 있으므로 이를 보존하고 제대로 활용해서 가치를 살려 나가야 한다고 보았다. 그리고 그 방안으로서 어촌을 관광자원화하는 노력이 필요하다는 생각도 가지고 있었다. 나는 담당자인 이 과장에게 어촌관광 프로그램을 한번 마련해 보라고 지시했다. 그런데 몇 번에 걸쳐 대화와 토론을 해도 이 과장과 나는 생각이 달랐다.

무엇보다 큰 차이는 프로그램 개발방식에 대한 것이었다. 나는 일률적으로 기성의 프로그램을 적용시키는 것보다 우리 직원들이 자기계발시간 등을 활용하여 직접 동·서·남해의 어촌을 체험하고, 어촌 사람들과 대화하면서 지역특성을 살리며 관광을 활성화시키기 위한 대안들을 찾고 개발하는 방식이 필요하다고 보았다. 반면 이 과장은 아무것도 없는 데서 방안을 찾기는 어려우므로 초기단계에서는 시범 지역을 지정하여 낚시가 잘 되도록 수산자원도 조성하고 주차장이나 가로등을 설치하는 등 일정한 프로그램을 돌려보면서 문제점을 개선하고, 더 나은 대안을 찾아나가야 한다고 주장했다.

의견차가 좁혀지지 않은 가운데 이 과장이 "일단 저희 생각대로 추진하도록 해 주십시오. 잘 되리라고 봅니다"라며 자신감을 내비쳤다. 그 자리에 함께 한 다른 사람들도 이번 일은 이 과장 뜻대로 하도록 하는 것이 좋겠다고 했다. 내가 고집을 피운다면 제대로 한번 일해 보려는 이 과장의 사기가 꺾일 것 같았다. "좋습니다. 이 과장이 믿는 대로 추진하세요. 한번 멋지게 하는 겁니다." 더 이상 사족을 붙이지 않고 이 과장을 밀어주었다. 이렇게 결론이 나자 이 과장은 이리저리 남은 예산들을 끌어 모아서는 시범사업을 한다고 지역을 물색하는 등 의욕적으로 일하는 모습을 보여주었다.

대화하고 토론하면서 스스로 일에 대한 확신을 갖게 하자는 내 원칙 때문인지는 몰라도 시간이 지날수록 직원들이 일을 할 때 눈빛이 달라진 것 같았다. 보고서의 내용도 훨씬 체계가 있었고, 실질적인 것을 담고 있었다. 보고를 마치고 나가는 그들의 자신에 찬 모습에서 나는 이렇게 가면 정말 일이 되겠구나 하는 느낌을 받을 수 있었다. 아마 정치에 다른 뜻이 없었더라면 나는 해양수산부에서 아주 행복하게 장관 일을 하지 않았을까 싶다. 나 또한 직원들에게 전염되어서 의욕 넘치는 장관으로서 말이다.

## 2. 때로는 자존심을 부추길 필요가 있다

'공무원들 하는 짓이 다 그렇지 뭐. 도대체 아는 게 있어야지.' 이런 생각을 가진 국민들이 적지 않은 것 같다. 억울하고 답답한 일을 직접 겪거나 들으면서 그러한 인식이 쌓였겠지만 과연 공무원들이 그렇게 무능한 존재일까. 나라의 일들이 제대로 되지 않고 자꾸만 꼬이는 것을 보면 나도 그런 생각이 들 때가 있지만, 대다수 공무원들은 무능하다고 치부하기에는 너무 유능한 면이 많다.

다른 모든 것을 접어두고라도 그들은 수십 대 일, 많게는 수백 대 일의 경쟁률을 뚫고 공무원으로 채용된 사람들이다. 흔히 하는 말로, 한때는 잘 나가고 날렸던 사람들인 것이다. 만약 그런 사람들이 진짜 무능하다면, 그것은 무능해졌다고 하는 게 바른 표현이고, 그 책임은 그들의 역량을 살리지 못하고 오히려 떨어뜨린 정부 시스템의 탓이라 보아야 할 것이다. 끊임없이 학습하고 탐구할 수 있도록 기회와 유인을 제공하지는 않으면서 열악한 근무 여건 속에서 사명감 하나로 일하고 있는 공무원들을 비난만 하는 것은 바람직하지 않다고 생각한다.

논의가 조금 다른 방향으로 흘렀는데, 내가 이 얘기를 꺼내는 이유는 공무원들이 능력도 있고 사명감도 강한 만큼 '자존심도 센 편'이라는 말을 하기 위해서다. 비록 월급도 적고, 사회적 평가도 높지 않지만 국민에게 봉사하겠다는 마음으로 다른 기회들을 마다하고 공직에 뛰어들었기에 그들에게 있어 자존심은 소중한 가치를 지닌 것이다.

그래서 정책이 잘 추진되도록 하기 위해서 장관은 공무원들의 자존심을 꺾지 않도록 각별히 유의해야 함은 물론 때로는 자존심을 건드려서 그들의 잠재적 역량을 배가시킬 필요가 있다. 나도 본의 아니게 몇 차례 공무원의 자존심을 건드려 오히려 일을 아주 만족스럽게 해결한 경험이 있다. '부산 감천항 원양어선원노조 복지회관'과 관련한 일이 바로 그런 경우였다.

부산 감천항은 원양어업 전초기지와 동북아 수산물 물류센터 구축을 목표로 지난 1991년에 원양어업개발주식회사(약칭 원양개발)가 공사를 착공하여 1999년 말에 원양어선 전용부두와 수산물 유통가공단지를 완공하였고, 2000년 12월에는 수산물 도매시장 건립을 위한 기공식을 가진 바 있다.

사건의 발단은 감천항부두 착공 때로 거슬러 올라간다. 당시 원양어선원 노동조합은 사업시행자인 원양개발에 복지회관을 건립해 달라고 요청하면서 이 요구가 받아들여지지 않으면 사업 시행에 동의할 수 없다는 강경한 입장을 보여주었다. 합의도 쉽지 않고, 실제로 복지회관을 지으려면 유통단지가 조성된 후라야 가능하다 보니 양측은 복지회관의 규모와 시설에 대한 명확한 규정 없이 부두와 유통단지가 완공되면 복지회관을 지어 노조에 증여하겠다는 식의 조건을 붙여 무사히 공사를 진행하게 되었다. 말하자면 결론을 준공 시로 미뤄놓았던 것이다.

2000년이 되자 드디어 갈등은 현실로 나타나게 되었다. 원양개발과 노조 간의 견해차는 너무나 컸다. 1991년 당시 관계자들도 풀지 못하고 훗날로 미뤄놨던 문제이니 쉽게 합의를 보는 게 오히려 이상했다. 하지만 감정은 묵을수록 깊어지는 법, 양자간의 대립은 도를 넘을 듯했고, 자칫 법정으로 비화될 조짐도 보였다. 부산지방해양수산청으로서는 복지회관 문제가 해결되지 않으면 준공검사를 해 주기도 어려웠다. 나는 부산지방청장으로부터 전화 보고를 받으면서 준공검사 권한을 지렛대로 쓰는 게 어떻겠냐는 제안을 했다. 우리가 중재안을 마련하고, 이것을 받아들이는 쪽의 손을 들어주자. 회사측이 받아들이면 준공검사를 내어주고, 노조측이 받아들이면 준공검사는 내주지 않는 것으로 밀고 나가자. 그렇게 하면 문제가 해결되지 않겠느냐고 했다. 중재안이 합리적인 것이어야 함은 말할 필요도 없었다.

부산지방청장은 당초의 약정이나 조건 자체가 명확하지 않는데 양측이 받아들일 만한 합리적인 대안을 만들기가 어디 쉽겠느냐고 의문을 제기했다. 물론 쉽지는 않겠지만 방법은 있을 거라면서 나는 회사와 노조가 약정을 맺을 당시의 노동자수와 일반적으로 노동자들이 회관을 이용하던 행태를 잘 분석하고, 이를 토대로 회관의 규모도 당시 존재했던 다른 노조의 복지회관 모델과 비교해서 적정수준을 산정하면 합리적인 중재안이 되리라는 복안을 이야기했다. 회사측은 물론이고 노조측도 수천 평, 수만 평 규모의 회관을 생각하지는 않았을 것이니까 당시 상황에 맞는 기준을 찾아보라고 하였다. 그러면서 중재안이 만들어지면 내게 가져오라고, 내가 직접 나서서 중재를 해보겠다는 말을 덧붙였다.

그랬더니 부산청장은 한참을 가만있다가 몇 주만 시간을 달라고 했다. 만약 그때까지 본인이 해결하지 못하면 장관인 내게 해결해 달라는 요청을 하겠다는 것이었다. 순간 나는 '내가 최 청장의 자존심을 건드렸구나. 그래서 장관의 손을 빌리지 않고 제 손으로 해결해 보겠다는 오기가 발동했구나' 하는 생각을 했다. 나는 흔쾌히 그렇게 하라고 말했다. 분명히 최 청장이 문제를 해결하리라는 확신이 들어서 기분 좋게 통화를 마쳤다.

그런데 최 청장은 당초 말했던 기간이 지났음에도 내게 개입요청을 하지 않았다. 그렇다고 내가 그에게 그 문제로 전화를 거는 것도 어색했다. 다소 시간이 걸릴 수는 있겠지만 나는 그가 반드시 문제를 해결하리라는 믿음을 갖고 있었다. 기대에 부응하여 최 청장은 보기 좋게 양자를 중재해 냈다. 체육 휴게실, 국제전화부스 등을 갖춘 원양어선원노조 복지회관이 2001년 말 완공을 목표로 공사에 들어간 것이다.

최 청장 다음으로 부임한 이 청장이 직면한 어업보상문제도 '자존심' 과 관련된 사례라고 할 수 있다. 무슨 문제냐 하면, 부산신항만을 개발하면서 행한 어업보상이 잘못되었다며 검찰은 '어업에 종사해서 소득을 올렸다는 근거가 미약한 648세대에 대해서 재조사를 실시하고, 보상금을 환수하라' 는 명령을 내렸던 것이다. 보상 당시 어업에 종사하고 있다는 명백한 증거는 없지만 수산물 판매를 위탁했다거나 면세

유를 사용했음이 증명된 사람들은 인우보증을 받고서 보상을 해주었는데 검찰은 이를 불확실한 근거를 토대로 보상을 해준 잘못된 행정 사례로 몰아 붙였다. 검찰에서 재조사해서 환수하라고 했으니 공무원들의 일반적인 행태로 봐서는 그에 따를 수밖에 없는 분위기였다.

하지만 나는 검찰의 판단에 문제가 있다고 생각했다. 이 문제에 관한 한 어업인들이 적극적으로 어업에 종사하고 있었다는 사실을 증명할 것이 아니라, 오히려 검찰이 다른 직종에 종사하며 먹고살았다는 사실을 증명해야 하고, 그렇게 하지 못하면 어선과 어선허가를 가지고 있는 어업인으로부터 보상금을 환수하는 것은 적절치 못한 조치라고 보았다. 흔히 '입증책임의 전환' 이라고 하는 관점에서 이 문제는 접근해야 하는 것이었다. 재조사는 하되 적어도 포괄적으로 어업인이라 볼 수 있는 사람들로부터 보상금을 환수함으로써 삶의 터전을 잃어버린 이들의 상처를 또다시 덧내어 아프게 하는 일이 있어서는 안 된다는 것이 내 생각이었다. 현실적으로는 이 문제로 인해 어업인들이 집단적으로 저항할 경우 항만공사가 지연되어 경제적으로 더 큰 손실을 입을 수 있다는 점도 생각지 않을 수 없었다.

나는 난감해하는 이 청장과 여러 관점에서 이 문제를 따져 보았고, 결국 "항만개발이라는 객관적 상황하에서 다른 직업을 찾기 위해 잠시나마 어업을 그만두었다 하더라도 이는 보상할 가치가 있는 폐업으로 봐야 한다"는 결론에 이르렀다. 다음으로는 사유서를 제대로 만들어 검찰을 설득하는 일을 해야 했다. 검사장을 만나 우리의 논리를 얘기하고 설득하는 일은 내가 직접 맡겠다고 했다. 그런데 이 말이 이 청장의 자존심을 건드렸다. '도대체 부산지방청장을 뭘로 보길래……'

이런 생각을 했는지, 이 청장은 문제가 안 풀리면 내게 도움을 청하겠지만 일단은 자기에게 맡겨 달라며 내 개입을 달가워하지 않았다. 이 청장의 추진력은 대단했다. 부산시와 경상남도의 공무원, 보상용역을 담당했던 위원들을 만나서 우리의 논리를 확인하고, 수협 관계자와 어업인들도 직접 찾아다닌 끝에 사유서와 검토자료를 작성했다. 이것을 들고 검찰관계자들을 설득하러 다녔다. 결국 우리의 논리는 받아들여졌고, 이 문제는 무리 없이 마무리되었다.

이렇듯 본의 아니게 담당자들의 자존심을 건드리게 된 경우도 있지만, 때로는 담당자들이 좀더 당당하게 자신의 주장을 펼치기를 기대하면서 자존심을 부추긴 적도 있었다. 대표적인 것이 새만금사업과 관련해 해양수산부의 입장을 정리할 때 일이었다. 내가 새만금사업을 대하면서 안타깝게 생각한 것 중의 하나는 해양수산부가 자기 목소리를 내지 않고 있다는 사실이었다. 최종적인 결론은 총리실 산하 수질개선기획단에서 내린다손 치더라도 관계부처 협의과정에서는 분명히 얘기할 것은 얘기하고, 짚고 넘어갈 것은 그렇게 해야 하는 것인데 해양수산부 담당자들은 너무나 조심스러운 모습만을 보여주었다. 어떨 때에는 의견을 말하지 않는 게 아니라, 의견 자체가 없는 게 아닌가 하는 의구심마저 들었다.

나는 새만금사업을 찬성하거나 반대하는 입장은 아니었다. 다만 많은 문제점들이 지적되고 있고, 이에 대한 반박논리도 확실치 않은 마당에서 이 사업을 밀고 나가는 것은 맞지 않다고 생각했다. 그리고 다른 부처가 어떻게 얘기하든 간에 바다를 관리하는 해양수산부는 자기 소관에 관한 한 분명하게 입장을 밝힐 필요가 있다고 보았다. 나는 담당자인 윤 과장에게 말했다. "윤 과장이 얼마나 배짱 있는 사람인가 한번 보겠어요."

그때부터 해양수산부는 끌려다니지 않고 자기 목소리를 내게 되었다. 중앙부처다운 면모를 되찾은 것이다. 새만금사업 추진 여부와는 관계없이 할 수 있는 얘기, 해야 할 얘기는 다 하지 않았나 생각된다. 사석에서 식사를 같이 하는 중에 윤 과장은 내가 배짱 얘기를 할 때 뜨끔하더라고 했다. 그 역시 겉으로 부드럽고 순해 보이지만 공직자로서의 자존심을 항상 지니고 있었던 것이다.

자존심 있고 자신감에 가득 찬 공무원의 모습은 보기 좋다. 장관이 뭘 도와주겠다고 해도 경쟁심에서인지, 예의상 그런지는 몰라도 "제게 맡겨주십시오"라고 당당히 얘기하는 그들의 모습은 듬직하다. 갈수록 담당자들이 열심히 뛰어다니며 스스로 문제를 해결해 나가는 모습들이 부쩍 늘어났는데, 나는 그 이유가 공무원들의 자존심을 건드린 일들이 소문으로 돌아서 분발하게 한 것이 아닌가 생각하며 유쾌한 마음으로 일을 했다.


## 3. 된다는 생각으로 부딪쳐 보라

언젠가 나를 도와주시는 분들과 저녁을 함께 하는 기회가 있었는데, 그 자리에서 선배 한 분이 두 문장으로 나를 정의해 보겠다며 하신 말씀이 있다.

"일단 하고 본다." "한다면 한다."

그것이 나에 대한 그분의 정의였다. 식사하던 많은 분들이 맞는 얘기라고 웃음을 터뜨리며 동의하였다. 대의에 맞다면 행동으로 옮기고자 했던 나를 밉지 않게 봐주시는 그분들에게 나는 늘 고마움을 간직하고 있다.

이런 내가 공직사회를 보면서 아쉽게 생각하는 것 중의 하나는 공무원들이 너무 조심스럽다는 점이었다. 이것 따져보고 저것 짚어가며 생각만 많이 하다보니 실제로 행동하는 것이 너무 적지 않나 하는 인상을 지울 수 없었다. 흔히 하는 말로 몸을 너무 사리는 것 같다. 공무원들이라고 처음부터 그랬을 리는 없을 것이고, 아마도 감사를 받고 언론의 질책에도 시달리면서 점점 그렇게 소극적으로 변했을 것이다. 나는 솔직히 그런 점이 맘에 들지 않았다. 안될 것이라고 지레 발빼지 말고, 큰 손해보는 일 아니라면 실패하더라도 한번쯤 몸을 던져보는 것이 필요하다고 보았다.

그래서 한번은 국장단 회의를 하면서 내가 "좌충우돌 좀 해보세요"라고 하였다. 좌충우돌하라니, 무슨 얘기야? 말은 하지 않았지만 모두들 그런 표정이었다. "뭐든지 된다는 생각으로 부딪쳐 보라는 말씀입니다." 나는 사례를 들어가며 부연하였고, 국장들은 슬며시 웃기만 하였다. 자신들도 그 점에 대해서는 인정한다는 것 같았다. 그 말 이후로 국장들이 실제로 얼마나 변했는지는 알 수 없지만 최소한 그 시간만큼은 자신을 되돌아보는 계기는 되지 않았을까 싶다.

나는 장관이라는 공무원 신분을 달고서 여러 가지 일에 부딪쳐 보았고 몇몇 큰 성과를 거두기도 했다. 우선 생각나는 것이 김, 미역 가격대책이다. 2000년 하반기 김과 미역 가격이 지속적으로 하락하는 일이 생겨서 어업인들의 걱정은 이만저만이 아니었다. 담당과장인 이 과장은 소비량에 비해 공급량이 과다하기 때문에 일어나는 현상이라고 보고했다. 그래서 내가 공급량을 줄이면 되지 않냐고 했더니 이 과장은 그게 그리 간단한 문제가 아니라고 했다. 면허 건수도 적정규모를 조금 웃돌지만 허가된 시설 외에 추가로 설치한 시설들이 적지 않은데 모두가 그렇게 하고 있어서 단속하기가 어렵다는 것이었다. 단속을 할라치면 '왜 자기만 갖고 그러느냐'고 하나같이 내들기 때문에 단속 효과도 없다는 것이다. 그렇다고 적정규모를 유지하기 위해 어업면허를 보상하려면 만만찮은 예산이 수반되는데 이를 확보하기도 어렵다고 하였다.

그래서 내가 "그럼, 어업인들을 설득해서 조금 적게 생산하도록 하면 되겠네요"라고 제안했더니, 이 과장은 "장관님 생각이 맞긴 하지만 어업인들이 그렇게 따라주겠습니까? 생산을 줄이면 자기만 손해본다고 생각할 텐데요"라고 하였다. 나는 "만약 계속 그런 상태로 가면 다 망할 텐데요?"라고 하였고, 이 과장은 그래도 안될 거라고 응수했다. 이틀 후에 나는 다시 이 과장을 불러 내가 직접 어업인들을 만나러 갈 테니 준비하라고 했다. 직접 표현하지는 않았지만 다른 일도 바쁘실 텐데 왜 괜한 일을 하려느냐는 투로 나를 말렸지만, "만나서 설득해 보는 것인데 실패한다고 뭐 손해볼 일은 없잖아요?" 하고 응수했다. 그렇게 해서 부랴부랴 일정이 잡혔고, 나는 전남도청으로 갔다. 김, 미역 가격 하락에 대해서 장관이 무슨 얘기를 할까 싶어서인지 수협조합장들이 거의 다 참석하였다.

나는 하나하나 짚어가며 동의를 구하기로 했다. 먼저 가격 하락의 원인은 생산량이 적정규모를 초과하기 때문이라는데 다들 그렇게 생각하느냐고 물었다. 별 이견 없이 그렇다고 했다. 공급이 적정규모보다 조금만 더 늘어나도 가격은 상당한 수준으로 하락할 수 있다는 말을 덧붙이며 가격을 올리기 위해서는 생산량을 줄여야 하지 않겠냐고 했더니 또 모두들 그렇다는 것이었다. 그러면 일단 허가시설 외의 추가시설은 법적으로 맞지 않는 거니까 그것부터 정리하자고 제안을 했더니, 그제서야 머뭇거리기 시작했다. 나는 그 일의 필요성을 거듭 설명하였다. 그랬더니 한 조합장이 일어나 김은 이미 설치를 해놓았기 때문에 그 부분은 어렵다고 하였다. 그래서 내가 "그렇다면 김은 내년 어장이용계획을 짤 때 줄이고, 미역부터 시작합시다"라고 조합장들의 협조를 구했더니 모두가 박수로써 화답하였다.

그렇게 해서 그 날 일은 성공적으로 끝났다. 문제는 그 약속이 실제로 지켜지느냐에 있었다. 나는 낙관적인 반면 이 과장은 비관적이었다. 그런데 한 달 뒤쯤 내가 여수로 출장을 갔을 때 전라남도 수산국장이 반가운 소식을 들고 왔다. 어업인들이 자율적으로 10% 생산감축운동을 전개키로 했다는 것이었다. 자기 소유 시설 중에 10%는 알아서 철거한다는 것이 그 내용이었다. 너무 고맙고 기쁜 일이었다. 내가 발품 판 것에 비하면 너무나 큰 소득이었던 것이다. 담당직원의 얘기로는 스스로 줄이지 않은 사람들을 찾아가서 철거하라고 하면 여지없이 대들던 옛날과는 달리 알았다고, 조만간 치우겠다고 대답한다면서 달라진 분위기를 전해 주었다. 나는 이 일을 보면서 일단 부딪쳐 보는 것이 얼마나 중요한지도 확인했지만, 자율이라는 것이 또 얼마나 무서운 것인지도 실감할 수 있었다.

수협의 경영정상화 문제는 앞에서 자세히 언급한 바 있는데, 나는 그 문제를 놓고서도 수협조합장들과 일단 부닥쳐 보기로 했었다. 토론회라는 명목을 내건 나의 시도는 결과적으로 좋은 결실을 맺었다. 내가 토론회를 개최키로 한 것은 전국의 조합장들이 모인 가운데 수협의 신용사업부문을 어떻게 처리할지에 대해 머리를 맞대고 고민하자는 취지에서였다. 조합장 대다수가 반대하는 줄 알지만 만나서 얘기하다 보면 문제가 해결되지 않을까 하는 기대감 또한 없지 않았다. 그런데 막상 토론장에 가보니까 그게 아니었다. 분리안에 찬동하는 사람은 재정경제부의 윤 과장 한 사람밖에 없었고, 나머지는 모두가 수협의 입장을 대변하는 사람들뿐이었다. 초청된 대학교수 두 분도 예외는 아니었다.

나는 두 안을 놓고 함께 고민하는 자리를 원했었는데 토론회는 너무나 일방에게 유리하게 구성되어 있었다. 나도 당황했지만 재정경제부 윤 과장도 상당히 놀란 것 같았다. 이건 토론이 아니라 수백 명이 한 사람을 집중적으로 몰아세우는 꼴이었다. 나는 어쩔 수 없이 재정경제부의 논리를 옹호하는 입장에 서지 않을 수 없었다. 하지만 수협조합장들은 절대 분리할 수 없다는 강경한 입장만을 되풀이하였고, 대학교수들은 조목조목 반대논리만 피력해서 나를 난감하게 만들었다. 나는 여러 차례 수협이 펴는 논리의 모순을 지적하며 재정경제부의 논리를 치켜세웠다. 하지만 입장 차는 전혀 줄어들 기미가 보이지 않았다.

나는 토론회를 마치면서 말했다. "토론회는 공정하게 발언할 수 있어야 하는데 누가 이렇게 구성했는지 모르겠습니다. 이런 법이 어디 있습니까? 이건 재경부 과장 한 명 데려다 놓고 몰매 때리는 것밖에 더 됩니까? 이건 저의 의도가 아닙니다. 이런 식으로는 문제가 풀리지 않을 겁니다. 저는 여러분 편이고 여러분이 하라는 대로 할 것입니다.

하지만 이건 아닙니다."

　토론회의 끝은 그렇게 무거웠다. 나는 완전히 실패라고 생각했다. 그리고 재정경제부 윤 과장에게 정말 미안했다. 그런데 결과는 다르게 나타났다. 재정경제부 윤 과장이 나의 진심을 읽었던 것이다. 그 이후로 재정경제부도 가능하면 우리의 입장을 이해하려고 노력했고, 우리 역시 재정경제부의 입장을 최대한 존중하려고 했다. 그러다 보니 입장 차는 좁혀지고 마침내 최선의 대안에 합의하게 되었다.

　조합장 한 분은 "노 장관은 역시 정치인이라서 노련해. 수협장들에게는 화를 내고 재정경제부 편을 드는 척하더니만, 결국 우리 몫을 다 찾아냈잖아"라고 평했다. 하지만 나는 노련한 것도, 일부러 그런 것도 아니었다. 나는 있는 그대로의 모습으로 마음을 열고 대화를 나누고자 했을 뿐이었고, 그것이 결과적으로 좋은 결과로 이어진 것이었다.

## 4. 성공사례를 통해 확신을 갖게 하기

　초청강연회나 간담회에 가서 나는 가끔 '비닐 하우스 이론'이라는 것을 얘기하곤 한다. 어릴 적 내가 신기하게 보았던 비닐 하우스에 대한 경험에다가 '이론'이란 거창한 표현을 갖다 붙인 것인데, 많은 분들이 내 얘기에 수긍을 해주셔서 계속 이론인 양 그렇게 말하고 다닌다.

　내용은 이러하다. 나는 시골에서 초등학교를 다녔는데 어느 날 밭길을 지나가다 비닐로 동그란 터널을 만들어 놓은 것을 보았다. 그게 바로 비닐 하우스였는데 당시로서는 처음 보는 것이니 알 리가 없었다. 학교를 등하교할 때마다 그것을 보며 '저게 도대체 뭘까' 하는 궁금한 마음만을 쌓아가던 차였는데, 하루는 그 곳에서 농부 한 분이 비닐을 걷고 노란 참외를 따내는 걸 보았다. 그리고 또 며칠이 지난 후 참외가 있던 자리에는 모가 심겨져 있었다. 지금도 또렷하게 내 머릿속에 남아있을 만큼 그 광경은 어린 나에게 굉장히 신기하고 인상적인 일이었다. 다음해에도 그 농부만이 비닐 하우스 재배를 하였다.

그렇게 2년이 지나자 우리 동네에는 어느새 '김씨가 비닐 하우스로 기른 참외를 내다 팔아서 돈을 한 상자나 벌어왔다'는 소문이 쫘악 퍼졌다. 이렇게 되니 그 다음해에는 여러 집에서 비닐 하우스를 설치하였고, 또 그 다음해에는 온 동네 밭이 하얗게 비닐로 덮이게 되었다. 만약 말로만 비닐 하우스가 '돈이 된다'라고 설명했더라면 4년만에 온 마을 사람들이 그렇게 바뀌지는 않았을 것이다. '성공사례가 그래서 중요한 것이로구나.' 어린 시절 경험은 소중한 교훈을 내게 남겨 주었다. 그리고 내가 '비닐 하우스 이론'이라며 말하고 다니는 근거가 되었다.


내가 지난 1993년에 지방자치실무연구소를 만들고 가장 중점적으로 추진했던 활동이 지자체의 성공사례를 보급하는 일이었던 것도 바로 이러한 나의 경험 때문이었다. 백 마디 이론보다 한 가지의 성공사례가 지방자치의 발전에는 더 큰 도움이 된다는 생각으로 나는 지자체의 성공담을 수집하고, 견학 프로그램을 만들어 직접 눈으로 확인할 수 있게 하였다. 그리고 사람들의 관심을 끌기 위해서 선거기법이란 당근을 곁들이기도 하였다. 연구소를 오래 운영하지 못해서 아쉽기도 하고, 또 그런 활동이 얼마만큼 성공적이었는지 평가하기도 어렵지만 실제적이고 의미 있는 메시지를 지역주민들에게 전달했다는 데 대해서는 아직도 자부심을 가지고 있다.

국가정책에 있어서도 성공사례는 대단히 중요하다. 무엇보다 그것은 국민이나 정치인들을 설득하는 데 아주 유용한 도구 역할을 한다. 이론만큼 어렵지 않으면서도 정책에 대한 신뢰를 심어줄 수가 있기 때문이다. 한편 정책 담당자에게 있어서 그것은 가이드 라인이 될 뿐만 아니라, 일을 되게 하는 자신감이요 추진력이 된다. 많은 정책들이 선례를 답습하는 것도, 이전의 성공한 경험이 주는 안도감과 믿음 때문일 것이다. 성공사례를 확인하고 나면 담당자들의 눈빛이 달라진다. '정말 할 수 있겠구나, 저렇게 하면 되는구나' 라고 확인하는 순간부터 지지부진하던 일은 탄력이 붙는다.

그래서 나는 일을 밀어붙이려고 할 때 성공사례들을 먼저 찾아보라는 말을 자주 한다. 스스로 확인하는 작업을 통해 일에 대한 확신과 자신감, 그리고 추진력을 배가시킬 수 있기 때문이다. 장관으로서 정책을 추진하며 성공사례의 중요성을 여러 차례 확인할 수 있었는데, 그 중에서도 '자율관리형 어업'은 더욱 그러했다.

수산업에 조금이라도 관심이 있는 분이라면 우리의 어업여건이 얼마나 어려운지 알고 있을 것이다. 자원량은 급격히 감소해서 1980년에 3.6kg이던 어선 톤당 어획량이 2001년에는 2.7kg으로 25%나 줄어들었다. 한일어업협정에서 본 바와 같이 1995년에 'UN해양법협약'이 발효됨에 따라 연안국이 배타적으로 관할하는 해역의 범위가 12해리에서 200해리로 넓어져 우리 어선들이 조업할 수 있는 어장은 상당히 좁아졌다. 게다가 소형기선저인망이라는 불법어선들은 연안까지 몰려와서 별다른 죄의식 없이 어업자원들을 싹쓸이하는 형편이다. 자원과 어장은 줄고, 불법은 판을 치고……. 말 그대로 수산업은 한계에 봉착하여 전면적인 개혁이 필요한 시점에 이르렀던 것이다.

해양수산부에서도 이러한 문제의식이 없을 리 없었다. 그래서 2000년 6월에 '수산정책발전기획단'을 만들어 직원들이 한 달 동안 전국을 돌면서 현장을 확인하고 어업인들의 의견을 수렴하여 100대 현안과제를 선정하였다. 그리고 내가 취임할 당시에는 '수산제도개선기획단'이라고 이름을 바꾸고 중요도가 높은 55개 과제를 심도 있게 검토하고 있었다. 기획단은 10월 중순에 그때까지 검토했던 과제들을 정리하여 내게 보고를 했다.

'정말 이 사람들 엄청나게 고생했구먼!' 어림잡아도 5백 페이지가 넘을 것 같은 보고서를 대하며 처음 들었던 느낌은 그런 것이었다. 55개 과제를 분야별로 재구성하고 현황과 문제점, 개선방안과 추진대책을 일목요연하게 정리한 보고서는 체계적이긴 했지만 다소 난해하고 복잡하다는 인상을 지울 수 없었다. 비전이라 할 만한 것이 딱히 손에 잡히질 않았고, 과연 정부의 역량으로 이걸 다 소화해낼 수 있을까 하는 의구심이 들었다.

지방자치단체 간의 갈등, 어업인 간의 갈등과 같이 이해관계가 얽혀있는 사안들을 정부가 혼자서 해결해 보겠다는 발상 자체가 어찌 보면 잘못된 것일 수도 있겠지만 무엇보다 큼직하고 해묵은 갈등들을 근본적으로 풀어낼 수 있는 묘안을 담고 있질 못했다. 오후 내내 보고를 받고 난 후 나는 먼저 보고서를 준비하느라 최소한 열흘은 밤을 하얗게 새웠을 것 같은 직원들에게 위로와 격려의 말을 전했다. 그리고 내가 받았던 소감을 이야기했다.

"수산업에 미래가 있으려면 정부가 제도적인 미비점을 고쳐나가는 것도 중요하지만, 이것만으로는 근본적인 갈등을 풀어내기가 힘들다고 봅니다. 보고 받는 저도 그렇게 느끼는데 준비한 여러분이야 오죽하겠습니까. 수산업을 둘러싼 많은 숙제를 해결하려면 우리의 관점도 새로워질 필요가 있습니다. 저도 이 문제로 상당히 고민을 했는데 결국 이해관계를 가진 어업인 전체의 사고방식, 의식구조의 전환 없이는 아무리 효과적인 대안이라는 것도 미봉책에 불과한 게 아닌가 하는 생각이 드는군요. 어떤 문제든 스스로 참여해서 결정할 때 그 결론은 구성원들을 휘어잡는 기속력을 가지게 됩니다. 그래서 수산업 개혁의 가장 기본적인 원칙은 '어업인들의 자율에 맡긴다'는 것이 되어야 옳을 것 같습니다. 스스로 규범을 만들어 내고, 규제하는 가운데 더 나은 여건을 만들어 갈 수 있다는 자신감이 생겨야 합니다. 말하자면 '자율관리형 어업'이라는 것이 정책의 방향이 되어야 하지 않을까요.

그렇다면 정부는 무얼 해야 하는가. 정부의 정책 역시 물이 흐르듯 민심의 순리를 따라 들어가야 합니다. 국민들이 호응하느냐, 더 나아가 주도적으로 나서 주느냐 하는 것은 정책의 성패에 대단히 중요한 요소입니다. 하나의 예로써 민심은 이익이 있는 곳으로 모이게 마련입니다. 정책을 따르면 잘 될 수 있다, 이익이 생긴다는 믿음을 심어 주어야 합니다. 자율관리형 어업도 이론적으로만 따지면 그럴 듯한데 어업인들을 동화시키기에는 부족하겠지요. 그러니까 성공사례를 찾아봅시다. 확실히 이게 잘 먹힙니다. 백 마디 논리적인 설명보다 '충청도 어느 마을에서 이래저래 했는데 자원도 늘고 소득도 엄청 불었다더라' 이걸 소개해 주고, 나름대로 정부가 인센티브를 제공하면 수산업은 근본적으로 바뀔 수 있다고 봅니다.

특히 연안어업의 경우에는 일정한 구획을 정해서 주인을 정해 주는 것도 한 방안이 될 수 있겠지요. 쉽게 생각해서 남의 논에 들어와 곡식을 훔쳐 가는데 가만히 보고만 있을 주인이 어디 있습니까? 자기가 주인이다 생각하면 조그마한 고기까지 싹쓸이하는 일도 없어지고, 제 가축 키우듯 물고기들도 관리하지 않겠습니까? 저의 이런 생각도 참고하셔서 다시 한번 검토해 줬으면 좋겠습니다."

내가 말한 자율관리형 어업에 내해서 담당자들은 취지에는 공감한다고 하면서도 정책으로 끌고 가는 데에는 난색을 표명하였다. 어업인들이 따라주지 않을 것이라는 이유였다. 나는 일단 다시 검토하자고 하며 회의를 마무리했다. 회의 중간에 저녁을 먹긴 했지만 시계는 밤 9시 30분을 넘어서고 있었다. 나는 직원들에게 부담이 될까 봐 퇴근시간을 한 시간 이상 넘긴 적이 거의 없었다. 업무차 사람들을 만나야 한다면 저녁 약속을 해서라도 청사에서는 빠져나왔다. 하지만 이 문제만큼은 원칙을 지킬 수가 없었다. 바로 눈앞에 떨어진 현안은 아닐지라도 수산업을 계속 유지 발전시키기 위해서는 시간이야 어떻게 되든 충분히 논의하고 고민해야 한다고 느꼈기 때문이었다.

기획단의 검토보고서는 처음 회의를 한 후 무려 석 달이 지나서야 올라왔다. 다그치고도 싶었지만 사정이 있겠지, 뭔가 제대로 만들어 오려고 그런 거겠지 하며 차일피일 기다림을 달랜 시간이 100일이나 된 것이다. 야단부터 칠까 하는 생각도 있었지만 담당자들이 모두 웃는 낯이어서 일단 나도 웃으면서 그들을 맞았다. 좀더 일찍 보고하려다가 연말연시에 내가 바쁜 일정이 많이 잡혀 있어서 보고를 늦췄다고 했다. 여전히 담당자들은 미안한 기색도 없이 밝은 표정이었다. 야단칠 기회를 놓쳐버린 나는 보고서에서 그 기회를 엿보았으나 보고 내용이 이전과는 전혀 딴판이었다. 지난번에는 자율관리형 어업이 잘 되지 않으리라며 달갑게 여기지 않던 공무원들이 이번에는 "자율어업은 됩니다. 잘 할 수 있습니다"라고 시작하는 게 아니겠는가. 바뀌어도 이건 완전히 180도로 바뀐 것이었다. 이렇게 돌변하는 데에는 다 이유가 있게 마련인데 그들 역시 '성공사례의 발견'이라는 이면이 있었던 것이다. 그들을 변화시킨 것은 크게 세 가지였다.

첫 번째는 여수지방청장이 어업인들과의 워크숍을 가지고 난 뒤 모든 지방청장을 대상으로 보고회를 가졌는데, 거기서 어업인들이 내놓은 대책 속에 자율 규제와 관리에 관한 내용이 상당 부분 들어 있던 것이다. 정책이 성공하려면 우선 여건이 성숙되어 있어야 하는데 어업인들도 생존을 위해 자율관리형 어업을 받아들일 준비가 되어 있었고, 그것을 확인한 것이 담당자들로서는 나름대로 큰 수확이었다.

두 번째는 내가 먼저 추진했던 '김, 미역 생산 줄이기'가 담당자들의 예상과는 달리 성공적으로 추진되었기 때문이었다. 과연 자율적으로 시설을 감축할까 하는 의문을 어업인들은 보기 좋게 깨버렸던 것이다. 생산량을 줄이자는 나의 제안에 동의해 주었음은 물론 자기들끼리 10% 감축안을 만들어 스스로 규제에 들어갔던 것이다. 이 사례는 자율관리형 어업에의 가능성을 보여주었다.

마지막으로 세 번째는 담당자들이 자율관리형 어업에 대한 실태조사를 했는데, 결정적으로 이것이 '자율어업은 된다'라는 확신을 갖게 만들었던 것이다. 첫 회의를 하고 나서 기획단은 작년 11월에 해양수산부 산하 지방청들을 통하여 현재 자율관리를 실시하는 어촌계가 있는지를 파악했는데, 예상보다 많은 14개 지역에서 이미 어업인들이 스스로 그것을 도입하고 있었던 것이다. 담당자들은 지방청의 보고대로 자율관리형 어업이 되고 있는지를 직접 확인하기 위하여 동·서·남해 14개 지역으로 내려갔다. 그리고 그들이 가지고 올라온 것은 바로 성공사례를 통한 자신감이었다.

14개 지역 모두 어촌계원들이 한마음으로 자원을 조성하고, 조업을 규제하면서 이전보다 훨씬 높은 생산량과 소득을 올리고 있었던 것이다. 주꾸미를 생산하는 충남 도항어촌계는 자체적으로 금어기를 설정함으로써 소득을 3년만에 100%나 끌어올렸다. 어청도의 사례도 주목할 만한 것이었다. 그 곳 어촌계원들은 섬 앞바다 3해리를 자신들 어업구역으로 설정하고 5백 개가 넘는 인공어초를 투하하여 정착성 물고기들을 키우며 자율 관리를 실시하고 있었다.

이러니 담당자들이 흥분하지 않을 수 없었던 것이다. 안 된다고만 생각했는데 이미 이렇게 잘 하는 곳이 있으니, 홍보하고 교육하면 이 일은 무조건 된다는 확신이 생겼던 것이다. 나는 대단히 기분이 좋았다. 이전의 새마을운동이야 노랫말처럼 초가집 없애고 마을길 넓히는 일 외에 확실한 소득원까지 제시해 주지는 못했는데, 자율관리형 어업은 항구적인 소득을 보장하여 잘 사는 어촌을 만들 수 있으니 한 차원 높다고 할 수 있었다. 나는 이 일이 제대로 돌아가기만 하면 새마을운동보다 더 의미있는 일이 될 수 있다며 담당자들을 격려하고, 일과를 마친 후 그들과 기분좋게 소주잔을 기울였다.

2월에 국회가 열려서 바쁘게 쫓아다니다가 나는 문득 자율관리형 어업에 대한 설명회를 해야 하지 않겠느냐는 생각이 들었다. 그리고 설명회를 한다면 응당 장관인 내가 직접 내려가서 설득하는 것이 어업인들로 하여금 '이거 정말 하려는 거구나. 안 하면 뒤처지겠구나' 하는 인상을 강하게 심어줄 수 있으리라고 보았다. 국회가 끝나자마자 속히 일정을 잡아야겠다는 마음에 비서관에게 물어봤더니 이번 주부터 벌써 담당자들끼리 설명회를 시작했다는 것이었다. 한편으로는 섭섭했지만 나보다 앞서서 적극적으로 일을 추진해 나가는 공무원들을 보며 신뢰감을 느꼈다. 그들에게 뒤질세라 나는 국회를 마치자마자 부랴부랴 그 팀에 합류하여 군산, 동해, 울산, 통영 등을 돌아다니며 직접 설명도 하고 어업인들의 얘기도 들었다.

이렇듯 성공한 이야기는 우리에게 많은 것을 가르쳐 주고, 느끼게 하며, 행동하게 만든다. 성공담을 듣고 성공을 향해 달려가는 사람들을 보면 그렇게 아름다워 보일 수가 없다.


## 5. 먼저 나서서 분위기를 변화시킨다

젊은 시절 누구나 한 번쯤은 전집이든 축약판이든 삼국지를 읽은 경험이 있을 것이다. 중국 대륙을 무대로 펼쳐지는 사나이들의 신의와 용기, 모사들의 견문과 지략은 세상을 보는 지평을 넓혀주고 자신에게 닥쳐온 위기와 시련을 기회로 바꾸는 삶의 지혜를 가르쳐 준다. 이러한 삼국지를 흥미진진하게 만드는 장면 중의 하나는 이름난 장수들이 펼치는 칼싸움 한판이다. "제가 한번 나가 겨뤄보겠습니다"로 시작하는 칼싸움은 병사들을 관객 삼아 두 장수가 수십 합을 겨루다가 일방이 쫓기면서 전쟁의 승패를 결정짓는 요소로 작용한다.

실제로 어떠했는지는 잘 모르지만 고대 전쟁을 장수끼리의 승부로 몰아간 것은 아마도 지도자의 실력과 불퇴의 자세가 부하들의 사기에 적지 않은 영향을 미친다는 것을 강조하기 위함이 아닌가 싶다. 장관도 한 조직을 대표하는 자리이다 보니 싫든 좋든 전쟁터의 장수와 같이 조직 성원들 앞에서 지휘할 때가 많은데, 이런 경우에 얼마나 솔선하여 적극적인 모습을 보이느냐는 조직의 분위기와 사안의 성패를 좌우하는 중요한 요인이 된다고 봐야 할 것이다.

장관이 앞에 나서야 할 일은 참으로 많다. 우선 우수한 직원들에게 상을 수여하거나 각종 행사에서 축사나 인사말을 하는 것은 지극히 형식적인 일로도 치부될 수 있지만 조직 성원이나 행사 관계자에게는 의미 있는 일이기에 장관으로서는 소홀히 여길 수 없는 부분이다. 또한 일선 행정현장을 방문하여 업무보고를 받고 그 지역주민들과 대화를 나누는 일도 바쁜 일정을 쪼개어서라도 해야 할 만큼 가치있는 일이다. '행정'이라는 것이 결국 국민들의 필요를 채워주는 일이라면 그것을 직접 확인하는 작업이야말로 행정의 기본이 되기 때문이다.

해양수산부는 11개의 지방해양수산청과 국립수산진흥원 등 5개 소속기관, 그리고 외청으로서 해양경찰청을 가지고 있는데 장관의 임기가 워낙 짧다 보니 한 번씩 순시하기도 쉬운 일은 아니다. 특히 나와 같은 정치인 출신 장관의 경우 지방청 순시를 무슨 정치운동하러 다니는 것으로 보는 눈들이 있어 더욱 조심스러웠던 것이 사실이다.

이러한 의례적인 활동 외에 장관은 상징적인 행사나 인터뷰에도 솔선할 필요가 있다. 부처의 이미지나 정책을 홍보하기 위해 어린 연어 방류 행사나 해안 쓰레기 대청소에 참가하는 것은 물론이고, 언론의 인터뷰에도 적극적으로 임하는 모습을 보여줘야 한다. 장관 재임 당시 유일한 정치인 출신 장관이어서 그랬는지 나에게는 유달리 많은 인터뷰 요청이 들어왔는데 부처의 이미지를 새롭게 하는 기회로 활용하고자 특별한 사유가 없는 한 마다하지 않고 거의 다 응하려고 노력했었다.

장관은 때로 부처의 입장을 어렵게 만드는 사회적 이슈를 극복하기 위해 소위 '상징적 행동'을 직접 기획하고 주인공 행세를 해야 하기도 한다. 지난 구제역 파동 때 장관과 국회의원들이 '한우 시식회'를 벌인 것도 한 예가 될 수 있다. 사회지도층이 보여주는 이러한 '행동'은 지위가 주는 무게와 믿음 때문에 국민들을 안심시키고 사태를 진정시키는 데 상당한 효과를 발휘한다. 정말 중요하고 필요한 메시지를 전해야 하는데 구구절절이 설명하는 것보다 이렇게 뉴스거리를 만드는 것이 더 확실한 방법일 수 있기 때문이다.

나도 2000년 납꽃게 파동 때 이러한 '상징적 행동'을 벌인 적이 있었다. 납이 든 꽃게는 대략 수입 꽃게 2~3천 마리당 한두 마리 정도 발견되었지만 사회적 파장은 대단해서 아예 국민들이 꽃게를 먹으려 들지 않았다. 꽃게 판매는 급감하였고, 어업인이나 상인 모두 울상을 짓고 있었다. 그래서 하루 점심때를 잡아 나는 '꽃게 시식회'를 노량진 수산시장에서 하기로 하였다.

시장에 도착해서 상인들을 격려하고 나서 식당으로 이동하다가 갑

자기 나는 내 밥상 앞에 놓을 꽃게를 국산으로 해야 할지, 수입산으로 해야 할지 고민에 빠지게 되었다. 문제가 된 것이 수입산이니 그것을 먹어야 할 것 같은데, 엄연히 국내산이 있고 이것 역시 판매가 줄어들어 울상인데 모른 척하기도 어려웠다. 결국 내 밥상에는 두 가지 꽃게가 나란히 놓여졌고, 시식회에 참석한 분들도 두 가지 꽃게를 번갈아 맛보았다. 나는 밥상에 놓인 꽃게를 보며 '방송용'으로 한마디를 했다. "수입산 꽃게도 모두 검사를 해서 문제가 없으니 이렇게 먹을 수 있고, 국내산 꽃게는 본래 맛있고 품질 좋기로 이름난 것이니 또한 이렇게 먹어야지요." 다행히 몇몇 언론에서 시식회 행사를 소개해 주었고, 그 때문인지는 몰라도 꽃게 판매는 올라갔다.

이렇게 장관은 국민을 상대로 한 일에도 신경을 써야 하지만 눈에 보이지 않는 근무 자세나 정책협의에 있어서도 모범을 보여야 한다. 앞서 얘기한 바와 같이 나는 비교적 인사를 잘하는 편이라 직원들과 만나도 내가 먼저 고개 숙이는 일이 많았다. 그리고 민원인의 면담요청이 있으면 가급적 거절하지 않고 이를 수용하고자 했다. 그래서인지 모 경제신문에 실린 나와의 인터뷰 기사 옆에 "노무현의 해양수산부 어떻게 달라졌나"라는 박스기사를 보니 해양수산부 직원들이 전화를 받거나 민원인을 대하는 모습이 이전보다 훨씬 예의 바르고 적극적으로 변했다고 하였다. 기사 내용만이 아니라 나도 그런 얘기를 들은 적이 있었는데, 내 자랑 같긴 하지만 아무래도 장관이 친절하게 대하다 보니 직원들도 그 모습을 닮아가는 게 아닌가 하는 생각이 들었다.

다른 부처 공무원들도 마찬가지라 생각하지만, 내가 경험한 해양수산부 공무원들의 경우 장관이 잘 풀리지 않는 문제를 해결하려고 '70' 정도의 애를 쓰면 그들은 '90' 이상의 노력과 성실함으로 화답하였다.

한 가지 사례로, 부산신항만 공사와 관련하여 사업 형태를 변경해야 할 일이 있었다. 어렵사리 부산신항만 민자사업에 대한 협상은 끝마쳤는데 사업 추진이 지연되다 보니 공사 공정을 제대로 끌어가기 위해서는 정부사업으로 되어 있는 호안공사를 민간위탁사업으로 변경해야 할 필요성이 생겼다. 그리고 이를 위해서는 예산서상의 사업 목(目)을 바꾸어야 하는데, 기획예산처 담당자들이 이에 쉽게 응해 주지 않았다. 예산서의 목을 자꾸만 바꾸어 주다 보면 예산집행의 일관성이나 신뢰도가 깨지기 때문에 그렇게 할 수 없다는 입장이었다. 게다가 이미 한 해 예산을 거의 마무리하는 시점이었기에 해양수산부 직원들의 설득도 좀처럼 통하지 않았던 것이다.

기획예산처 담당자들의 입장이 이해되지 않는 바는 아니지만, 한시가 급한 공사이기에 우리로서도 손놓고 있을 수만은 없었다. 나는 기획예산처 장관에게 부탁을 할까도 생각했지만 우선 실무자들을 설득하는 것이 효과적이라는 판단에서 담당과장에게 전화를 하였다. 우리 해양수산부 일로 번거롭게 해서 미안하다고 서두를 꺼낸 뒤 얘기할 것이 있으니 점심식사나 같이 하자고 했다. 물론 부탁을 하는 입장이니 기획예산처 근처로 내가 갔다.

나는 식사를 하며 사업 변경의 불가피성을 늘어놓았다. 장관이 이렇게까지 나오니 담당과장도 난처한 모양이었다. 충분히 장관님 말씀을 이해하겠다는 정도로 담당과장은 답변을 했고, 나는 다시 한번 잘 부탁한다는 말을 덧붙였다.

그런데 내가 알리지 않았음에도 해양수산부 담당자가 이 일을 알았던 모양이다. 장관까지 가서 사정하니 미안한 마음이 들었는지, 아니면 자존심이 상했는지, 그 날부터 해양수산부 정 과장은 업무시간에 방해를 주지 않으면서 효과적으로 양해를 얻어내기 위해 한밤에 퇴근하는 기획예산처 담당과장의 집 주변에서 기다렸다가 통사정을 해댔던 것이다. 장관에다 과장까지 이렇게 나오니 민망하기도 하고 거절하기도 어려웠는지 결국 기획예산처 담당과장은 자기가 나서서 윗사람들을 설득하게 되었고, 이 문제는 원만한 해결을 보게 되었다.

내가 이렇듯 직접 나서서 담당자들을 만났던 것은 사안이 급하기도 했지만, 장관에게 얘기하는 것보다 실질적이라고 보았기 때문이다. 내가 그 쪽 장관에게 부탁을 하면 "노 장관이 부탁하시는 건데, 잘 처리되도록 해야지요"라고 인사치레는 하지만 사안의 자초지종을 잘 모르니 결국 담당자의 의견을 청취하지 않을 수 없고, 실무자의 입장에서는 윗사람으로부터 내려오는 지시나 명령이 유쾌하지 않은 일이라고 보았다.

그리고 나의 이런 모습이 해양수산부 담당자들에게 자극이 되었음은 두말할 필요도 없다. 장관의 솔선수범은 그 자체로서도 큰 힘이 되지만, "우리가 더 적극적으로 움직여서 장관의 부담을 덜어주자"는 방향으로 담당자들의 자세와 의식을 바꾸는 효과가 있다는 데에서 더 큰 의의를 찾을 수 있었다.

## 6. 칭찬은 아끼지 않고 사기는 꺾지 않는다

내부 추진력을 강화하기 위해서는 자신감이 필요하다. 그리고 직원들이 자신감을 갖게 하기 위해서는 뒤에 든든한 지지자가 있다는 것을 믿게 만들 뿐만 아니라, 성취의 공을 부하에게 돌리는 자세도 필요하다.

2000년 종무식을 하면서 근무 우수부서 표창을 하였는데 최우수과로 선정된 민자계획과의 박 과장은 참석하지 않았었다. 나중에 물어보니 기획예산처에 예산 협의하러 갔다는 것이다. 한 해의 마지막 근무일이고 그 날까지 일을 마무리지어야 하기 때문에 부득이 종무식에 참석할 수 없었다는 것이다.

그런데 연초에 인천항 국제 여객 터미널을 지은 D건설 사장이 방문을 해서 내게 정말 고맙다는 인사를 했다. 사연은 이러했다.

원래 D건설은 여객 터미널을 지어 국가에 기부하고, 대신 배후부지를 국가로부터 받아서 그곳에 호텔을 비롯한 종합무역센터를 지을 계획이었다. 그런데 회사가 어려워 무역센터사업을 포기하면서 준공한 여객 터미널 건설비용을 국가에 청구하게 되었다. 여객 터미널을 짓는데 들어간 경비는 350억 원 가량인데, 배후부지의 땅값은 그에 못미치는 270억 원 정도였다. 정부로서는 당초 약정이 배후부지를 주는 것이었으므로 부지비용밖에 줄 수 없다고 했고, 사정이 급한 D건설도 이를 수용했다. 하지만 그 돈도 예산이 확보되어 있지 않았으므로 2002년까지 주기로 하되 사정이 허락되면 빨리 주겠다는 식이었다.

D건설은 당시 채권단에서 자구계획을 내라고 할 정도로 어려움에

처해 있었고, 우리로서는 공사비마저 다 주지 않으면서 시일을 늦추니 미안한 마음이 없지 않았다. 그런데 연말에 보니 96억 원 정도의 불용예산이 있었고, 박 과장이 우선 이거라도 확보해서 D건설에게 줄 요량으로 시상식에도 참석하지 않고 기획예산처로 달려갔던 것이다. 다행히 일이 잘 되어서 96억 원이 D건설에 들어갔고, 사장이 감사인사를 왔던 것이다.

나는 당연히 그 공을 모두 박 과장에게 돌렸다. "이 사람이 내가 상을 준다고 해도 거부하고 돈 얻으러 갔다"며 "감사해야 할 사람은 내가 아니라 박 과장"이라고 했다. 나중에 비서관을 통해 들은 얘기인데 박 과장이 내가 그렇게 칭찬해 준 데 대해 대단히 고맙게 생각하더라고 했다. 그랬을 리도 없지만 만약 내가 그 공을 가로챘다면 얼마나 그가 힘이 빠졌을까 싶었다. 앞에서 '부하에게 공을 돌리라'고 했지만 정확히 말하면 '자기 것인 양 과시하지 말고 원래 그 사람의 공임을 인정해 주라'고 해야 할 것이다.

공무원들의 사기와 관련해서 한마디 덧붙일 말이 있다. 바로 사정(司正)에 관한 것이다. 깨끗한 공직사회를 만드는 일은 국가발전을 위해 대단히 중요하다. 그러나 방식에 있어서는 다른 각도에서 접근하는 것도 필요하지 않나 싶다. 내가 재임하는 동안에도 정부의 사정계획이 발표되고 사정팀을 일선기관에 보내라는 명령이 있었다. 나는 감사관을 불러서 명령에는 따르되 괜히 공무원들 기죽이는 일은 하지 말라고 당부했다.

내가 그렇게 한 이유는 지난 수십 년 간 있어왔던 사정의 효과는 회의적인 반면, 사정의 부작용은 심각하다고 느꼈기 때문이었다. 윗사람들이야 그렇게 생각하지 않았겠지만 사정 담당자의 경우에는 일정한 건수를 채우려다 보니 서랍을 뒤지거나 모욕적인 언사를 하게 되고, 그것이 공무원들의 자존심과 사기를 꺾는 일이 되기도 했던 것이다.

사정이 효과가 있으려면 자발적인 승복이 뒤따라야 하는데, 수십 년 간의 사정에 대한 공무원들의 반응은 냉소적이었다. "자존심 상한다, 윗사람들이나 잘할 것이지 왜 우리한테 난리냐"는 식이었다. 사정에 대한 이러한 부정적 인식 속에는 '우리는 다르다, 최소한 나는 그렇지 않다' 라는 자존심이 담겨 있다고 볼 수 있다. 그렇다면 사정의 방식도 바뀌어야 하는 것이다. 나는 사정의 방향은 뒷거래를 캐기보다는 결과의 공정성을 검증하고 현저히 불공정한 경우에 그 이유를 조사하는 식으로 바뀌었으면 한다. 그리고 혐의가 없더라도 결과가 불공정할 때에는 행정적인 책임을 묻는 것이 필요하다고 본다. 결과를 불공정하게 할 수 없으면 돈을 줄 사람도 받을 사람도 없어질 것이기 때문이다. 그리고 명절 때 특별사정반을 파견할 것이 아니라 감사원의 감사나 경찰기관의 수사와 같은 일상적인 활동으로 돌아가야 할 것이다.

공직사회의 청렴도에 대한 국제기구 조사에서 우리 나라가 여전히 하위권을 맴돌고 있지만, 실제로 많이 나아진 것이 사실이고 한번쯤은 "왜 이런가" 하는 부정적 인식보다 "그 동안 나아진 원인은 어디에 있는가"를 따져볼 필요가 있다.

추상 같은 사정도 영향을 미쳤겠지만 그보다는 우리 사회의 민주화가 깨끗한 공직사회를 만드는 데 더 큰 기여를 했다고 나는 생각한다. 정보공개가 의무화되는 등 제도적 장치가 꾸준히 만들어져 왔고 국민들의 발언권이 강해지면서 공직사회는 투명해지고 부정과 부패는 그만큼 설 땅을 잃고 줄어들었다고 본다.

앞으로도 더욱 더 정보공개를 강화하고, 옴부즈만 제도를 확대하거나 소송당사자의 범위를 넓게 해석하는 등 이의를 제기할 수 있는 절차를 쉽고 폭넓게 인정해 나가야 할 것이다.

또한 사정의 칼바람으로 공무원들의 사기를 죽이기보다는 부정하지 않아도 사회적 품위를 유지하며 건강하고 문화적인 생활을 할 수 있도록 처우를 개선해야 한다. 그리고 대우가 좀 모자라도 사명감과 자부심을 가질 수 있는 공직사회의 분위기를 형성해 가는 것이 우선적인 정책방향으로 고려되어야 한다고 믿고 있다.

# 4장 | 리더십과 인사관리

## 조직의 **내부역량을 강화**한다

1. 리더는 일할 의욕을 생산한다

2. 인사의 생명은 '공정에 대한 신뢰' 이다

3. 공동체가 함께하는 인사시스템

4. 책임있는 리더에게 권한을 준다

5. 낙하산은 없다. 경쟁으로 승부한다

6. 끊임없이 학습하고 정보와 지식은 공유한다

# 4장 | 리더십과 인사관리

# 조직의 내부역량을 강화한다

## 1. 리더는 일할 의욕을 생산한다

"공무원 사회의 '방관자(傍觀者) 신드롬'이 심각하다. 일손을 놓고 적극적으로 나서는 공무원을 비웃듯이 쳐다보는 풍조가 확산되고 있다는 것이다. 정부 과천청사 주변에는 심지어 '3고 지혜'라는 말조차 나돈다고 한다. 골치 아픈 문제는 '덮고', 이해관계가 상충하는 문제는 '미루고', 상급자가 적극적으로 일하려 하면 '말리고' 하는 것이 요즘 공무원의 생존 처세 비책으로 화제가 된다고 한다." (동아일보, 2000. 7. 14)

"60년대 말까지는 관료들, 특히 경제부처의 소장관료들 사이에는 자신을 완전히 업무에 몰입시키는 태도가 보편화되었다. 그들은 밤낮을 가리지 않고 사무실과 가정에서 일하며 연구하는 이른바 '일벌레'가 되었다. 이들은 어떠한 과업이라도 제때에 더욱 훌륭히 끝마치기 위해 최선을 다했으며, 업무에 도움이 되는 것이라면 어떤 것이라도 배우려는 자세를 견지했다." (정정길, 『대통령의 경제리더십』)

앞의 글은 2000년대 우리 나라의 공무원에 대해 언론이 평가를 내린 글이고, 뒤의 글은 60년대 말의 우리 공무원에 대해 학자가 내린 평가이다. 언론인과 학자의 평가가 보는 관점에 따라 다를 수 있다고 해도, 하나의 대상에 대해 이처럼 극과 극으로 평가가 나뉘는 것은 무엇 때문일까? 앞의 글이 사실이라면 우리 나라의 공직사회는 심각한 중병을 앓고 있으며, 나라의 쇠망이 눈에 보이는 듯하다. 반면 뒤의 글이 사실이라면 지난 40년 간 우리 나라 경제발전의 원동력 중의 하나는 자신을 완전히 업무에 몰입한 일벌레 같은 공무원의 활약에 있었다고 해도 과언이 아니다.

정정길 교수는 60년대 관료들의 학습의욕을 획기적으로 상승시킨 핵심적인 요인으로 세 가지를 든다.

첫째는 경제발전이라는 목표에 대한 공감대의 형성이다. 정부 지도자들의 경제발전에 대한 확고한 목표와 열성적인 태도에 공무원들이 공감했다는 것이다. 둘째는 전통적인 유교적 사고방식과 군대복무 경험이 상관의 명령에 대한 관료들의 자동적 복종을 창출했다는 점이다. 한국적인 도덕적 신념체계에 뿌리를 둔 전통적 권위주의가 관료들의 몰입을 이끌어냈다는 것이다. 셋째는 인사관리 특히 충원과 승진 및 기타 보상체계에서 실질주의를 채용했다는 점이다. 전문성과 성실도가 모든 계층의 공무원들의 실적평가를 위한 지표로 사용됨으로써 관료들이 열성적으로 일하는 중요한 동기가 되었다는 것이다.

한편 2000년대 공무원이 방관자적인 태도를 보이고 일에 열성적이지 않는 이유로 관계전문가들은 다음과 같이 분석한다.

첫째는 정책목표와 방향이 분명하지 않다는 것이다. 이것은 정부역할 축소와 규제완화 등의 행정변화에 관료들이 제대로 적응하지 못하기 때문이다. 따라서 '정책결정권자들이 정책의 방향을 분명히 해 관료들이 일관성 있고 안정적으로 일을 할 수 있는 분위기를 만들어주어야 한다'는 것이다.

둘째는 과거의 권위적인 업무관계가 민주적인 업무관계로 변화되고 있으나 이에 공무원들이 제대로 발맞추지 못하기 때문이다. 따라서 '이제는 민간분야 등에 대한 지시 통제 등 직접적인 제어수단이 없어진 만큼 관료들이 전원 현장으로 들어가야 한다'는 주장이 제기된다. 관료들이 분쟁 또는 민원 현장으로 뛰어들어 관련당사자들의 이해관계 중재 조정에 적극 나서야 된다는 것이다.

셋째는 공정하고 투명한 인사가 결여되어 있다는 평가이다. '한 사람을 잘못 승진시키면 열 사람이 기분 나빠 손을 놓는 것이 관료조직의 생리'이기 때문에, 관료조직이 정치권의 영향을 받지 않고 소신껏 일하고 일한 만큼 승진이나 보직이동 등의 보상을 받을 수 있는 시스템을 확고히 구축하는 것이 중요하다는 지적들이다.

마지막으로 관료들이 개혁의 주역으로 신나게 뛸 수 있게 시스템 개혁을 할 것이 아니라 사정 등 인적 청산 차원의 개혁이 앞섰다는 것이다.

앞에서도 여러 번 언급한 것과 같이 행정의 리더인 공무원들이 열심히 움직이지 않으면, 또 이들의 역량이 강화되지 않으면 행정개혁은 말할 것도 없고 국민들에 대한 서비스도 향상되기 힘들다. 공무원들의 역량을 강화하고 이들이 힘차게 움직일 수 있도록 의욕을 불러일으키기 위해서는 크게 세 가지의 조건이 갖추어져야 한다.

### 첫째는 꿈과 명확한 목표이다.

앞에서 언급한 60년대 말의 공무원과 2000년대 공무원의 가장 큰 차이는 위대한 꿈의 존재여부이다. 이전에는 어떤 평가를 내리든 '민족중흥'이라는 꿈이 있었으나 오늘날에는 그러한 꿈을 갖지 못하고 일상적인 생활인으로 전락하고 말았다. 어떤 것을 포기하도록 요구하기 위해서는 그에 상응하거나 더 가치 있는 것을 반대급부로 제공해야만 한다. 꿈, 위대한 꿈이 있어야만 가치 있는 미래를 성취하기 위해서 헌신적으로 일을 한다. 그 과정이 비록 힘들고 어렵다 하더라도 용기와 인내와 끈기를 갖는다. 그러나 이러한 꿈이 없는 사람은 쉽게 현실과 타협하고 부정한 현실에 굴복하게 된다. 이러한 꿈이 장기적인 비전과 연관된 것이라면 명확한 목표는 성과를 높이는 중요한 발판이 된다. 정부 기관이 명확한 목적이나 목표, 구체적인 역할과 방향을 갖게 되면 성과향상을 위한 공무원의 노력은 훨씬 쉬워진다.

### 둘째는 민주적인 업무관계의 확립이다.

이전의 전통사회, 군사독재 시절에는 상명하복의 권위주의가 관료들의 능률을 향상하는 데 기여했을 수도 있다. 그러나 87년 이후 우리 사회는 급격하게 민주화되었고, 공직사회도 예외가 될 수 없었다. 공무원들은 이제 더 이상 권위적인 상관을 원하지 않고 자신들과 함께 자유롭게 토론하고 일할 수 있는 사람을 원한다. 수직적 업무관계에서 수평적 업무관계로의 전환은 공직사회 내에서만 일어나는 것이 아니라 공무원과 국민과의 관계에서도 마찬가지이다. 나라의 모든 부문이 권위주의에서 민주주의로 전환되고 있는 지금이야말로 민주적 리더십이 절실히 요구되고 있다.

**셋째는 충원, 승진, 보상체계에서의 공정한 평가가 전면화되어야 한다.**

조직의 정점에 있는 사람이나 강권적인 힘에 의해 충원, 승진, 보상이 이루어질 때 공무원들은 일할 의욕뿐만 아니라 학습의욕까지도 잃어버린다. 특히 인사관리에서의 공정성, 공정성의 신뢰 없이는 조직이 발전할 수 없고 일할 의욕이 생겨나지 않는다.

나는 비전과 목표의 구체화, 민주적 업무관계, 공정한 승진, 보상체계 등과 더불어 개인의 능력개발을 또한 강조했다. IMF 이후 '안정된 직장, 평생 직장'이라는 개념이 심각하게 흔들리고 공직사회에도 개방직이 점점 늘어가고 있는 상태에서 개인의 능력개발은 필수적인 것이 되었다. 이제 공직사회에서도 나라와 조직에의 헌신만을 강조할 수 없게 된 것이다. 개인의 능력계발 기회를 충분히 제공할 때만 공무원들의 일할 의욕도 강해질 것이다.

나는 이러한 문제의식에 따라 직원들과의 대화에서 다음과 같은 내용을 계속 강조했다.

"5년 후, 10년 후 여러분과 조직의 모습을 상상해 본 적이 있습니까. 그때 조직과 여러분의 모습은 지금 얼마나 여러분이 노력하고 투자했느냐에 달려 있습니다. 10년 후 해양수산부가 힘도 없고, 역량도 떨어지는 부처가 된다면 그것은 여러분의 책임입니다. 마찬가지로 10년 후 여러분이 지금보다 더 나은 모습을 보여주지 못한다면 이것 또한 누구 탓으로 돌릴 수 없는 문제입니다. 미래에 대한 소망을 품으십시오. 그 소망을 붙잡고 업무에 있어서나 각자의 능력개발에 있어서 좀더 많은 시간과 노력을 투자하십시오. 나는 조직을 위해 개인이 희생되는 것은 옳지 않다고 봅니다. 조직은 개인의 자기계발을 북돋워주고, 개인은 자신의 능력을 조직을 위해 쓰는 발전적 의존관계를 정립해 나가야 할 것입니다."

## 2. 인사의 생명은 '공정에 대한 신뢰' 이다

아주 오래 전부터 많은 사람들이 "인사(人事)는 만사(萬事)"라고 말해왔다. 이와 관련해서 우선 유명한 역사이야기를 한번 떠올려 보자.

2000여 년 전에 초나라 항우와 한나라 유방이 중원의 패권을 둘러싸고 한판 싸움을 벌였다. 이 싸움에서 결국 유방이 항우를 무너뜨리고 천하를 손에 넣었다. 이때 유방은 낙양성에서 주연을 베풀며 자신이 천하를 얻게 된 이유가 무엇인지, 항우가 천하를 잃게 된 이유가 무엇인지를 신하들에게 물었다. 이에 대해 신하들이 다음과 같이 대답했다.

"폐하께서는 성을 공략하게 하고 항복시킨 자에게 그것을 주어 천하의 사람들과 이익을 같이 합니다. 그러나 항우는 현명한 자를 질투

하고 유능한 자를 미워합니다. 공이 있는 자에게 해를 주고 어진 이를 의심했습니다. 항우는 땅을 점령해도 이익을 나눠주지 않았습니다. 이것이 폐하께서 천하를 얻고 항우가 천하를 잃은 이유입니다."

이에 대해 유방은 다음과 같이 자신의 승리이유를 말했다.

"그건 하나만 알고 둘은 알지 못하는 것이오. 본진의 군막 가운데에서 작전을 세워 천리 밖의 전투에서 승리를 얻게 하는 데에는 내가 자방(子房; 張良)만 못하고, 국가를 진정시키고 백성들을 어루만지며 군량을 공급하고 양도가 끊기지 않도록 하는 데는 소하(蕭河)만 못하며, 백만 군사를 이끌어 싸우면 반드시 이기는 것은 한신(韓信)만 못하오. 이 세 인물은 모두 걸출한데 나는 이들을 잘 쓸 수 있었소. 이것이 내가 천하를 얻게 된 이유일 것이오. 항우는 단 하나의 걸출한 인물인 범증(范增)이 있었으나 이 한 사람도 잘 부리지 못했오. 그것이 항우가 나에게 패한 이유인 것이오."

여기에서 재미있는 것은 신하들은 공(功)과 이익을 공평하게 사람들과 나눈 데 승리의 비결이 있다고 한 반면, 유방은 적재적소로 인재를 사용하고 이들을 하나로 묶을 수 있었던 데 승리의 원인이 있다고 분석한 점이다.

조직운영이든 정책결정이든 간에 결국 사람이 하는 일이니 어떤 사람을 쓰느냐가 가장 중요하다는 얘기는 충분히 납득할 만하다. 하지만 나는 인사가 지극히 중요한 일이기는 하지만 만사라고 하는 데에는 동의하기 어렵다. 주어진 여건과 환경에 따라, 혹은 잘하겠다는 의욕을 갖고 있는지 여부에 따라 동일한 사람이라 할지라도 발휘하는 역량은 현저히 달라질 수 있기 때문이다. 그래서 나는 개인을 어디 배치하는가 하는 것도 중요하지만 각 성원들이 자신의 역량을 충분히 발휘할 수 있는 조직 분위기를 만드는 일에 더 큰 관심을 가져야 하지 않을까 생각한다. 개인의 역량에 의존하기보다 조직 전체의 역량을 극대화할 수 있는 시스템을 갖추어 나가는 노력들이 앞으로는 더 필요할 것이다.

내가 이렇게 말한다고 해서 인사운용을 소홀히 여긴다는 뜻은 절대 아니다. 승진하고 전보하는 인사운용은 조직의 중대사 중의 하나이고, 조직의 사기와 활력에 직접적으로 영향을 미치기 때문에 신중하고 사려 깊게 해 나가야 함은 물론이다.

그렇다면 인사는 어떻게 해야 하는가. 아마도 대부분의 사람들이 똑같은 답을 내놓을 것 같다. "인사는 공정하고, 적재적소에 배치되도록 해야 한다." 공정하지 않으면 적재적소가 이루어질 수 없고, 적재적소가 되어야 공정하다고 평가하니 양자가 다르다고 보기도 어렵다. 문제는 어떻게 하는 것이 공정하고, 적재적소를 이룰 수 있느냐는 것이다. 공정성에 관해 조직 성원들은 공감대가 형성되어 있다고 생각하기 쉽지만, 구체적인 기준을 나열하라고 한다면 상당한 인식의 차이가 있음을 알 수 있을 것이다. 게다가 누가 적재적소냐 하는 것은 정말 판단하기 어려울 뿐 아니라 각자의 주관에 따라서 다른 대안이 제시될 수 있는 문제이다.

이렇게 본다면 결국 인사의 생명은 '공정'이 아니라 '공정에 대한 신뢰'라고 할 수 있을 것이다. 인사권자는 공정하려고 노력하는 것도 중요하지만, 조직 성원들이 그렇게 믿고 받아들여주는 것이 더 중요하다고 봐야 하는 것이다. 나는 공정에 대한 신뢰를 확보하기 위해서는 장관이 주관적으로 인사권을 행사하기보다는 조직차원에서 체계적으로 인사를 끌고 나가는 것이 낫지 않나 하는 생각을 했다. 그래서 뒤에서 상세히 얘기하는 바와 같이 객관적인 인사관행을 정립해 가고자 노력했다.

취임 초기에는 누가 누구인지를 내가 제대로 알지 못하는 상태였기 때문에 내 주관대로 하게 되면 공정에 대한 신뢰가 깨질 입장이었다. 그래서 땜질식 인사를 하게 될 때에는 차관과 총무과장의 의견을 받아 처리했다. 그것이 당시로서는 최선이었기 때문이었다.

그런데 한번은 차관과 총무과장의 의견을 따르기 어려운 인사 건이 하나 올라왔다. 개방직으로 바뀐 항만국장 자리를 놓고 선발시험위원회에서 복수추천을 했는데 1순위로 올라온 사람이 나와 악연이 있는 부산항 건설사무소의 김 소장이었던 것이다.

김 소장은 내가 장관이 되기 전에 한정어업면허와 관련해서 만난 적이 있었다. 내가 위원장으로 있는 지역구에는 어업인들이 많았는데, 그분들은 이미 보상을 받고 어업권을 넘기긴 했지만 부산신항만 공사에 방해가 없다면 어업을 할 수 있게 해 달라고 내게 부탁하였다. 법적으로도 이를 '한정어업면허' 라고 하여 허용하고 있었기에 나는 관계기관 협의차 김 소장을 만났었다. 나는 당시 국회의원이고, 여당의 부총재였지만 부탁하는 입장이었기에 최대한 예의를 갖추어서 내 생각을 얘기했다. 공사에 지장이 없는 범위에서 어업을 허용해 주고, 고의나 중과실이 아닌 이상 보상을 청구할 수 없도록 안전장치를 마련하면

별 문제가 없을 것이라며 김 소장의 이해를 구했다.

그런데 김 소장은 무조건 안 된다며 단호하게 나왔다. "어민들은 약속하고도 지키지 않는 일이 너무 많아요. 괜히 한정어업면허 내줬다가는 다시 보상해 달라고 해서 골치만 아프고 싸움만 납니다. 어민사정 봐주려다가 공사만 제대로 못합니다. 절대 안됩니다." 나는 나름대로 예의를 다 갖추었는데 상대방은 이토록 완강하게 나오니 나로서는 기분이 몹시 상했다. 좀더 생각하면 해답이 나올 수 있는 문제를 제대로 들어주지도 않는 것 같아 화도 났었다. 결국 그때에는 아무런 결론을 보지 못하고 감정만 상한 채 헤어졌다.

그런데 이제 내가 장관으로서 그 사람의 인사권을 쥐게 된 것이다. 이름과 직책을 듣는 순간 나는 김 소장의 얼굴이 스쳐 지나갔다. '어, 이 친구 아냐?' 갑자기 지난 일이 생각났다. 나는 차관에게 장관이 순위를 바꿀 수 있느냐고 물었다. 당연히 그렇게 할 수 있다고 했다. 항만국장을 임명하려면 중앙인사위원회의 승인을 받아야 하는데 기안을 올릴 때 순위를 바꾸는 것은 장관의 재량이라고 했다.

나는 다시 차관에게 물었다. "김 소장은 어떤 사람이에요?" 차관 얘기로는 고집이 좀 세긴 하지만 책임감도 강하고 대단히 유능한 사람이라는 것이었다. 그러면서 아마 더 나은 사람을 찾기가 어려울 것이라는 말을 덧붙였다. 내 머릿속이 갑자기 복잡해지기 시작했다. 내 기억에는 인상이 좋지 않은 사람이지만 차관 말대로라면 내가 잘못 생각한 것일 수도 있는 일 아닌가. 일단 알았다고 하며 차관을 돌려보냈다.

나는 고민을 거듭했다. 인사가 장난도 아닌데 감정에 치우쳐 일을 그르칠 수는 없었다. 특히 나는 김 소장을 잠시 만났을 뿐이고, 차관은 벌써 1년 이상 그를 지켜봤는데 내 경험으로만 판단하는 것은 위험하지 않겠는가. 결국 간부급 인사로는 첫 번째인데 감정을 개입시켜서는 안되겠다고 생각했다.

그래서 올라온 순위대로 기안을 하여 중앙인사위원회로 보냈다. 며칠 뒤 부산지방청 순시가 있었는데 바로 그 김 소장이 영접과 수행을 맡았다. 이곳 저곳 다니는 동안 김 소장은 줄곧 현황과 실태에 대해서 설명을 했는데 자세도 적극적이지만, 업무에도 정통하다는 인상을 받았다. 나는 '순위대로 올리기를 잘했구나' 하는 생각을 했다. 나는 아직 감정이 남아있는 한정어업면허 얘기를 꺼내며 내 생각을 얘기했다. 장관의 얘기니까 그랬는지는 잘 모르겠지만 김 소장은 충분히 내 말을 이해해 주었고, 적극적으로 검토하겠다고 했다.

그 뒤 항만국장으로 임명을 받고 올라온 이후 김 국장은 경험과 식견을 바탕으로 모든 업무를 아주 매끄럽게 풀어나갔다. 특히 항만기본계획을 전면 수정하는 일, 민자사업을 조기에 타결하는 일, 항만건설예산을 확보하는 일 등에 있어서 나와는 정말 호흡이 잘 맞았고, 멀리 생각하는 가운데 나보다 한 발 앞서서 일을 처리해 주었다. 만약 내가 묵은 감정에 치우쳐 인사를 그르쳤다면 좋은 인연을 맺게 된 김 국장과의 관계는 아마도 계속 악연으로 남았을 것이다.

나는 직원들이 예상한 것보다 두어 달 정도 늦게 1급과 국장급 인사를 단행했다. 인사요인이 있었음에도 빨리 가져가지 못한 데에는 무엇보다 제일 바쁜 철인 국정감사와 정기국회 시기에 담당자를 바꾸면 혼란을 가져오지 않을까 하는 염려가 컸기 때문이었다. 나는 설사 담당자가 조금 부족하더라도 큰 일을 마무리 지은 다음에 승진이나 전보를 하는 것이 조직으로 봐서는 득이 된다고 보았다. 또 다른 이유는 누가 어떤 사람인지에 대해 확실한 판단이 서질 않아서였다. 여기저기서 받은 쪽지는 내 책상서랍에 수북하게 쌓였는데, 그렇다고 그것에 의존하여 중요한 인사를 할 수는 없는 노릇이었다.

결국 차관과 총무과장의 의견과 몇 달간 나의 경험에 비추어 1급과 국장급 인사를 하였다. 그리고 나머지 인사에 대해서는 조직에 맡겼다. 다음 글에서 자세히 얘기하겠지만 과장 보직과 부이사관 승진은 국장들이 알아서 하고, 사무관이나 서기관 승진은 다면평가 등을 참조하도록 하였다. 다면평가는 상사, 동료, 부하직원이 서로를 평가하는 방식이다.

이러한 과정에서 내가 해야 할 일은 내 스스로 원칙과 관행을 깨지 않는 것이었다. 일단 시스템이 갖추어지면 그것으로 공정에 대한 신뢰가 생기는데 이를 장관의 전횡으로 간섭하기 시작하면 시스템 자체가 무너져 버리게 된다. 그래서 나는 조직의 판단을 존중하고자 노력했고, 그것이 공정성에 대한 신뢰를 담보하는 일이라 생각했다.

이와 관련해서 기억나는 두 가지 사례가 있다. 첫 번째는 서기관 승진 인사와 관련해서였다. 당시 총무과장은 7명의 승진자 중 5명을 본부에서, 2명을 지방청에서 각각 선발한다는 방침을 정해 놓고 있었다. 서기관 승진에 있어서는 다면평가 결과가 상당한 영향을 미치는데, 평가 결과 사무관 임용일도 빠르고 가장 중요한 일을 맡아 고생했던 김 사무관이 5위 안에 들지 못했다. 국장들을 비롯한 간부진들 사이에서 본부비율을 1명 늘려서라도 김 사무관을 승진시켜 주자는 의견이 나왔다. 분위기가 이렇게 흐르자 총무과장은 김 사무관을 발탁하고 지방청 비율을 1명 줄이는 방안을 들고 들어왔다.

나의 대답은 '그래서는 안 된다' 는 것이었다. "조직이 스스로의 원칙을 깬다면 시스템이고 뭐고 아무것도 구축되지 않는다. 원칙대로 밀고 나가라. 그래야 조직이 바로 설 수 있다." 내가 태도를 분명히 하니 이 일에 대해서는 더 이상 논의가 없었고, 인사의 원칙은 유지되었다. 다행히 김 사무관은 그 다음 기회 때에 승진하였다.

또 한 사례는 부이사관 승진 인사 때였다. 2001년 초에 부이사관 세 자리가 나왔는데, 2명은 이미 지난번에 승진후보자가 확정되어서 나머지 한 자리를 놓고 경쟁이 붙었다. 후보로 거론된 사람은 세 사람이었는데 모두가 일장일단(一長一短)이 있어서 우열을 가리기가 어려웠다. 그래서 나는 국장단 회의 때 이런 고민을 그대로 털어놓았다. "국장들이 모이는 인사위원회에서 잘 판단하시겠지만 이리저리 따져봐도 결론내기가 쉽지 않으니 통상적인 기준에 따라 서열로 가는 것도 괜찮지 않겠습니까" 했다. 만약 서열대로 한다면 황 과장이 가장 유리했다. 그런데 인사위원회를 개최하니 팽팽하게 의견이 대립하긴 했지만 조금은 박 과장 쪽으로 기우는 분위기였던 모양이다. 정회를 하고 차관이 나를 찾아왔다. 국장단 회의 때 하신 말씀이 구속력이 있는지를 확인하러 온 것이었다. 나는 그건 아니라고 했다. 나도 판단이 어려워서 내가 생각한 기준을 제시한 것이지 반드시 그에 따르라고 한 얘기는 아니니 자유롭게 논의해서 결정하라고 했다.

다음날 다시 인사위원회가 열렸고 결국 박 과장이 1순위가 되었다.

내가 그 결정에 따랐음은 물론이다. 국장들이야말로 조직의 실질적인 주인이고 이들의 의견을 장관은 존중해 주어야 하기 때문이다. 만약 장관이 맘대로 그 결정을 바꾼다면 그것은 국장들이 주인의식을 가지고 신중하게 결정하려는 의욕을 꺾는 일이 될 것이다.

부연하지만 나는 사람을 어디에 배치하는가보다 조직 전체가 잠재된 역량까지 잘 발휘할 수 있는 분위기를 조성해 주느냐에 더 큰 비중을 두는 편이다. 그래서 나는 나의 판단에 의존하기보다는 조직의 판단에 따르고자 했고, 조직이 스스로 원칙을 세우고 이를 지켜나가는 관행을 만드는 데 노력했다.

결과적으로 그것이 내게는 공정성에 대한 신뢰를 확보하는 일이 되었고, 조직 성원들에게는 주인의식을 갖게 하는 계기가 되지 않았나 생각한다.

## 3. 공동체가 함께하는 인사시스템

전통 있는 부처와 그렇지 않은 부처는 어떻게 다른가? 누군가는 에어컨에 자동온도조절장치가 달려 있는지 없는지의 차이에 비유해서 그것을 설명했다. 자동온도조절장치가 있는 에어컨은 센서를 통해 온도 변화를 감지하고 냉각의 강도와 시간을 자동으로 조절하여 항상 적정한 온도를 유지한다. 마찬가지로 전통 있는 부처는 어떤 상황이 닥치더라도 내부에 정착된 관행과 문화를 통해 흔들림 없이 조직의 문제를 해결하는 능력을 갖추고 있다. 반면 자동온도조절장치가 없는 에

어쿤이 사람의 조작 없이는 춥고 더움을 반복하듯이 전통이 확립되지 못한 부처는 개별 상황에의 대응을 시스템이나 문화가 아니라 장관과 같은 특정 사람에게 의존하게 되므로 개인적 특성에 따라 차이가 있긴 하지만 조직의 흔들림이 적지 않은 것이다.

해양수산부는 출범한 지 5년도 되지 않아서인지 조직 스스로 문제를 해결해 나가는 정착된 문화와 시스템이 제대로 갖추어져 있지 않은 것 같았다. 그 예로 산업자원부의 경우 나와 같은 날짜에 장관이 취임했는데 얼마 후 대대적인 인사이동이 있었다. 이는 이미 내부 시스템에 의해 인사가 준비되었다고 풀이할 수 있는 것이었다. 장관이 바뀌어도 전혀 흔들림 없이 업무를 추진해 나가고, 스스로 혁신하면서 건강한 풍토를 조성해 나가려는 시스템과 동력을 조직에 내재시키는 일은 무엇보다 시급하고 중요한 과제라 아니할 수 없었다.

물론 훌륭한 장관이 와서 지혜로운 결정을 과감하게 내릴 수 있다면 그것도 좋을 것이다. 하지만 장관의 임기가 짧은 만큼 상황을 제대로 판단하기가 어렵다고 본다면 주인의식과 공감대 속에서 조직적인 대응체계를 구축하는 일은 장관의 부담을 덜어주고, 조직의 효율적인 운용을 위해서 바람직한 일이라고 생각한다.

특히 인사문제는 더욱 그러하다. 직원들에게 있어서 인사는 지난 실적에 대한 평가인 동시에 미래의 지위를 예측하는 판단의 준거가 되기 때문이다. 만약 특정인의 자의적인 판단에 좌우되어 인사가 공정성을 잃는다면 그것이 조직의 사기와 활력에 미치는 악영향은 말할 수 없이 크다. 그래서 조직이 긍정적으로 받아들일 수 있는 인사원칙을 정립하고, 이를 지켜나가는 것은 장관이 결코 소홀히 해서는 안 되는 일이라 할 수 있다.

나 역시 인사를 어떻게 할 것인가를 두고 상당히 많은 생각을 했었다. 조직생활의 경험이 적은 나는 대단히 신중한 자세로 이 문제에 접근했는데, 그 결과는 인사권을 조직에 대폭 위임하는 파격적인 조치로 이어졌다. 내가 실제로 행사하는 인사권은 1급과 국장급 인사가 전부였다. 부이사관 승진이며 과장 보직문제는 국장들의 판단을 존중했고, 서기관이나 사무관 승진은 상관, 동료, 부하직원이 참여하는 다면평가 결과를 존중하도록 했다.

내가 이렇게 인사권을 조직으로 위임한 데에는 앞에서 말한 바와 같이 인사에 있어서는 공정성에 대한 신뢰가 중요하다고 보았기 때문이었다. 인사란 참으로 묘해서 제아무리 공정하게 했다고 하더라도 모든 직원을 납득시키고, 그 결과에 승복시키기는 어렵다. 제 뜻대로 승진이나 전보가 되지 않은 직원 중에는 불만을 나타내거나, 말은 하지 않아도 태만한 근무자세로 시위하는 사람이 반드시 나오는 것이다. 특히 취임한 지 얼마 되지 않은 장관의 인사에 대해서는 그만큼 더 비판의 소리도 높기 마련이다. 문제는 이러한 불만과 비판이 장관에 대한 불신으로 이어질 수 있다는 것이었다.

직원들을 제대로 파악하고 있지 못한 상황에서 인사권을 휘두름으로써 불신만 키우기보다는 조직 스스로 인사에 대해 책임과 권한을 행사하는 문화를 만들자는 것이 나의 판단이었다. 물론 조직이 인사한다고 해서 공정성이 완벽하게 보장되는 것은 아니지만, 조직의 결정이라는 권위와 '최소한 과정에 있어서는 공정했다'는 신뢰가 인사권자 한 사람의 결정보다는 직원들의 승복을 이끌어 내는 데 유리하다고 보았다.

나는 이러한 판단에 앞서 먼저 직원들 스스로 인사운영의 문제점을 진단하고 대안을 찾도록 하기 위해 2000년 10월 1박2일간의 합숙일정으로 워크숍을 실시하였다. 이 자리에서 직원들은 인사의 투명성이 미흡하고, 직렬간의 보이지 않는 장벽이 존재한다는 등 부처가 안고 있는 많은 고민거리를 펼쳐 놓았고, 다면평가제와 같이 인사결정을 계량화, 객관화할 수 있는 방안들을 제시하였다. 나는 이를 토대로 인사운영규정이 최종 확정되기 전이라도 실시 가능한 대안부터 일단 시도해 보자고 하였다.

이렇게 해서 시행된 다면평가제는 사무관과 서기관 승진에 결정적인 평가요소로 자리잡았다. 다면평가제는 승진심사 시에 상급자, 동료, 하급자를 무작위 추출한 위원회에서 후보자들을 평가하고 순위를 정하는 방식을 말한다. 다면평가제를 실시함에 있어서는 위원 수를 몇 명으로 구성하고, 직급별 가중치를 얼마나 주느냐가 문제가 될 수 있다. 통계학에서 나오듯이 표본수가 충분치 않으면 대표성이 떨어지고, 결정 자체가 공정성 시비에 휘말릴 수 있기 때문이었다. 다행히 직원수의 10~15% 수준으로 구성된 평가위원회는 위원들 간의 시각차가 크지 않아서 객관적인 결과를 얻을 수 있었고, 대상자들도 모두 승복하는 분위기였다. 나 역시 다면평가의 결과를 존중하고 뒤엎지 않았음은 앞에서 말한 바와 같다.

한편 부이사관 승진의 경우에는 국장들을 위원으로, 차관을 위원장으로 하는 인사위원회에서 결정하도록 하였다. 이것은 인사규정 상으로만 보면 이미 그렇게 되어 있어서 새로울 것도 없는 일이지만, 실제로는 장관이 승진할 사람을 결정하고 위원회는 형식적인 절차로 운영되는 경우가 많았다. 그런데 나는 실질적인 권한까지도 국장단에 넘겨주었던 것이다.

과장 보직인사의 경우에는 국장이 필요한 사람을 스카우트하거나 트레이드하는 방식으로 바꾸었다. 언제 인사소치를 하겠다는 것을 사전에 미리 통보하면 국장들과 과장들은 자신의 희망사항을 서로 교환하고, 이에 따라 뜻맞는 국 과장이 같은 실국(室局)에서 일하게 되는 것이다. 어떤 국장은 정에 못 이겨 기존의 과장들을 그대로 선택하려고도 했지만, 대부분의 국장들은 냉정한 자세로 자신이 필요로 하는 실력 있는 사람을 데려다 쓰고자 했다. 이러한 과정 가운데 평소에 근무자세가 태만한 과장들은 자연히 선택에서 제외되었다.

지난 인사 때에는 부이사관과 부이사관 승진을 눈앞에 둔 과장이 지방청으로 전보되는 일이 발생했다. 인사발령 후 지방청으로 떠나기 전 인사를 하러 온 그들을 대하며 내 마음은 착잡했다. 내가 받은 인상으로는 두 과장 모두 업무를 파악하거나 추진하는 능력에 있어 여느 과장에 뒤질 것이 없었다. 따라서 국장들 역시 선택과정에서 고충이 적지 않았을 것이다.

다행스러운 것은 두 과장의 반응이었다. 더 열심히 일해서 능력과 자질을 인정받겠다고, 그래서 다음에는 새로운 모습으로 올라오겠다고 했다. 나는 건강한 생각을 가진 그들이 고마웠다. 아쉬움이 남지만 승복하며 더 나은 미래를 기약할 줄 아는 과장들의 모습이 든든해 보였다. 그래서 나도 머지않은 장래에 꼭 다시 만날 수 있기를 바란다며 그들을 격려하였다.

## 4. 책임있는 리더에게 권한을 준다

이러한 나의 인사운영에 대해서 어떤 사람들은 인사권을 포기한 게 아니냐는 얘기도 했다. 인사권이 지휘권 통솔권의 상징임에 틀림없고, 장관이 이를 가지는 것은 당연하다고 볼 수 있다. 하지만 이를 매번 행사할 필요가 있느냐 하는 것은 다른 관점에서 볼 수 있는 문제이다. 조직 스스로 결정하는 것이 공정하고 효율적이라면 그렇게 하는 것이 더 나은 대안일 것이다. 다만 이 대안이 소정의 목적을 달성할 수 없을 경우 장관이 다시 인사권을 행사할 수 있는 가능성을 열어두고 있다면 그것으로 족한 게 아닌가 한다. 장관의 지휘권은 그 정도로도 얼마든지 담보되고 확보될 수 있는 것이다.

국장이라고 하면 조직에 대한 고민이 머릿속을 떠날 날이 없는 부처의 핵심 리더이다. 이러한 국장들이 그들과 함께 기간요원이 될 부이사관을 결정하고, 함께 일할 과장들을 선택하는 것은 어찌 보면 당연한 일이다. 특히 국장들의 선택은 10년 이상 직·간접적인 경험을 토대로 한 것이니 장관보다야 객관성과 공정성을 담보할 수 있다고 봐야 할 것이다.

직원들에게 열심히 일하라고 지시하려면 그에 걸맞는 권한과 책임도 함께 부여하는 것이 바람직한 장관의 모습이라고 나는 늘 생각해 왔다. 조직의 주인이 직원이라고 한 내 얘기에 책임을 지기 위해서라도 직원 중의 핵심이라 할 수 있는 국장들의 권한과 권위를 높여주는 것은 반드시 필요한 일이었다. 판단하기에 따라서는 부의 정서와 분위기를 이끌어 가는 과장들을 중심으로 볼 수도 있겠지만 국장과 과장간의 권한 차이가 적지 않고 중추세력이라고 하면 아무래도 국장을 꼽아야 하므로 나는 이들의 위상을 확실하게 인정해 주는 쪽으로 가닥을 잡았던 것이다.

그래서 나는 처음부터 내 뜻대로 부이사관 승진 인사를 할 수도 있었지만 그렇게 하지 않았다. 장관은 떠날 사람이지만 국장들은 계속 남아 조직을 위해 고민해야 할 사람이고, 그러하기에 인사에 있어서도 장관보다 더 큰 책임을 져야 하기 때문이었다. 강제성이 있었던 것은 아니지만 내가 제시한 기준마저 뛰어넘는 국장단의 결정을 나는 자신감과 책임감의 표현이라고 보았다. 그리고 이 정도로 배짱 있는 국장들이 있는 한 해양수산부의 앞날은 밝다고 생각했다.

실현되지는 못했지만 나는 국장들이 있는 자리에서 업무능력이 떨어지는 공무원들을 도태시킬 수 있도록 국장은 3년에 1명씩 물러나게 하고, 과장은 1년에 1명씩 물러나게 하는 것을 제도로서 정착시키는 게 어떠냐는 제안을 하기도 했다. 인간적으로야 미안할 수 있지만 건강한 공직사회를 위해서는 그 정도의 결단은 필요하다고 생각한다.

이러한 인사제도의 시행에 따라 가장 많이 바뀐 것은 역시 직원들의 근무자세였다. 가만히 있으면 별탈 없이 승진하고 좋은 자리로 옮겨가리라 믿었던 직원들은 긴장하기도 했지만, 전체적으로는 업무를 대하는 태도가 적극적으로 변하였고 다른 직원들에 대한 배려도 한층 깊어졌다. 이제는 장관 한 명이 판단하는 것이 아니라 함께 근무하는 수백 명의 눈과 귀가 그를 평가하기 때문이었다. 조직 스스로 인사하는 시스템은 오직 실력과 성실성만이 그를 지켜줄 수 있다는 생각을 확산시켰고, 자연스럽게 인사청탁은 줄어들었다. 괜히 그런 모습이 드러나서 미움을 사는 일이 있어서는 안되겠기에 직원들은 비정상적인 방법을 택하려고 하지 않았다. 행사나 교육에 자율적으로 참석하는 비율도 훨씬 높아졌고, 정책토론방을 통해 자신의 업무와 성과를 홍보하는 일도 부쩍 늘어났다. 자율이라는 것이 얼마나 무섭고 강력한 것인지를 나는 조직의 인사를 통해서도 다시 확인할 수 있었다.

조직에게 인사권의 일부를 위임한 것도, 직원들의 결정을 존중하며 원칙을 지켜나갔던 것도 모두 조직에 대한 내 사랑과 믿음의 표현이었다. 그리고 그것은 조직이 지켜야 할 원칙과 문화를 하나씩 정립해 나가는 좋은 계기가 되었다. 내 권한이니까 내가 반드시 해야 한다는 생각, 내 욕심부터 챙기겠다는 마음을 비우면 서로에게 좋은 윈-윈 전략은 우리 주변에 얼마든지 있지 않을까.


## 5. 낙하산은 없다. 경쟁으로 승부한다

1980년대 중반 세계적으로 유행했던 러시아 말이 있다. 페레스트로이카와 글라스노스트가 바로 그것이다. 흔히 '개혁'과 '개방'으로 번역되는 이 두 단어는 구 소련의 변화를 상징하는 말이었다. 의미의 차이는 있지만 개혁과 개방은 현재 정부 부처와 산하기관을 포함한 우리 공직사회가 겪고 있는 변화를 나타내는 표현이기도 하다.

공직사회가 가지고 있는 비효율과 폐쇄성은 항상 정부개혁의 주제로 다루어졌고, 실제로 '국민의 정부'는 정부 경영진단 결과를 토대로 행정조직을 개편하고 민간의 경영기법을 도입하기도 하였다. 한편 공사나 공단과 같은 산하기관의 경우에도 방만한 경영에 대한 비판과 기구 축소의 찬바람이 지나간 이후 낭비적 요인을 제거하고 서비스의 질을 높이기 위한 피나는 노력이 진행 중이다.

이러한 변화의 하나로서 정부부처에는 개방형 임용제가 도입되었다. 민간의 우수한 인력을 정체된 공직사회로 끌어들여 새로운 기풍을 진작시키기 위한 이 제도는 아직 초기단계라고는 하지만 취지와는 달리 그 분야의 공무원 '출신'들이 다시 자리에 기용되는 현상이 벌어지고 있다. 해양수산부에서도 내가 재임하는 동안 2명의 국장을 개방직으로 선발하였는데 공무원 출신도 아니고 현직 공무원인 두 사람이 임용되었다.

여기에는 여러 가지 이유가 있을 수 있지만, 무엇보다 민간 전문가들이 들어오려고 하질 않는다는 게 가장 큰 문제일 것이다. 사기업에 비해 경제적인 대우가 시원치 않는데다가 신분도 계약직으로 불안한 편이라 국가에 봉사하겠다는 일념만으로 들어가기에는 적지 않은 희생을 각오해야 하니 굳이 험한 길을 택하려고 하지 않는 것이다. 게다가 배타적인 조직문화 때문에 직원들을 제대로 통솔할 수 있을까 하는 불안감도 작용했을 것이다. 반면 공무원 출신은 속된 말로 놀던 물이니 일에 관한 한 민간 전문가보다 우위에 있다고 볼 수 있고, 실제로 오랜 경륜과 정치적 판단력까지 겸비하여 개방형 체제에서도 상당한 경쟁력도 갖추고 있다고 봐야 할 것이다.

그럼에도 불구하고 나는 이렇게 흘러가는 것은 바람직한 일이 못된다고 생각한다. 개방형 임용제는 실력 있는 사람을 선발하겠다는 측면도 있지만 새로운 시각과 관점을 지닌 사람을 영입함으로써 공직사회에 참신한 변화를 불어넣으려는 의도도 있기 때문이다. 따라서 민간 전문가들이 개방직에 관심을 가지고 자원할 수 있도록 공직사회 전반에 대한 인식과 처우를 개선할 필요가 있다. 자부심을 느낄 만큼 공직사회의 인식이 개선되지 않고, 처우도 예전과 차이가 없다면 개방형 임용제는 공무원사회를 향해서만 열려 있는 제도로밖에 볼 수 없을 것이다.

공사와 공단과 같은 산하기관에 있어서도 양상은 비슷하다. 개혁이니 효율성 제고니 하면서도 기관장으로 임명되는 사람은 전문경영인이 아니라 정치인이거나 공무원 출신들이다. 이른 바 '낙하산 인사'가 대다수를 차지하고 있는 것이다. 정부가 대주주인 셈이고, 그래서 인사권을 행사하는 것이라지만 이 문제는 곰곰이 다시 생각해 볼 필요가 있다.

엄밀히 말하면 산하기관의 대주주는 국민이고, 국민이 더 나은 서비스와 효율적인 경영을 원한다면 그 뜻에 따라야 하는 것이 정부의 도리이다. 낙하산 인사도 개인적 면면으로만 보면 정부와의 원만한 조정을 통하여 기관의 발전을 도모한 사람도 있고, 조직을 위해 온 정열을 쏟은 사람도 있다. 하지만 그 역시 다음 낙하산이 유유히 내려오면 실적을 제대로 평가받지도 못하고 짐을 싸야 한다. 산하기관의 효율적 경영을 얘기하면서 이런 식으로 인사운영을 하는 것은 사리에 맞지 않다. 낙하산 인사는 더 나은 대안을 찾을 수 있는 절차상의 기회를 박탈하는 것이기에 개개의 사안에도 불구하고 분명히 잘못된 것이다.

재임기간 동안 나도 산하기관장을 임명할 기회가 있었다. 한국해양수산연수원장 자리가 그것이었는데, 3년 임기의 연수원장 자리는 이제껏 행정공무원들이 퇴직하면서 거쳐가는 자리로 활용되고 있었다.

어느 날 나는 이와 관련하여 한국해양수산연수원의 유 교수라는 분으로부터 편지 한 통을 받았다. 편지에서 그는 먼저 연수원 창설 때부터 지금까지 교수로 있으면서 기관 발전을 위해 노력한 사실들을 나열한 후, 연수원에 대한 애정도 없고 의욕도 없는 사람이 원장으로 왔다갔다 하다 보니 연수원 발전이 되지 않았음을 지적하였다. 그리고 향후 연수원 발전 방향에 대한 자신의 견해를 밝히면서 이번에는 교수 출신 중에서 연수원장이 나오게 해달라고 하였다. 마지막 부분에는 자신의 경력도 덧붙였다. 말하자면 자기를 시켜 달라는 것이었다. 일단 객관성에 의심이 가기에 곧이곧대로 받아들이기는 어려웠지만 논리도 정연하고, 설득력도 있다는 생각이 드니 고심이 되었다.

사정을 알 만한 여러 사람들과 의논을 해보니, 일을 열심히 하느냐의 여부는 개인의 성격 차이로 봐야 하고, 3년이면 충분히 업무를 파악하고 제대로 일할 수 있는 기간이라는 것이 대세였다. 업무의 유형과 관련해서도 교수는 내부교육을 잘 하면 되는 것이고, 원장은 조직 관리와 기획을 담당함과 아울러 현실적으로 해양수산부, 기획예산처와 끊임없이 대화하면서 예산도 확보하고 정책결정도 받아내야 하므로 아무래도 행정직이 더 유리하지 않겠느냐는 견해가 적지 않았다.

그런데 한편으로는 대학에서도 교수 출신이 총장을 하는 것이 일반적인 문화이고, 일반 국민들의 인식도 비슷하리라 생각되었다. 그러니 유사 교육기관에서 교수가 연수원장을 하겠다는 주장도 일리가 있는 것이다. 더구나 그 조직에서 20년 간이나 일을 해왔고, 앞으로도 계속 남아 있을 사람이 더 큰 애정과 열정을 가지고 일을 하지 않겠느냐는 논리는 상당한 설득력이 있었다.

사실 기관장을 전문가가 맡아야 하느냐 아니면 일반 관리자가 맡아야 하느냐는 사회 전반에 걸쳐있는 논쟁거리 중의 하나이다. 이공계 출신이라도 오랜 경륜이나 공부를 통해서 유능한 경영자로 우뚝 선 사람들이 많은 걸 보면 이 문제를 일률적으로 판단할 일은 아니라고 봐야 할 것이다. 특히 주로 내가 경험한 분야는 법조계인데, 그곳에서는 법원장이든 검찰총장이든 모두가 그 분야의 전문가가 맡는다. 얼마 전까지는 검사출신이 맡던 법무부 교정국장 자리도 최근에는 교정직 공무원이 맡게 되었다.

상반된 두 개의 논리를 두고 고민을 거듭한 끝에 내린 나의 판단은 퇴직 공무원을 내려보내는 것은 낙하산 인사라는 비판의 소지가 있고, 절대적인 기준은 없지만 교육기관의 장은 역시 교육자가 맡는 것이 공정하고 일반인의 정서에 부합된다는 것이었다. 이번에는 교수 출신이 한번 해보는 것도 좋겠다는 것이 결론이었다.

내 판단의 이유 중에는 지금까지 연수원이 행정직의 관점에서 운영되어 왔고, 원장이 짧은 임기 후에 떠나는 문화가 계속되었기에 한번쯤은 새로운 시각에서 문제를 발굴하고 비전을 정립하는 것이 필요하다는 판단도 있었다. 조직의 발전을 위해서 새 바람을 불어넣자. 어차피 행정공무원이 5년, 10년 계속 그 자리를 차지하는 것이 용납되지도 않을 것이고, 그렇다면 기관장 자리가 행정공무원의 밥그릇이라는 관념을 이 참에 깨뜨려야 한다고 보았다.

나는 담당국장을 불러 내 생각을 얘기하면서 교수 중에서 연수원장을 임명하자고 했다. 그러자 국장은 이사회에 그 뜻을 전해서 추천토록 하겠다고 했다. "연수원장을 내가 바로 임명할 수 있는 게 아닌가요?" 국장의 얘기를 들으면서 내가 절차에 대해 오해를 하고 있음을 알았다. 형식상으로는 이사회에서 후보를 추천하고 장관은 승인만 할 수 있었다. 그런데 선주협회, 원양어업협회 등 관련단체 6명, 공무원 3명, 선원노조 1명 등 모두 10명으로 구성된 이사회가 해양수산부의 의견을 존중해 주기 때문에 실질적으로 지금까지는 장관이 인사권을 행사해 왔던 것이었다.

규정상으로만 보자면 내가 나서서 누구를 원장으로 하라고 하는 것 자체가 월권행위였다. 관행적으로 그렇게 해 왔지만, 사실을 안 이상 규정과 원칙을 지키는 것이 옳다고 나는 보았다. 그래서 국장에게 아예 원장 후보를 공개모집하는 방향으로 정관을 개정하자고 했다. 후보의 자격요건도 연수원 교수, 동일 분야의 경력이 있는 공무원 외에 대학과 같은 외부 교수진까지 범위를 넓게 잡도록 했다. 그렇게 해야 실력 있는 사람만이 경쟁을 통해 기관장이 될 수 있다는 메시지를 분명히 전달할 수 있다고 생각했다. 공모 결과 현직 원장과 내게 편지를 보낸 유 교수, 그리고 현직 부원장 등 세 명이 원서를 냈다.

세 사람 모두 열심히 이사회의 추천을 받기 위해 뛰어다녔다. 교원노조는 유 교수를 지지했지만, 직원노조는 완강하진 않았지만 반대의사를 가지고 있었다. 누가 될지는 정말 이사회를 열어봐야 알 것 같았다. 개인적으로 나는 유 교수가 됐으면 하고 바랐는데, 추천 받기가 어려울 것 같다는 소식도 들려오고 해서 하루는 전화를 걸어 유 교수를 채근하였다.

"지금 열심히 이사들을 찾아다니며 설득해야지 뭐하고 있어요? 예전처럼 학연, 혈연, 연고 끌어다 붙이지 말고 당신이 보낸 그 편지처럼 연수원의 비전을 잘 정리해서 그것으로 설득하세요. 그리고 장관 백 믿지 마십시오. 믿을 건 당신이 갖고 있는 경력과 비전밖에 없다는 걸 명심하십시오."

유 교수는 열심히 뛰었고, 그 결과 이사회의 추천을 받아 연수원장에 취임했다. 나는 부산에 내려가는 길에 유 교수를 불러서 당부의 말을 했다.

"나는 당신이 보낸 편지 한 장 달랑 믿고 공개경쟁으로 바꿨어요. 이제 유 원장이 잘못하면 이 제도도 비난받고, 이렇게 바꾼 나도 비난받아요. 후배 교수들도 길이 막힐 거예요. 그러니 각별히 책임감을 가지고 열심히 일하세요. 교수라고 무게잡지 말고 유연하게 대외교섭도 하고, 정치력도 발휘해서 당신이 말한 대로 연수원도 발전시키고, 유 원장도 성공한 원장이 되세요."

내가 있는 동안 유 원장에 대한 평가는 긍정적이었다. 나는 유 원장이 성공적으로 직무를 수행해서 이제는 공무원이든, 교수든 당당한 실력자만이 경쟁에서 살아남을 수 있음을 보여주는 모범이 되기를 바란다. 그래서 앞으로 산하기관에 이러한 공개경쟁이 확산되어 갔으면 좋겠다.

## 6. 끊임없이 학습하고 정보와 지식은 공유한다

최근의 축구스타일을 흔히 '토털 사커'(total soccer)라고 부른다. '전원 수비, 전원 공격'이라는 해석에 걸맞게 토털 사커는 4-4-2니 3-5-2니 하는 기본적인 선수 구도는 유지하지만 모든 선수들이 전 운동장을 누비며 팀의 전력을 극대화하는 양상을 보여주고 있다. 이러한 토털 사커의 관건은 역시 체력과 조직력이다. 진후반 90분 내내 중앙선을 오르락내리락하며 뛰어다니려면 평소 강도 높은 체력훈련이 있어야 한다. 또한 끊임없이 움직이는 가운데 정확한 패스로 결정적인 찬스를 만들어 내기 위해서는 선수들 간의 발맞추기에 적지 않은 시간을 투자해야 한다. "축구공은 둥글기 때문에 승부는 알 수 없다"고 하지만 세계 최강으로 꼽히는 국가대표팀들이 비교적 약체로 분류되는 팀에게 가끔씩 지는 이유도 팀을 급조하는 바람에 조직력을 제대로 갖추지 못했기 때문일 때가 많다.

그렇다면 현대 행정은 어떠한가. 나는 행정도 토털 행정이 되어야한다고 믿고 있다. 전천후 선수(all round player)처럼 국민이 필요로 하는 곳이면 어디든지 달려가서 문제를 해결해 주는 전천후 서비스 조직, 서비스 맨이 되어야 한다고 생각한다.

그런데 우리의 행정부를 보면 이러한 모습과는 아직 상당한 차이가 있다. 수비수는 수비만 하고, 공격수는 공격만 한다. 자신의 담당구역을 넘는 일이 없다. 움직임이 적다. 정책결정은 담당자 — 과장 — 국장 — 차관 — 장관이라는 하나의 라인만 따라가면 그만이다. 내부의 다른 직원들과 함께 공부하고 토론하는 모습은 찾아보기 힘들다.

심지어 자기 업무에 대해서 다른 의견이라도 제시할 모양이면 "남의 일에 왜 감 놔라 대추 놔라" 하느냐고 불만이 터져 나온다. 그러다 보니 남의 일에 참견하여 밉보이기 싫다는 분위기가 역력하다.

부처의 모습이 이런 식으로 지속된다면 행정의 미래는 어두울 수밖에 없다. 나는 공직사회가 각자의 업무영역에서 전문성을 발휘함은 물론 조직 전체의 문제에 대해서도 함께 고민하고 다양한 시각을 공유하는 가운데 생각의 지평을 넓혀 나가는 모습을 보여줘야 한다고 생각했다. 체력과 조직력은 토털 사커뿐만 아니라 우리 행정부에서도 필요하다. 개개인의 역량과 더불어 조직 전체적인 역량을 키우는 것은 당장 효과를 얻거나 빛이 나지 않는다고는 하지만 그 부처의 미래를 생각한다면 대단히 의미 있고 중요한 일이라고 보았다.

아마도 내가 이러한 역량 강화에 관심을 가질 수 있었던 것은 앞에서 말한 바와 같이 '한 건 하겠다' 는 생각을 버렸기 때문인지도 모른다. 만약 재임 기간 동안의 가시적인 성과에 집착하며 업적을 쌓는 일에만 매달렸다면 나 역시 이 일에 그토록 관심을 쏟지 못했을 것이다. 해양수산부는 현재도 중요하지만 미래에 더욱 할 일이 많은 부처이고 그래서 나는 장기적인 안목에서 미리 역량을 강화하기 위한 토대를 마련하는 일에 상당한 노력을 기울였다.

'조직 스스로 혁신의 동력을 만들어 낼 수 있는 시스템의 구축, 직원들의 자발적인 참여를 유도하고 민주적인 조직 운영을 가능케 하는 합리적인 리더십의 존재, 토론과 교육을 통해 개인과 조직의 역량을 높이고 건강한 문화만을 흡수하는 조직의 풍토.' 이러한 이상적인 조직상을 염두에 두면서 어떻게 하면 이를 구현할 수 있을지를 나는 재임 기간 내내 고심하고 실험하였다.

이러한 생각을 갖고 있다 보니 나는 직원들에게 "과원(課員)이 되지 말고 부원(部員)이 되어야 한다. 자기 일에만 매이지 말고 조직 차원에서 그 의미를 되새겨보고 추진방향도 잡아야 한다. 중요한 문제에 대헤서는 조직 성원 모두가 함께 대응해야 한다"는 얘기를 거듭 강조하였다. 그리고 이를 위한 구체적인 방안으로서 학습하는 문화를 조성하고 정보를 공유할 수 있는 지식경영시스템을 도입하자는 얘기도 덧붙였다.

그런데 반응이 없었다. 얘기를 꺼낸 지 두 달이 흘렀는데도 이와 관련된 보고서조차 올라오지 않았다. 그래서 나는 그 해 12월에 직원들과 대화하는 자리에서 "이 얘기를 꺼낸 지가 언젠데 이렇게 한마디 말도 없을 수 있느냐"고 역정을 냈다. 장관실로 와서 비서관에게 물어보니 자신도 개념이 생소해서 뭘 어떻게 해야 할지 솔직히 잘 모르겠다고 했다. 내가 딱히 누구를 지목한 것도 아니었고, 조직 성원 누구도 이런 방면에 관심을 가지고 생각해 본 적이 없다보니 모두들 '나 몰라라' 하고 뒷짐만 지고 있었던 것이다.

나는 새로 총무과장이 된 박 과장에게 챙겨보고 계획을 세워보라는 지시를 했다. 그랬더니 며칠 지나서 보고서가 올라왔다. 박 과장은 혼자 대형서점에 가서 『학습조직의 이론과 실제』며 『21세기 지식경영』과 같은 관련서적을 모두 뒤지고 민간의 도입사례들을 비교한 후 공직사회에 맞는 모델과 향후 일정을 논리정연하게 정리해 왔다. 잠도 제대로 안 자고 개념부터 적용까지 공부하느라 그의 입술까지 부르튼 상태였다.

박 과장은 학습조직 구성과 지식경영시스템의 구축을 위한 첫 단계로 조직 지도층의 동기 부여와 비전 제시가 필요하다고 하면서 '조직 진단과 개혁을 위한 워크숍'을 개최하는 것이 좋겠다고 했다. 그래서 앞에서 말한 웨이브 미팅 형식의 워크숍이 다섯 차례로 나눠 진행되었던 것이다. 참여한 직원들은 부처가 안고 있는 문제점으로 학습기회가 적고, 부문 간의 벽이 있어서 정보 공유가 제대로 이루어지지 않으며, 정보관리가 부실하다는 점을 지적했고, 대안으로서 학습조직 구성이나 정보관리시스템 등을 제시하였다.

묘한 것은 몇 개월 전에 내가 그렇게 얘기했는데도 무슨 말인지 잘 모르겠다고 하던 내용들을 웨이브 미팅 내내 그들의 입으로 너무나 자연스럽게 말하고 있다는 사실이었다. 조직의 미래에 대해 조금만 진지하게, 그리고 논리적으로 접근해 보면 알 수 있는 내용들을 워크숍 이전까지는 ─ 물론 그럴 만한 기회가 없었지만 ─ 제대로 이해하거나 얘기하는 사람들이 없었다. 워크숍은 내부역량 강화를 위해 조직과 개인이 무엇을 해야 하는지를 분명히 인식시켜 주었다. 워크숍이 끝난 후 나와 직원간, 직원 서로간의 의사소통이 훨씬 원활해졌음은 물론이다.

이렇게 해서 해양수산부의 '지식항해운동'은 시작되었다. 일반적으로 지식경영시스템이라고 하는 것에다 학습프로그램을 가미하고, 부처의 특성을 고려하여 명명한 '지식항해운동'은 크게 정보의 '창출'과 '공유'라는 두 개의 축으로 이루어져 있다.

우선 정보의 창출을 위해서 '지식보트'(Knowledge Boat)라고 불리는 학습조직을 출범시키고, '지식포럼'을 개최하였다. 지식보트는 관심사가 비슷한 직원들이 정기적으로 공부와 토론을 하는 학습조직으로서 매달 한 번씩 발표회를 개최하는데, 2001년 봄에는 24개가 운영되었다. 한편 지식포럼은 사회적으로 성공한 인사, 창의적 사고로 새로운 문화를 형성해 가고 있는 인사들을 초청하여 강연을 듣고 토론을 벌이는 프로그램으로 한 달에 한 번 정도 개최하고 있었다. 이와 함께 직원 각자의 학습의욕과 정책개발을 고취하기 위하여 '정책토론방'도 개설하였다. 이 방을 통해 직원들은 자신의 업무와 관련한 지식이나 정책방향에 대한 소고들을 소개하거나 행정개선사항과 비용절감방안 등을 제안한다.

이러한 활동들이 활성화될 수 있도록 하기 위해 해양수산부는 다양한 인센티브를 도입하였다. 지식보트 활동에 소요되는 실비를 지원한다든지, 행정개선을 위한 우수제안에 대해 포상하는 것도 방안 중의 하나이지만 특히 주목할 만한 것은 '지식항해 마일리지'(Milege)이다. 이것은 학습에 참여하거나 학습성과를 발표한 실적에 따라 500마일, 1000마일 등의 마일리지를 부여하여 직급별로 연간 의무 마일리지를 달성하도록 하고, 마일리지 우수 직원에게는 인사상 특전을 부여하는 방안이다. 학습 참여도를 계량화하기 위한 지식항해 마일리지는 자칫 초기에 불붙었다가 얼마 지나지 않아 식어버릴 수도 있는 학습 분위기를 지속적으로 이어가는 데 유용한 도구가 될 것으로 본다.

다음으로 정보의 공유와 관련해서는 중앙부처 중 처음으로 지식경영시스템 구축을 위한 마스터플랜을 수립하고 구체적인 구축작업에 들어갔다. 아시다시피 '지식경영'이란 조직 내외에 산만하게 표류하는 정보나 지식을 체계적으로 관리하고, 조직의 발전전략에 직결되는 핵심지식을 부단히 창출하고 신속하게 전파 공유하는 것이다. 그럼으로써 모든 조직 구성원들이 원하는 지식을 적기에 습득하여 업무의 효율성을 극대화시킴은 물론, 국민들에게 인터넷 등을 통하여 유용한 정보서비스를 제공하고자 하는 것이다.

지식경영시스템이 얼마나 중요한지는 경험해 본 사람은 누구나 알고 있는 일이다. 며칠 밤을 새우면서 참고자료를 만들었는데 나중에 알고 보니 전임자가 만든 파일 속에 똑같은 내용이 들어있을 때 그 허탈감이란 이루 말할 수 없다. 시스템이 갖추어지지 않았을 때 담당업무 외의 정보를 수집하는 비용과 노동력은 상당한 수준에 이른다. 그런데 상호간에 정보를 공유하다 보면 이러한 시간과 비용을 많이 절약할 수가 있고 자연스럽게 토론도 이루어져서 더 나은 지식과 정보를 창출해 낼 수가 있는 것이다. 지식경영이 성공하려면 직원들의 정보화 마인드가 필수적이다. 자발적으로 정보를 업데이트(update)하는 성실성도 갖추어야 한다. 하지만 이런 것이야 실제로 시스템을 사용하면서 체득되는 것이지 교육만으로 해결할 문제는 아닌 것이다. 그래서 나는 지식경영시스템이 완전히 구축되기 전이라도 부족한 대로 행정정보망인 '나라웨어'를 적극적으로 활용하여 정보를 공유할 수 있도록 했다.

나라웨어의 본부 게시판에는 해양수산부와 관련한 엄청난 정보가 들어 있다. 공지사항은 물론이고, 각종 정책현황을 한눈에 볼 수 있는 프로젝트 파일, 국회일정과 안건처리현황 그리고 의원요구자료까지 회기별로 정리되어 있는 국회방 등이 있고 각종 지시사항이나 회의 자료 등도 한눈에 찾아볼 수 있다. 직원들의 학습성과를 공유하기 위한 독후감방, 자기계발 보고방, 지식보트 학습방, 사이버 정책토론방 등도 말 그대로 성황리에 운영되었다.

처음 시작한 3월 한 달간 자기계발 보고서는 114건이나 올라왔고, 정책토론방에서는 21건의 제안서를 두고 뜨거운 토론이 벌어졌다. 직원들이 궁금해하는 현안이나 정책의 설명자료는 담당자들이 알아서 띄울 정도로 시스템에 적응해 갔다. 새만금사업이나 한중어업협상은 물론이고, 이전이라면 띄우지도 않았을 연안난개발대책 같은 것도 속속 올라왔다. 그리고 이러한 정보들에 대한 조회수가 1백 건을 넘는 것은 예사로 되었다. 지식보트의 보고서들도 조회건수가 늘어나면서 더 알찬 내용으로 바뀌고 있다. 나눌수록 풍부해지는 것은 사랑만이 아니라 정보도 있음을 직접 체험한 직원들은 이제 정보화 마인드 교육이 따로 필요 없을 만큼 정보의 창출과 공유에 열을 올리고 있다.

지식항해운동은 시작단계이기에 꽃이 피고 열매를 맺으려면 아직도 많은 시간과 노력이 필요할 것이다. 하지만 미래를 바라보며 각자의 역량을 키워가고, 서로간의 의사소통을 막고 있었던 조직 내부의 장벽을 하나둘씩 허물어 가며, 함께 고민하고 힘을 모으고자 하는 '우리'라는 의식을 갖게 되었다는 점은 무엇과도 바꾸기 어려운 소중한 자산이라고 본다.

# 5장

# 설득과 홍보에 열성을 다한다

1. 열의와 용기로 국민을 설득한다

2. 자신의 조직은 자신이 홍보한다

3. 홍보를 잘해야 진실이 살아난다

4. 상대를 존중하되 당당해야 한다

5. 갈등해결의 능력을 길러야 한다

# 5장 LEADERSHIP
## 리더십과 마케팅

# 설득과 홍보에 열성을 다한다

## 1. 열의와 용기로 국민을 설득한다

정책 담당자에게 있어 국민이란 어떤 존재일까? 정책이란 것도 결국 국민을 위해 존재하는 것이니 이념적으로만 보면 국민은 정책의 목적이요 대상자이다. 그러나 정책 담당자의 입장에서 보면 국민은 원군이기도 하고, 걸림돌이기도 하다. 국민의 지지를 받는 정책은 예산 확보에서 사업추진에 이르기까지 모든 일이 수월하다. 하지만 아무리 합리적인 정책이라도 국민의 지지를 이끌어내지 못하고 저항에 부딪히면 제대로 되기는 만무하다. 국민들이 싫어하는 정책을 끝까지 밀고 나갈 수는 없기 때문이다. 대다수의 국민들이 지지하는 정책일지라도 소수의 격렬한 반대에 가로막혀 무산되는 일도 종종 발생한다.

이렇듯 정책내용에 관계없이 국민들이 수긍하거나 용납하지 않으면 정책은 성공할 수 없기에 홍보하고 설득하는 일은 결코 간과할 수 없는 중요성을 지니고 있다. 그러나 정책 담당자들이 정책내용에 쏟는 정성만큼 홍보와 설득작업에도 열의를 보이는지는 의문이다. 사전에 홍보하여 공감을 얻어냈으면 수습될 수 있는 일도 이를 소홀히 함으로써 국민들의 감정적 저항에 부딪히고, 이러다 보니 정책내용이 변질되는 경우도 적지 않게 나타나고 있다.

특히 해양수산부는 지난 한일어업협정 때 홍보 부족으로 크게 곤혹을 당한 적이 있어서 나는 취임하면서부터 좀 지나치다 싶게 대국민 홍보와 설득의 중요성을 강조했다. 이런 주문은 첫 번째 국장단 회의 때부터 시작되었다. 그때 나는 환경부의 사례를 예로 들었다.

1999년에 환경부는 「낙동강 물관리 종합대책안」을 만든 적이 있었다. 당시 환경부 수질정책국장인 곽 국장은 성품에 걸맞게 합리적이고 근본적인 해결책들을 담은 시안을 마련했다. 그렇지만 관련 지역주민의 저항 때문에 쉽사리 발표도 못하고 전전긍긍하고 있었다. 대책안에 대하여 부산시민들은 위천공단 조성을 위한 사전포석이라며 강력히 반발했고, 대구시민들은 왜 자기들만 규제를 강하게 하느냐고 저항했다. 게다가 진주시민들은 갈수 조절용 댐 건설을 반대하며 시위를 벌였다. 곽 국장은 대책안을 들고 각 지방을 돌며 진지하게 주민들을 설득했고, 간담회에 참석한 대다수의 사람들은 고개를 끄덕이며 수긍하는 모습을 보였다.

그래서 환경부는 그 해 10월 21일 「낙동강 물관리 종합대책」 시안을 발표했다. 그런데 간담회 때 납득하는 듯했던 주민들이 하나같이 들고 일어나서는 도저히 시안을 받아들일 수 없다고 야단이었다. 진주에서 열릴 예정이던 첫 공청회는 주민들의 시위로 결국 무산되고 말았다.

사정이 이렇게 되자 환경부 김 장관은 각 지역을 돌면서 우선 시민단체 대표들을 만났다. 모두들 '낙동강 살리자' 고 하는 일이니 함께 모여 대화로서 풀어야 하지 않겠냐며 분위기를 띄웠다. 이렇게 해서 경남·북 4대 도시를 잇는 TV토론 프로그램이 성사되었고, 서로간의 의견을 허심탄회하게 나누는 기회를 가지게 되었다. 녹화를 마친 뒤에 김 장관은 함께 참석했던 시민단체 회원들과 새벽까지 포장마차에서 토론하고 설득하는 열의를 보였다. 결국 시안 발표 후 두 달만에 현지주민과 환경단체, 전문가들의 합의 하에 종합대책안이 최종 확정되었다.

나는 이 사례를 얘기하며 아무리 정책이 합리적이더라도 설득하는 일을 소홀히 해서는 안되며, 끝까지 설득하다 보면 완강한 저항도 수그러들기 마련이니 만나고 대화하는 것을 꺼려하지 말라고 했다.

2001년 초에 나는 지방청 순시와 어업인 간담회를 하러 군산에 가려고 하는데 새만금사업과 관련한 전북지역의 민심이 좋지 않으니까 출장을 포기하라는 직원들의 목소리가 있었다. 무슨 소리냐고 일축하고 나는 군산으로 갔다. 그리고 지역 기관장과 언론인, 지역유지와 어민들 등 만나는 사람마다 계속되는 새만금에 관한 질문에 나는 차근차근 끈기 있게 해양수산부의 입장을 이해시키려고 노력했다. 이러한 설득의 결과, 지역 언론과 지역의 유지들이 어느 정도 해양수산부의 입장을 수긍하는 태도를 보였다.

재미있었던 일은 내가 점심식사를 하는데 밖에서 꽹과리며 북소리가 요란하게 들렸다. 비서관은 직감적으로 데모대가 왔구나 하는 생각을 가졌던가 보다. 그래서 나더러 뒷문으로 나가시라고 했다. 비서관으로서야 장관 생각해 준다고 한 얘기지만 나는 그 제안에 응하지 않았다. 식당 정문으로 태연하게 나갔더니 이웃어른들이 행사가 있어 지나다가 노 장관이 왔다길래 한 번 보고 갈까 해서 들렀단다. 나는 일일이 반갑게 인사를 했고, 농악대가 떠난 후 나와 비서관, 관계자 모두 웃음을 터뜨렸다.

설득과 관련된 또 하나의 사례는 부산항과 광양항 문제이다. 부산항이 세계 3위의 컨테이너 항만으로 도약했다는 것은 이미 앞에서 얘기한 적이 있다. 나는 이 사실을 널리 알려야 한다고 생각했다. 정부나 항만 관계자들이 잘했다는 것을 자랑하기 위해서가 아니라 세계 속에서 부산항의 위상을 확실히 인식시키고, 나아가 부산항의 더 큰 발전을 위해 합심 협력해 나가자는 의미에서였다. 행사는 아주 알찬 내용으로 의미 있게 치러졌다. 그리고 나니 좀 잠잠해졌는데 행사 이전에는 부산항의 화물을 광양항으로 빼돌려서 부산항의 수익이 준다는 목소리가 많았었다.

나는 지금도 국제항간의 경쟁에 신경을 써야지 발전적 경쟁관계인 국내항끼리 다툼이 있어서는 안 된다고 생각한다. 광양항을 활성화시키기 위해서 동시 기항선박에 대한 입항료 면제 등 인센티브를 준 것은 사실이었다. 그러나 2000년 부산항이 750만 개나 되는 컨테이너를 무난하게 처리할 수 있었던 것은 광양항이 부담을 덜어주었기 때문이다. 아마 광양항이 제대로 운영되지 못했다면 체선과 체화로 부산항의 경쟁력이 떨어졌을 것이라는 게 전문가들의 진단이다.

부산항의 2000년 처리량이 거의 한계점에 가까웠다는 것이 대체적 분석이고 보면, 광양항이 제 몫을 해주지 않았다면 서비스 효율은 떨어지고 비용은 올라가는 일이 발생했을 것이다. 나는 이 점을 부산시민들을 만날 때마다 설득하며 제발 감정적으로 대응하지 말고, 있는 그대로의 진실을 보며 서로 포용하고 이해하자는 얘기를 했었다.

나는 공무원, 행정 리더에게는 국민들과 이해관계자들을 설득하는 능력이 무엇보다도 필요하다고 생각한다. '이윤'을 활동의 기본 동기로 하는 사기업의 직원들에게도 설득력은 중요하지만, 국민들의 '동의'를 활동의 기본 동력으로 하는 행정기관의 공무원들에게 설득력은 무엇보다도 중요한 것이다. 그러나 이 설득력은 기술적인 문제 이전에 애정과 열정의 문제이다. 자신이 하는 일과 자기의 조직에 대한 애정과 열정이 없으면 타인을 설득할 수 없다. 그렇기 때문에 조직과 자신이 하나가 되는 몰입이 필요한 것이다. 이 몰입을 토대로 우선 자신이 설득되어야 한다.

영국 사상가 칼라일은 "남을 설득하려고 할 때는 자기가 먼저 감동하고, 자기를 설득하는 데서부터 시작해야 한다"고 말하지 않았던가.

## 2. 자신의 조직은 자신이 홍보한다

나는 틈나는 대로 홍보와 설득의 중요성을 강조하며 각자가 해양수산부의 홍보요원이라는 사실을 명심하라고 했다. 내가 특히 역점을 두어서 얘기했던 것은 세 가지였다.

**첫째는 진실하고 성실한 모습을 보여야 한다는 것이었다.**

좋은 게 좋다고 하지만 그렇다고 사실이 아닌 것을 얘기하거나, 진실을 숨기며 얼버무리는 답변이 나중에는 모두 올무가 되어 돌아올 수 있음을 경고했다. 분위기에 맞추려고 충분한 검토 없이 단언하는 것 역시 책임문제로 비화될 수 있기 때문에 신중하고 사려 깊은 발언을 해야 하며, 사전에 충분한 답변준비를 해서 신뢰를 잃는 일이 없도록 하라고 했다.

**둘째는 홍보를 위해 다양한 매체를 활용하라는 것이었다.**

특히 인터넷 이용자의 증가에 맞추어 해양수산부 홈페이지를 개선해서 국민들이 손쉽게 정책에 접근할 수 있도록 하라고 했다. 또한 잘못된 기사나 주장에 대해서는 그냥 넘어가지 말고 반드시 해명과 반론 자료를 내보냄으로써 국민들의 오해를 사는 일이 없도록 했다. 습관적으로 사실을 왜곡 보도하는 기자에 대해서는 이들의 인식을 바꿔놓을 수 있도록 지속적인 노력을 기울여야 한다는 것도 강조했다. 중요한 사안에 대해서는 언론사와 시민단체에 반복해서 관련 자료를 보낼 뿐만 아니라, 각종 자료를 다시 모아서 보내는 집중적이고 집요한 홍보가 필요하다고 말했다.

**셋째는 개별 정책에 대한 홍보도 중요하지만 부의 이미지를 높일 수 있는 한 차원 높은 이미지 전략도 세우라는 것이었다.**

해양수산부 하면 아직도 한일어업협정이나 쌍끌이를 떠올리는 국민들이 적지 않으므로 새로운 이미지를 심어가야 한다며 해양과 관련된 다양한 사업을 개발하고 소개하는 일에 관심을 가져주기를 당부했다.

나는 이것도 모자라서 민간의 홍보 전문가를 초빙하여 "어떻게 하면 홍보를 잘 할 수 있는가"라는 주제로 강연을 갖기도 하였다. 그리고 공보관의 역할을 더욱 비중있게 설정하고 직원 모두가 홍보요원이 되어야 한다는 것을 강조했다.

나도 직원들에게 강조하는 만큼 국민들을 만나서 홍보하고 설득하는 일에 모범이 되려고 노력했다. 그래서 대중매체를 통한 인터뷰나 토론은 사양하지 않고 응했다. 발품을 많이 팔지 않고도 많은 사람들에게 해양수산부의 입장을 알릴 수 있는 방법으로 더 나은 방법이 없다고 보았기 때문이었다. 그리고 질문답변을 하는 과정에서 어물거리지 않도록 준비에 만전을 기울였다.

이렇게 홍보를 강조하고 나 자신도 해양수산부의 홍보에 적극 나서다 보니 윤 과장은 "노 장관이 가장 크게 기여한 것은 해수부를 홍보한 것"이라고 말하기도 했다. 또한 박 과장은 자신의 일과는 무관하게 부의 인터넷 공개방에 들어가 부의 현안정책을 이해하고, 이를 다른 사람들에게 홍보하기 시작했다고 말하기도 했다. 전 직원들이 홍보의 중요성에 대한 마인드를 새롭게 가지기 시작한 것이다.


## 3. 홍보를 잘해야 진실이 살아난다

해양수산부 장관으로 와서 내가 그토록 홍보를 강조한 데에는 앞서 말한 바와 같이 한일어업협정이라는 사건이 있었기 때문이었다. "홍보 없이 사업을 하는 것은 어둠 속에서 처녀에게 윙크하는 것과 같다. 당신 자신은 무슨 일을 하는지 알지만 남들은 몰라주는 것이다"라는 S.H. 브리트의 말과 같이, 홍보의 실패가 빚어낸 참담한 결과는 하나둘이 아니었다. 내 재임시절의 일은 아니지만 국민들이 지금이라도 제대로 이해해야 할 몇 가지 사안들이 있다.

내가 취임한 것은 쌍끌이 파동이 있고 나서 1년 반이나 더 지난 후였지만 해양수산부는 여전히 맥이 빠져 침울한 분위기였다. 문책성 수사로 인해 수산분야의 간부들이 여러 명 옷을 벗어서 인사운용에도 어려움이 많았다. 특히 구속까지 당했던 박 전 차관보는 능력이나 인품에서 부족함이 없고 평소 청렴하기로 소문난 사람이었다. 그런 사람마저 자리를 잃고 조직은 조직대로 침체된 것은 너무나 아쉽고 안타까운 일이었다.

그렇다면 아직도 많은 사람들이 해양수산부가 엄청난 과오를 저지른 것으로 생각하는 한일어업협정은 잘못된 것일까? 나는 아니라고 본다. 한일어업협정은 UN 해양법협약 발효에 따른 세계적인 흐름에 따른 것이고, 우리 어선이 일본 바다에서 많이 조업을 하고 있었기 때문에 그에 따른 손실도 피할 수 없는 것이었다. 만약 같은 논리라면 지금 중국은 난장판이 되어야 마땅할 것이다. 해양수산부는 일본 어민들이 강력히 반발할 만큼 협상에서 우리의 조업구역을 많이 확보했다.

독도 문제 역시 달리 방법이 없었다고 본다. 독도를 기점으로 EEZ를 주장하는 것은 자유지만 일본과의 협상에서 이를 관철시키는 것은 현재로서는 불가능한 일이다. 우리 나라와 일본 간의 중간선을 긋는 일 또한 복잡한 이해관계로 어업협정에서는 해결하기 어려운 문제였다. 그렇다고 고기는 잡아야 하니 어업협정을 하지 않을 수는 없는 일이었다. 문제가 된 중간수역에는 독도뿐 아니라 일본의 대화퇴 어장까지 포함되어 있다. 독도를 기점으로 가상 중간선을 그어보아도 훨씬 더 넓은 면적의 일본측 바다가 중간수역에 들어와 있는 것이다. 이로 인해 일본 내에서도 불만이 없었던 것은 아니지만 그렇다고 일본사람들이 자기네 바다 팔아먹었다는 얘기를 하지는 않는다. 독도는 현재 우리가 실효적인 지배를 하고 있고, 이런 상태가 지속되는 것이 우리가 영유권을 주장할 수 있는 가장 확실한 논리가 되는 것이다.

마지막으로 쌍끌이 얘기도 좀 해야겠다. 입어 척수나 어획량 통계를 잡을 때에는 실태조사도 벌이지만, 상당부분 어업인들의 신고에 의존하게 되는데 제대로 신고하지 않거나 거짓 신고를 한 어업인들은 '나 몰라라' 하고, 몇몇 공무원들더러 모든 책임을 떠맡으라는 식으로 몰아가는 것은 사실 억울한 일이다. 쌍끌이 문제는 더더욱 그렇다.

이 문제는 내가 국회의원 시절 대책위원회에 소속되어 있었기 때문에 비교적 소상히 알고 있다. 한일어업협정을 위한 협상에서 입어 척수나 어획할당량은 1994년부터 1996년까지의 3년 치 어획실적을 기준으로 결정하기로 되어 있었다. 국립수산진흥원이 1996년 4월 조사한 지난 2년 치 어획실적을 보면 쌍끌이 어선은 일본바다에서 조업하지 않은 것으로 나타났다. 외끌이와 쌍끌이 어선을 합하여 보통 대형기선저인망, 줄여서 '대형기저'라고 하는데 그들의 조합에서도 동일한 얘기를 하였다. 국립수산진흥원이 1997년 7월 다시 실태조사를 벌인 바에 따르면 일본 바다에서 쌍끌이와 외끌이는 각각 1813톤, 2000톤을 잡은 것으로 나타났다. 대형기저조합이 신고한 쌍끌이 실적도

1899톤으로서 크게 차이가 나지 않았다. 그래서 정부는 그 해 말 외끌이와 쌍끌이를 대형기저라는 항목으로 묶고 3420톤을 어획실적으로 잡아 일본측에 협상자료로서 제출하였다.

협정이 있었던 1998년 5월 정부는 대형기저조합과 3년치 '94~'96 어획실적을 최종 확인하는 대책회의를 가졌다. 그런데 대형기저조합이 이번에는 쌍끌이는 조업하지 않고 외끌이만 48척이 조업한다는 것이었다. 이렇게 불명확한 상태에서 정부는 혹시라도 업종이 누락되는 사태를 막기 위해 그 해 12월 일본과 협정을 맺으면서 제출한 어획실적 자료에는 대형기저 3420톤이라는 수치를 그대로 사용하였고 새 협정에 의해 일본바다에서 조업하는 대형기저의 어획 할당량으로 2873톤을 받아내었다. 이제는 조업하지 않겠다는 어선에 대한 보상문제만이 남았다.

그런데 마지막 대책회의에서 대형기저조합이 쌍끌이 조업척수는 없다고 했기 때문에 쌍끌이 어민들은 보상을 받지 못할지 모른다는 생각에 갑자기 쌍끌이 통계가 누락되었다고 주장하였다. 정부는 쌍끌이가 누락된 것이 아니라 대형기저에 포함되어 있고, 보상문제는 조업실적과 어선가격에 따라 지급될 것이라고 설명하였다. 그러나 쌍끌이 어민들은 해양수산부까지 찾아와 자신들은 연간 6500톤을 잡았는데 통계가 잘못되어 보상도 못 받고 굶어죽게 되었다며 시위를 벌였다. 그런데 P일보가 사실 확인도 않은 채 쌍끌이 어민들의 말만 믿고 이를 대서 특필하였다. 모든 신문도 다음날 이 기사를 근거로 보도를 하면서 사태가 일파만파로 커져 버렸다. 그런데 어떤 신문도 해양수산부의 해명자료는 제대로 실어주지 않았다.

내가 국회 대책위원회에서 어업인 대표들과 사실확인 작업을 할 때에도, 그들은 모두 협정을 잘못해서 어업인들이 다 망하게 되었다고 난리였다. 나는 일본 바다에서 우리 어선의 연간 조업실적이 21만 톤이었고, 협정 후 일본으로부터 조업해도 된다고 받아낸 입어 할당량이 14만 9천 톤인데 망했다고 볼 수 있느냐고 물었다. 또한 쌍끌이 어민들이 주장하는 실적 6500톤을 곧이곧대로 받아들여도 4% 정도인데 이것 때문에 망한다는 주장은 좀 심하지 않느냐고도 했다. 그러니까 그들은 더 이상 그 말은 하지 않았다.

그렇지만 언론에서는 다음날도 쌍끌이 얘기로 도배를 하고 있었다. 나는 해양수산부 공무원들에게는 제대로 해명도 못하고 뭐했느냐고 따져 물었다. 그러니 그들은 아무리 해명을 해도 기자들이 어업인들 얘기만 쓰는데 어쩔 수 없었다고 했다. 그럴수록 더 홍보를 해야 한다며 질책했지만 안타까운 마음은 지울 수 없었다. 결국 재협상으로 쌍끌이의 입어 척수를 80척인가 얻어내고 보상도 했다. 그렇지만 1999년 이후 실태조사를 벌인 결과 쌍끌이가 일본바다에서 조업하는 일은 없었다.

실제로 몇몇 어업인들은 평소에는 조업실적을 아주 작게 신고하다가 보상문제가 걸리면 실적을 부풀리고, 이것이 잘 먹히지 않으면 시위를 하기도 했다. 여하간 어업인 지원특별법이 만들어지고 비교적 후한 보상이 이루어졌다. 그러나 집행과정에서 맥이 빠진 해양수산부 공무원들은 까다롭게 감척 기준을 적용해야 함에도 그러지를 못해서 감척 지원이 잘못되었다고 또다시 말썽이 나기도 하는 등 후유증이 심각했다.

얼마 전 발효된 한중어업협정과 관련한 보상에서 한일어업협정 때에는 후하게 주더니 왜 우리는 박하게 주느냐는 시비가 생기지는 않을까 걱정되었다. 내가 장관을 계속하고 있었다면 경상도 어선에게는 많이 주더니, 왜 전라도 어선들에게는 짜게 주냐는 비난을 받았을지도 모를 일이다.

한일어업협정이 가져다 준 이득이 있다면, 한중어업협정을 추진할 때에는 지난 전철을 밟지 않기 위해 철저하게 통계자료를 챙기고, 전문가나 어업인 대표들과 지속적으로 협상안에 대해서 논의하고, 지방을 순회하면서 설명회를 갖는 등 사전 사후 홍보를 확실하게 했다는 점일 것이다. 내용으로 보면 크게 차이가 나는 것이 아님에도 한중어업협정 발효가 확정된 이후 언론에서 모두 긍정적인 평가를 내린 것을 보아도 홍보와 설득이 얼마나 중요한지를 알 수 있다.

그래서 나는 한 · 일과 한 · 중은 결국 국민들을 얼마나 열심히 설득했느냐의 차이 아니냐고 하며 백 번 일 잘하고도 홍보 한 번 잘못하면 허사가 되니 적극적으로 나서라고 그렇게 강조했던 것이다.


나는 언론이 한일어업협정과 관련하여 어업인들의 고통을 딱하게 여기며 지원책을 강구토록 하는 것은 좋지만 사실을 제대로 확인하지도 않은 채, 일방만을 두들겨 패는 모습을 보며 안타까운 마음을 가졌다.

언론의 소중한 가치는 진실을 캐내고 그것을 보도하는 데 있다. 조금 더 신중하고 객관적인 태도로 사회가 나아갈 올바른 방향을 제시하는 나침반 역할을 해주기를 바란다.

## 4. 상대를 존중하되 당당해야 한다

나는 법원의 판사로 공직생활을 시작했고, 국회의원과 정당의 지도부로서 10여 년 간 정치활동을 했으며, 정부 부처의 장관으로서 일선 행정에 책임을 맡기도 했다. 입법, 사법, 행정을 모두 경험한 것이다. 삼권분립론에 입각하면 입법부, 사법부, 행정부는 상호 견제와 균형의 관계에 있다. 각각은 고유한 역할이 있고, 이 삼권이 균형을 이루고 상호 견제할 때 국민을 위한 성숙한 민주주의가 이루어질 수 있는 것이다.

여기서 특히 입법부와 행정부는 아주 밀접한 관계가 있다. 입법부는 행정활동을 규정하는 법률을 제정할 뿐만 아니라 예산을 결정하고 국정감사 등의 국회활동을 통해 행정부를 견제한다. 이런 원론적인 입장을 떠나 행정부는 국회를 어떻게 보고 어떻게 대해야 할까.

국회에서 행정부를 비판하는 입장에서 해양수산부를 대표하여 국회에 대응하는 입장으로 바뀐 후의 대 국회 관계에서 기억에 남는 것은 특히 두 가지이다.

하나는 2000년 8월에 정식 서명한 한중어업협정의 국회비준동의를 받기 위해 상임위에 참석했을 때이다. 한일어업협정 때문에 혼쭐이 났던 해양수산부는 한중어업협상 때에는 자료 준비며 홍보며 협상카드에 이르기까지 세심한 주의를 기울인 것이 눈에 보였다. 그런데 상임위원회에서 몇몇 야당의원들이 중국에게 너무 양보한 것이 아니냐고 따져 물었다.

나는 대답했다.

"이 협상에 나섰던 우리 공무원들은 한일어업협정의 경험을 바탕으로 열심히 일했습니다. 실제로 여러 보고서에서 보시다시피 연간 190회의 국제회의를 감당하고 있는 우리 부 공무원이 그렇게 바지저고리는 아닙니다. 그 나름대로……"

말을 막으면서 다시 포화가 시작되었다.

"아니 잘못된 것은 잘못됐다고, 미흡한 것은 미흡하다고 시인해야지, 지금 해양수산부가 한 것이 일방적으로 다 옳고 우리가 얻을 것은 다 얻었다, 이런 식의 논리는 말이 안 되지요."

이에 대해 나는 확고한 내 신념을 얘기했다.

"의원님, 구체적으로 뭘 잘못했다고 해야 제가 시인을 하지요. 그리고 잘못됐다면 고쳐야 하는데 고칠 수 없는 일을 가지고 시인하라고 하시면 어떻게 합니까? 우리 공무원들 정말 밤잠 안 자고 고생했습니다. 그런데 이렇게 말씀하시면 공무원들이 일할 의욕이 나지 않을 겁니다."

다행히 한중어업협정은 의원들을 개별적으로 찾아뵙고 협정내용을 일일이 설명 드리는 가운데 공감을 얻어냈고, 2001년 2월말에 국회 비준동의를 받아냈다.


또 하나 수산업협동조합중앙회의 경영 정상화와 관련해서 국정감사 자료 제출과 관련하여 국회와 맞부딪쳐야 했다. 앞에서도 언급한 것과 같이 수협의 정상화를 위해서는 당분간 수협관련 자료를 외부에 알릴 수 없었다. 그러나 수협과 관련한 국회의원들의 자료 요구는 수십 건에 이르고 있었다. 감사관이 어떻게 하면 좋을지를 상의하러 왔다. 자료 요구에 불응하는 것은 명백히 국회법 위반이기 때문이었다. 나는 자료를 유출할 경우 여러 가지 문제들이 발생할 우려가 있어 부득이 자료를 제출할 수 없다는 내용으로 자료를 요구한 의원들에게 답변토록 했다.

드디어 국정감사 날이 되었다. 국회 농림해양수산위원장의 인사에 이어 나를 비롯한 우리 부 간부진들은 증인선서를 했다. 그리고 내가 인사말씀을 드리려고 할 때 기다렸다는 듯이 야당의원의 의사진행발언이 터져 나왔다.

**A위원** 인사말씀 하시기 전에 의사진행발언을 하게 된 경위를 이해해 주십시오. 저희들이 요구한 자료 중 몇 건이 아직까지 올라오지 않은 사실을 장관은 알고 계십니까?

**장 관** 수협에 대한 감사자료 중 개인신상자료 이외에는 대부분 제출한 것으로 보고 받았습니다. 수협부분에 대해서는 따로 답변을 드리겠습니다.

**A위원** 수협에 대한 감사자료를 안 보낸 것은 1조2천억 원의 공적자금 받는 데 지장이 있을까봐 장관께서 막아서 그랬다는데 그 내용이 맞습니까?

**장 관** 그렇습니다. 하지만 공적자금만이 이유가 된 것은 아니고 여러 고려사항이 있어서 위원님들께⋯⋯.

**A위원** 수협의 감사자료를 봐도 공적자금 받는 데 지장이 없고 우리 위원들이 알면 지장이 있을지 모르겠다, 그 발상 자체가 이상한 것 아닙니까?

**장 관** 인사말씀 드리고 자료에 관해서 하나하나 설명을 드리고 위원님들께서 이해되지 않는 부분은 이 자리에서 다 열람하실 수 있도록 제출하겠습니다.

- 인사말씀을 마친 후 -

**장 관** 수협에 대한 감사결과 자료에 대해서 말씀드리겠습니다. 자료는 부실실태와 개인적 책임 등 두 부분으로 구성되어 있습니다. 이 자료의 내용대로라면 바로 수협에 대한 문책이 시작되어야 하고, 일부는 검찰 수사를 초래할 수 있는 내용도 있었습니다. 게다가 당시 수협은 약 5조5천억 원 정도의 예금고에서 수천억 원이 빠져나가고 있는 상황이었습니다. 만일에 이와 같은 사실이 보도되면 예금인출사태와 수협간부들에 대한 소환 등 심각한 상황이 벌어질 수도 있다고 보았습니다.

그렇게 되었을 때 경험칙상 다음과 같은 사태를 예측할 수 있습니다. 우선 표적수사 운운하며 민심이 나빠지고, 압수수색 등 전면적인 수사확대 시 그나마 유지되고 있는 수협의 업무가 내부적으로도 교란에 빠지고, 대외적으로는 신뢰를 실추해서 30만 어민들이 그로 인해서 피해를 입게 될 수도 있습니다. 그래서 선 정상화 계획을 먼저 실시하면서 감사원 측에는 문책을 미루어 주었으면 좋겠다는 말씀을 드려서 양해를 구했습니다. 그리고 공적자금 투입과정을 재경부와 협의해서 확정하였습니다. 지금은 수협과 협의해서 전문경영인을 물색해 경영개선팀을 투입하고, 이후 문책 절차는 관계기관에 맡기겠다는 계획을 가지고 있습니다. 저도 위원님들을 믿기 때문에 자료를 드려도 상관이 없다고 생각을 했지만……

**B위원** 우리도 장관만큼 어민을 생각합니다. 장관 혼자만 어민 사랑하는 게 아니에요.

**장 관** 그렇습니다. 저도 위원님들 못 믿어서 자료를 못 드린 것이 아닙니다. 지금까지 우리 경험상 위원실에 전달된 자료는 대체로 보도되었습니다. 저도 경험했지만 기자들이 제 방에 오는 것을 막을 수 없었습니다. 그래서 오늘 감사장에서 위원님들께 양해를 구하고, 설명을 드리고, 자료를 열람하시도록 한 후 수협이 조속히 정상화될 수 있도록 좀 도와주시면 좋겠다는 부탁을 드리고자 하였습니다.

이러한 과정을 거쳐서 국회의원들에게 양해를 구하고, 비공개회의에서 수협에 대한 감사 결과자료를 열람토록 했다. 다행히 여야 의원 모두가 이러한 조치에 대해 납득해 주었고, 더 이상 이 사안에 관해서는 문제삼지 않았다. 지금 생각해도 수협을 아끼는 한마음으로 사태 수습을 도와주신 의원들께 존경과 감사를 드리고 싶다.

결론적으로 나는 입법부와 행정부의 관계는 상호 존중과 견제의 관계라고 생각한다. 나라와 국민의 이익을 위해서라면 언제든지 서로가 협력해야 하며 서로의 역할과 활동에 대해 충분히 존중해야 한다. 1988년 13대 국회가 개원될 때만 하더라도 행정부처의 공무원들은 입법부를 통법부로 생각하고 국회를 무시하는 일이 많았다. 이러한 현상이 13대의 여소야대 시절 상당히 개선되었으나 아직도 이러한 잔재가 남아 있다고 생각한다.

행정부는 국민의 대표로 구성된 입법부를 존중하지 않으면 안 된다. 잘못한 정책에 대해서는 깨끗이 자백하고 질책을 달게 받아야 하며, 소신과 국익에 입각하여 처리한 올바른 정책이라면 국회에 당당하게 대처해야 한다. 이와 마찬가지로 국회도 정부부처를 대할 때 그 역할을 존중하고 생산적인 비판과 질책을 해야 한다. 국리민복을 위해서는 당파를 떠나 행정부와 서로 협력하고 합심해야 하는 것이다.


## 5. 갈등해결의 능력을 길러야 한다


87년 6월 항쟁 이후로 우리 나라의 민주주의는 거스를 수 없는 대세가 되었다. 이것은 동시에 각 집단의 이해분출이 일상화되고 이해갈등의 해결을 공권력에 더 이상 의존할 수 없다는 것을 의미한다. 그 이전에는 국민들이 정부의 수많은 행정행위에 대해 묵묵히 수용하는 입장이었다면 이제는 더 이상 자신의 이해관계에 어긋나는 행정조치를 조용히 수용하지 않는다.

87년 이전까지만 해도 이해 관계가 다른 사람들끼리 집단 간에 갈등이 생겼을 때, 가장 대표적인 것으로는 노사간에 갈등이 생겼을 때 폭력으로 해결했다. 그 정점에 대통령이 있었고 공적 폭력 조직의 핵심 기획실에 중앙정보부가 있었다. 거기에서 명령을 내리면 전 권력기관이 총출동해서 사람을 잡아다가 군화발로 밟았다. 그런 시대에 우리 나라 대부분의 공무원이 그런 방식으로 갈등 해결의 훈련을 받았다 해도 과언이 아니다.

그러나 이제는 합리성을 가지고 대화하고 토론하고 서로 타협해 가는 새로운 갈등 조정의 문화를 만들어야 한다. 이것이 없이는 나라가 움직일 수 없기 때문이다.

비록 실패로 끝났지만 갈등을 해결하기 위해 뛰어다닌 사례를 하나 소개하려고 한다. 내가 민주당 경남지부장을 맡고 있을 때 멸치잡이 문제를 해결하러 여수로 달려갔던 일은 아직도 기억에 생생하다.

멸치잡이 어선들은 경남에는 권현망조합, 전남에는 선인망 조합으로 결성되어 있는데 통영에 가서 권현망조합 대표자들을 만나니 경남과 전남 사이의 조업경계선을 풀어달라는 부탁을 하였다. 멸치는 수온 따라 해류 따라 이동을 하는데 조업구역은 나눠져 있으니 멸치들이 경계를 넘어갈 때 속이 탄다는 것이었다. 특히 경남조합은 척수나 성능 면에서 전남보다 한참 앞서 있어 늘 자원부족을 느끼고 있었다. 이분들은 김영삼 대통령이 이 문제를 잘 알고 있어서 풀리기를 기대했지만 그렇지 못했는데, 이제 김대중 대통령이 동서화합 하자고 하니 이것부터 해결해야 되지 않겠느냐고 했다.

멸치가 경남 앞바다에 몰릴 때도 있을 것이고 보면 서로 왔다갔다 하는 것이 서로에게 이익이 될 것도 같았다. 정부가 경남어선은 감척해 주고, 전남어선에 대해서는 성능과 기술 향상을 지원하는 '카드'를 들고나오면 타협이 될 수도 있겠다는 생각이 들었다. 그래서 내가 그분들에게 여수로 가서 얘기해 보겠다고 했다. 반기는 사람들도 있었지만 해봤자 소용없을 것이라며 고개를 절레절레 흔드는 사람도 많았다. 나는 일단 부딪쳐 보기로 했다. 사실 그때 나는 나름대로 협상에 대한 자신감을 가지고 있었다. 노사간 갈등이 심각했던 1989년 대우조선 노사분규 때에도 평행선을 달리던 쌍방을 조정하여 문제를 풀었던 경험이 있었고, 1998년 현대자동차 분규 때에도 공권력 투입만 남은 상태에서 합의를 이끌어 낸 적이 있어서 가슴을 열고 얘기하면 결국 문제는 풀린다는 생각을 하고 있었다. 특히 멸치잡이 문제는 동서화합에 물꼬를 트는 상징적인 사업이 될 수도 있다는 기대감도 컸다.

여수에 있는 선인망 조합은 이미 내가 온다는 소식을 듣고 단단히 이론무장을 하고 있었다. 협상카드도 제시하면서 두 시간 넘게 대화하다 보니 일부는 여전히 완강했지만 일부는 해볼만하다는 반응을 보이기도 했다. 그런데 문제는 다른 곳에 있었다. 안 된다는 입장에 선 사람들의 일치된 견해는 선인망 조합에서 동의를 해도 정치망으로 멸치잡이를 하는 연안어업인들을 설득하기가 쉽지 않다는 것이었다. 실세로 근해어선들이 멸치떼를 쫓는 데에만 신경 쓰다가 연안어업인들이 쳐놓은 그물을 망가뜨리는 바람에 투석전을 벌였던 적이 있을 만큼 양측의 갈등이 존재하는데 경남 어업인까지 합세하는 것을 그냥 두고만 보겠느냐는 얘기였다.

이 문제를 풀 수 있는 묘안은 아무도 갖고 있질 않았다. 협상이 되려면 주고받을 거리가 있어야 하는데 그게 없었다. 하는 수 없이 통영으로 와서 그쪽 어업인들에게 자초지종을 설명했더니, 실망은커녕 다 알고 있었다는 듯이 빙긋이 웃기만 하였다. 안될 게 거의 뻔한 일이었지만 한번 떼를 써봤다는 것이었다.

이렇게 해서 그 일은 실패로 끝났지만, 성과가 전혀 없었다고 말하기도 어렵다. 내가 진심으로 이 일을 해결하려고 노력했다는 것을 기억하고 있던 어업인들이 장관이 된 후 여수와 통영에 내려갈 때마다 반갑게 맞아준 것이 제일 큰 수확이었고, 여수 어업인들이 멸치 두 포대를 선물로 주었으니 어찌 성과가 없었다고 하겠는가. 갈등해결을 위한 노력은 비록 가시적인 성과가 없다고 하더라도 분명 보람된 일인 것이다.

마산시와 매립면허를 놓고 얘기하면서도 나는 이해의 조정을 통한 갈등해결을 시도했다. 마산시는 지역경제를 되살리기 위해 공단 개발을 해야겠다며 매립면허를 내줄 것을 요청하였다. 그러나 인근의 창원에 대단위 공단이 있는데 바로 옆 도시에서 또 공단을 짓겠다는 것은 국토의 합리적 개발 측면에서 바람직하지 않은 일이었다. 그럼에도 지자체끼리 경쟁하다 보면 스스로 생각의 폭을 좁혀 버릴 때가 적지 않은 것 같았다.

그래서 나는 광역적으로 생각하면 과잉개발이 될 수도 있으니 마산과 진주 창원을 묶는 종합프로젝트를 추진하자고 했다. 이렇게 한 차원 높은 해결책을 제시하자 마산시장도 이에 동의하여 개발계획을 수정하겠다고 했다.


한국사회는 아직 협상과 조정에 대한 경험이 부족하다. 따라서 갈등의 당사자들도 상대방의 입장을 수용하려는 마음가짐이 부족하고, 마음이 닫혀 있어서 타협이 이루어져도 약속이 지켜질지에 대한 믿음이 없어 악순환이 반복된다. 나는 이런 것을 대화와 타협으로 풀어갈 수 있는 역량이 바로 민주사회의 조건이라고 생각한다. 공무원 사회에 이러한 민주사회의 조건이 먼저 갖추어져야만 제대로 된 민주시대를 열 수 있다.

# '국민을 위해', '국민과 함께'

1. 국민의 입장에서 사고하고 판단하기

2. 가능하면 되는 방향으로 생각한다

3. 국민 한 사람이라도 소중하게

4. 진실을 말하는 것이 최고의 의무이다

5. 자율이 스스로 문제를 해결한다

# '국민을 위해', '국민과 함께'

## 1. 국민의 입장에서 사고하고 판단하기

"신이 우리를 보고 있다"라는 말은 종교인들로 하여금 행동을 조신하게 하고 자신을 되돌아보게 하는 힘이 있다. 만약 잘못이라도 하고 있으면 두려움으로도 다가온다.

그렇다면 "국민이 바라보고 있다"라는 말도 공무원에게 그만큼 큰 무게로 다가오는 것일까. 국민은 공무원의 존재이유이자 목적이기에 논리적으로만 보자면 그럴 수도 있을 것 같은데, 현실은 그렇지만은 않다.

여러 가지 이유가 있겠지만, 무엇보다 큰 이유는 국민이 행정의 목적인 동시에 객체이고, 그래서 일상의 삶 속에서 행사되는 권력은 국민이 아니라 공무원이 가지고 있기 때문일 것이다. 이상적으로야 섬김의 대상이지만, 현실적으로는 규제와 집행의 대상인 것이다. 또 한 가지는 자기 앞에 놓여져 있는 일 그 자체에만 매몰되어 국민의 필요를 돌아보지 못하기 때문이 아닌가 한다.

그렇다고 공무원들이 그들의 존재목적을 잊어서야 되겠는가. "왜, 누구를 위하여 지금 이 일을 하고 있는가?"라는 물음을 끊임없이 스스로에게 던지면서 '국민에게 봉사한다' 는 자신의 존재목적을 되새길 필요가 있다. 현실적인 대안으로는 국민들과 자주 만나서 그들의 이야기에 귀를 기울이는 노력이 필요하다. 만남과 대화가 없으면 자신의 논리에 갇혀 국민들이 진정으로 필요로 하는 것을 헤아리지 못하게 된다. 공무원들의 생각만으로 최선이라고 내놓은 대안도 국민들이 '싫다' 고 하면 그만이다. 모든 노력이 순식간에 물거품이 된다. 물론 대화하고 연구하는 가운데 국민들이 미처 생각지 못한 부분까지 고려해서 공무원이 정책대안을 만들었다면 국민들이 싫다고 해도 설득하고 홍보하면서 관철시켜 나갈 필요가 있을 것이다. 하지만 이런 경우보다는 국민의 필요를 제대로 헤아리지 못해서 정책내용이 어긋나는 일이 지금까지는 더 많지 않았나 싶다.

공무원이라면 누구나 국민의 입장에 서서 맡은 바 일을 처리해야 한다. 그것이 정책을 성공으로 이끄는 가장 빠른 지름길이고, 바람직한 정책의 기준이 되기 때문이다. 그럼에도 국민의 입장을 고려하는 행정이 잘 되지 않는 이유는 무엇일까.

**첫째는 자기 조직의 이익과 논리만을 고집하려 하기 때문이다.**

항만공사 설립과 관련해서도 이러한 문제가 있었다. 항만공사 (Port Authority)는 항만운영에 책임경영제를 정착시키고 마케팅기법을 도입함으로써 항만의 경쟁력을 높이기 위한 것이다. 말하자면 효율적 경영을 통해 항만 이용자에게 질 높은 서비스를 제공하고, 국익도 증대시키겠다는 것이 목적이다. 그런데 논의과정에서 지방자치단체에서는 자치권 확대 측면에서만 사안에 접근하다 보니 나중에는 본 취지를 잊고 항만내 공권력 행사라든가 사장 임면권과 같은 것을 요구하게 되었다. 그래서 나는 TV방송에 출연하여 항만공사 설립이 취지와는 달리 중앙정부와 지방정부간의 밥그릇싸움으로 비춰지지나 않을까 염려된다며 사장을 공채로 하자는 의견을 제시했다. 개별 기관의 이익이 아니라 시야를 넓혀 국민의 입장, 특히 항만 이용자의 입장에서 이 문제를 보아야 한다고 했다.

**둘째는 행정편의적, 관(官)중심적 사고에 치우치기 때문이다.**

부산 신항만 공사와 관련한 어업보상금 환수문제도 이러한 사례 중의 하나이다. 검찰은 근거자료가 미약함에도 보상금을 받았던 648세대에게 어업을 했다는 사실을 증명하지 못하면 보상금을 환수하겠다고 했었다. 검찰의 입장에서 보면 어업을 하지 않았다는 증거를 자신이 일일이 찾기보다는 입증책임을 어업인들에게 돌림으로써 힘들이지 않고 보상금을 환수할 수 있으니 편리하다고 생각했겠지만 이것은 분명히 잘못된 접근이었다. 법을 알아도 검찰이 많이 알고 증거니 뭐니 하는 것도 어업인들보다야 그들이 더 잘 아는 내용 아닌가.

어업인의 입장에서 한번 보자. 평생 고기 잡고 조개 캐며 살던 터전을 잃어버린 것도 안타까운데 이제 고기 잡고 살았다는 것을 법적으로 증명해 내지 못하면 보상금마저 날릴 판이니 얼마나 속이 터질 노릇이겠는가. 이미 지급된 보상금을 환수하고자 한다면 어업인이 어업을 했다는 사실을 증명할 것이 아니라 검찰이 어업을 하지 않았다는 증거를 제시해야 할 문제인 것이다. 다행히 부산지방청장이 뛰어다니며 이러한 정황을 얘기하고 설득한 덕분에 어업인의 입장을 충분히 고려하는 선에서 문제를 처리하게 되었다.

**셋째는 공식문서나 발언 시에 국민들이 어떻게 받아들일 것인가를 충분히 생각하지 않기 때문이다.**

2000년 9월에 내가 여수에 가서 어업인 간담회를 가질 때였다. 업종별 조합장들이 돌아가며 건의를 했는데 중형기선저인망조합장이 "정부가 이렇게 약속을 안 지켜서야 되겠냐"며 목소리를 높였다. 사연인 즉 서남해 구역에는 중형기선저인망 어선이 50척 가량 있는데 정부에서 자원량에 비해 척수가 많으니 10척 정도를 자율적으로 줄이면 조합이 요구하는 대로 그물에 전개판(어획량을 높이려는 목적으로 어선이 빠르게 추진할 때 그물이 더 넓게 벌어지도록 그물에 부착하는 2개의 나무판) 설치하는 것을 허용해 주겠다고 해놓고선 막상 10척을 줄이니까 '나 몰라라' 한다는 것이었다. 나는 조합장의 말이 사실이라면 허용해 주는 게 맞는 것 같다며 담당자에게 알아보고 적절한 조치를 취하겠노라고 답변을 했다.

올라와서 담당과장을 불렀다. 담당과장은 전임자가 이 일을 맡았었는데 어업인들이 자꾸 전개판 설치요구를 하며 감척할 용의까지 있다고 하길래 하는 수 없이 '10척을 감척하면 전개판 설치를 검토 조치하겠다'고 했던 것이지 '허용하겠다'고 한 것은 아니라고 했다. 내가 보기에는 '그 말이 그 말' 같은데 어업인의 입장에서야 오죽하겠느냐고 했더니 담당과장도 솔직히 그런 면은 있다고 했다. 그러면서 담당과장은 어업인들이 자기네들끼리 10척을 감척하기로 합의한 것이지 아직 허가장을 없앤 것은 아니라고 했다. 물론 완벽을 기하려면 허가가 없어진 것을 확인한 후 조치를 하는 것이 바람직하겠지만 그런 일은 신뢰 속에 확답을 주고 풀 수 있는 문제인 것이다. 어업인의 입장에서는 허용하면 바로 감척에 들어갈 판인데 이를 허용해 주지 않으니 허가장을 없애기 어려울 수도 있는 일인 것이다. 허용해 주고 감척하지 않는다면 공권력을 가지고 있는 정부로서야 이전의 조치를 취소할 수도 있으므로 그것이 이유가 될 수는 없었다.

그럼에도 내가 즉시 허용조치를 하지 않은 것은 어업구조조정을 위한 용역결과가 곧 나오고 개별 사안별로 조치를 남발할 것이 아니라 종합적인 조정안을 일괄적으로 시행하는 것이 자원관리 측면에서 바람직하다고 보았기 때문이다. 그래서 그 부분에 대해서는 담당과장으로 하여금 어업인들의 양해를 구하도록 했다. 그리고 국민들에게 정부의 입장을 전할 때에는 문구 하나까지 정확하고 신중하게 사용함으로써 서로 오해가 없도록 해서 정부의 신뢰를 쌓아가야 할 것이라고 충고했다. 이 문제는 어업인들이 정부의 방침에 따라서 행동했기 때문에 신뢰를 깨지 않기 위해서라도 긍정적으로 조치할 필요가 있다고 본다.

**넷째는 국민의 입장에서 불편을 최소화하는 방안을 신중하게 고려하지 않았기 때문이다.**

원양용선어선의 국적취득 문제가 그 사례 중의 하나이다. 1999년 2월 정부의 규제정비계획에 따라 「원양용선어선에 대한 국적 가등록

제도」라는 것이 없어졌다. 이는 'UN 해양법협약'이나 'FAO 수산위원회'에서 수산자원의 보전을 위하여 어선의 국적요건을 강화함에 따라 가등록으로서는 강화된 요건을 충족시킬 수 없었고, 때마침 정부가 대대적으로 규제를 개혁한다고 대상법규들을 제출하라고 했기 때문이었다. 당시 정부는 행정규제를 50% 이상 폐지 또는 개선하겠다며 각 부처로 하여금 강제할당이라고 할 만큼 완화대상 규제목록을 서둘러 제출토록 했다. 강제하지 않으면 규제개혁이 쉽지 않다는 생각으로 이렇게 한 것이고, 한편으로 불가피한 면도 없지 않았지만 이러다 보니 담당자들이 규제를 없앨 경우의 문제점에 대해서 충분한 고려를 하지 않은 채 대상규제를 통보하는 사례가 발생했던 것이다.

가등록 제도가 폐지됨에 따라 용선선박은 국내까지 들어와서 등기절차를 거쳐야만 국적취득을 할 수 있게 되었다. 왔다갔다하는 데 드는 경비는 물론이고 이동하는 수개월간 조업하지 못함에 따른 기회비용까지 합친 경제적 손실은 어선 1척당 적게는 2억 원에서 많게는 10억 원에 이르렀다. 부랴부랴 담당자들은 외국적 선박이라도 용선계약을 체결하면 원양어업허가를 내어 주었지만, 이것은 국제적인 협약에 배치(背馳)되어 책임있는 어업국으로서의 신뢰를 실추시킬 수도 있는 일이었다. 그런 선박이 원양어선 중에 20%나 되었다.

이러다 보니 원양업계 관계자들은 나를 만날 때마다 이 문제를 빨리 해결해 달라고 야단이었다. 담당과장인 성 과장을 불러서 물어보니 다행히 이미 대책을 준비해서 관계기관과 협의중이라고 했다. 이 문제는 국적 취득을 위한 등기 때 필요한 수입면장을 '선박 미수입 사실신고확인서'로 대신할 수 있게 규정을 개정함으로써 국제적인 요건도 충족시키면서 원양어선들의 편의도 도모하는 방향으로 개선되었다.

이와같이 공무원들은 업무를 할 때 반드시 국민들을 돌아보는 습관을 몸에 익혀야 한다. 정책과정에 있어서 중요한 것은 지금 무엇을 하고 있다는 사실이 아니라 내용이 국민들이 원하는 것으로 채워졌느냐 하는 것이기 때문이다.

## 2. 가능하면 되는 방향으로 생각한다

호주에서 오래 살다가 돌아온 분이 우리나라 공무원들의 소극적인 업무자세를 비판하면서 내게 했던 말이 기억난다. 호주에서는 '하지 말라는 것만 안 하면' 아무런 문제가 없었는데, 한국에서는 '하라는 것 외에 다른 것을 하면' 모두 문제가 된다는 것이다. 특히 지금까지 없었던 사업이나 여러 요소를 절충한 사업을 하려고 하면 담당자들은 모두들 하나같이 관련규정이 없어서 "안 된다"고 한단다. 구체적으로 그분은 PC방 같은 곳에 방음부스를 마련하여 인터넷으로 노래평가를 받는 신종사업을 생각했었는데, 노래방도 아니고 PC방도 아니기 때문에 부스를 설치할 수 없다고 해서 사업을 준비하다가 그만두었다고 했다.

그분의 예가 아니더라도 우리 주변에서 이러한 소극적인 행정사례는 적잖이 찾을 수 있다. 담당자 입장에서야 규정에도 없는 허가를 내주었다가 감사에라도 걸리면 자기만 손해라는 생각을 할 수도 있고, 또 그런 정황이 이해되지 않는 바도 아니지만, 국민의 입장에서 보면 급변하는 시장환경 속에서 시기를 놓치면 헛장사 하는 꼴이 되므로 난감하기가 말로 다하기 어려울 것이다.

"해서는 안 된다"는 명시적 금지규정이 없으면 허가해 주는 것이 바람직한 행정이고, 감사기관(監査機關)도 이러한 일은 문제삼지 않는 풍토가 조성되어야 한다는 것이 나의 생각이다. 담당자가 해주고 싶어도 감사가 두려워서 못하는 경우가 너무도 많기 때문이다. 감사는 부조리를 막기 위한 수단이 되어야지 적극적 행정을 가로막는 장애물이 되어서는 안 된다.

한편 이보다 더 큰 문제는, 규정에서 허용하고 있는데도 불구하고 이를 해주지 않는 경우다. 이런 일은 허용할 경우의 국민적 편익보다 혹시 발생할지도 모를 부작용을 더 염려하는 사고방식에 기인하는 바 크다. 가급적 해준다는 생각으로 사안에 접근하면서 부작용에 대해서는 대책을 마련해야 할 텐데 마음은 부작용에 시달리며 감사를 받고 있는 자신의 모습만을 그리다 보니 이런 일이 생기는 것이다.


대표적인 사례가 한정어업면허와 관련한 문제였다. 앞장에서 잠시 언급한 적도 있지만 내 지역구가 이 문제와 관련되어 있기 때문에 비교적 정황을 소상히 말씀드릴 수 있다.

부산광역시 강서구는 낙동강 하구를 끼고 있는데 기수역(汽水域)이라고 해서 민물과 바닷물이 합쳐지는 곳이기 때문에 먹거리가 풍부하다.

그런데 개발바람이 불면서 녹산공단을 조성한다고 일부 바다를 매립하게 되었다. 녹산공단은 노태우 정부 때에 부산시민들이 주위의 양산이나 창원에는 큰 공단이 있는데 왜 부산에만 없느냐며 공단 조성을 강력하게 요구함에 따라 진행된 사업이었다. 정부가 부산에서 공단부지가 될 만한 곳을 찾아보니 강서구밖에 없었는데 그린벨트로 묶여있는 지역이 많아 연약지반이고 펄이 깊어서 공사도 쉽지 않고 경제성도 적은데도 부득이 바다를 메웠던 것이다.

그러고 얼마 지나지 않아 이 지역에 다시 부산신항만이 들어서게 되었다. 광양항도 그렇지만 묘하게도 황금어장인 지역이 항만으로서도 최적지인 경우가 많다. 어업인들에게 보상이 실시되었고, 주변의 어장은 전부 다 폐쇄되었다. 그런데 IMF사태가 발생하면서 경영상의 애로로 항만건설이 지지부진하자, 어업인들은 그 틈을 타서 공사가 진행되지 않는 바다에서 굴도 키우고 어선어업도 하였다. 보상이 끝나 어업권이 소멸되었기 때문에 모두 불법어업이었지만 공사 관계자나 단속공무원들의 묵인 속에 그렇게 어업은 이루어지고 있었다. 그런데 함께 어업을 하던 동네 사람들 간에 싸움이 벌어져 서로 '불법어업을 하고 있다' 고 경찰에 고발하는 사태가 벌어졌다. 수사대상자는 무려 3천 세대가 넘었다. 이대로 두었다가는 한 동네가 모조리 교도소 신세를 질 것 같아 당시 국회의원이었던 나는 이리 뛰고 저리 사정하면서 적정한 수준에서 수사가 마무리되도록 조정을 했다.

이런 과정에서 나는 어업인들로부터 사정 얘기를 들을 수 있었다. 그들은 정부가 공사도 하지 않으면서 한 해에 수백 억 원을 벌 수 있는 바다에서 어업을 못하게 하니 무슨 이런 법이 있냐고 했다. 또한 자기들은 수협의 조합원 자격이 박탈되어 대출금을 일시에 갚아야 하는데 그럴만한 돈이 없어서 연체에 걸리고, 어떻게 해서 연체를 면하더라도 어선연료나 선외기에 대한 감면혜택을 받지 못해서 불편이 이루 말할 수가 없다는 것이다. 상황이 이런데 왜 법에 나와있는 한정어업면허를 내주지 않느냐고 불평했다.

　그래서 한정어업면허 절차에 대해서 알아봤더니 면허권한은 구청장에게 위임되어 있지만 부산시의 승인과 관계기관의 협의를 거쳐야 했다. 구청에 물어보니 부산시가 승인을 해주지 않는다고 했다. 나는 부산시청으로 달려갔다. 담당자를 만나서 승인을 부탁했더니 딱 잘라서 안 된다고 했다. "어민들한테 한정어업면허 줘 보이소. 또 보상달라고 야단날낍니다. 공사한다고 보상금 다 줘서 겨우 면허 없애놨는데 또 그래 보이소. 골치 아파서 안 됩니다. 또 공사할 때 되어서 양식시설 철거하라케도 말도 듣지도 않습니더."

　나는 한정어업면허는 법에 규정되어 있는 것이니 요건이 맞으면 해줘야 하는 게 아니냐고 했다. 그리고 면허를 내줄 때 보상청구는 불가하다는 각서를 받고, 철거에 반대하면 법에 따라 대응하면 되는 것인데 나중에 골치 아플 것 같다고 해줄 수 있는 면허를 가지고 국민들의 원성을 살 필요가 있느냐고 반박했다.

　그랬더니 이제는 다른 이유를 댔다. 만약 공사 중에 토사나 기름이 어장으로 흘러들어 피해가 생기면 어업인들이 손해배상을 청구할 것이고, 이렇게 되면 이중으로 돈이 들어가고 행정력 소모도 만만치 않을 것이라고 했다. 나는 거기에 대해서도 반박했다. 손해배상은 사고라는 예외적인 일에 관한 것이며, 바다 어디라도 배는 다니는데 손해배상 무서워서 면허 내주지 않는다는 것은 말이 안된다고 했다. 또한 손해배상이야 사고 낸 업체와 어업인 간의 문제이지 정부가 배상에 개입할 여지는 없다고 했다. 하지만 담당자는 막무가내였다.

　협의해야 할 관계기관은 어떤 생각을 가지고 있는가 싶어 부산시 농림해양국장과 함께 신항만 건설주체인 해양수산부 부산항 건설사무소장을 만났다. 나는 공사에 지장을 주지 않는 범위에서 한정어업면허를 주면 괜찮지 않겠냐고 부탁을 했다. 건설사무소장의 논리도 앞에 말한 부산시의 논리와 똑같았다. 나는 각 사안에 대해 대안을 제시하면서 문제없이 일을 처리할 수 있다는 것을 설명했지만 그들은 받아들이려고 하지 않았다.

건설사무소장이야 공사가 우선이니까 그렇다 치더라도, 어업인 편을 들어야 할 농림해양국장마저 그런 식으로 나오니 실망이 컸다. 한편으로는 지금껏 얼마나 사리를 따지지 않고 떼를 썼으면 공무원들이 이렇게 못 믿을까 싶어 어업인들에게도 섭섭한 마음이 생겼다. 하지만 서로간의 불신의 벽을 허물기 위해서라도 한정어업면허는 꼭 이뤄내야겠다는 오기도 생겼다. '공무원은 무조건 안 된다고만 한다' 는 어업인들의 생각도, '어민들은 사리도 없이 떼만 쓴다' 는 공무원의 생각도 모두 극복해서 서로 협력하고 신뢰하는 관계로 만들고 싶었다.

그런데 내가 해양수산부장관이 된 것이다. 취임 후 먼저 어업자원국장과 양식개발과장을 불러 얘기해 보니까 한정어업면허는 바로 위와 같은 경우를 상정하고 만들어 놓은 것이라고 했다. 보상도 필요 없었다. 다만 면허를 해주려면 공사주체와 협의를 거쳐야 하는데 이들이 불안감을 가지고 있어서 합의를 얻어내기가 쉽지 않다는 것이었다. 나는 혹시 부산시에서 이 문제에 관해 의견조회나 유권해석 요청이 올라오지 않았느냐고 물어보았다. 담당자들은 그런 일은 없었다고 했다. 이러다 보니 어업현장에서는 수천 세대가 이 문제로 고통받고 있는데도 해양수산부에서는 별 관심도 보이지 않았던 것이다.

나는 부산 출장 중에 조만간 항만국장으로 발령이 날 부산항 건설사무소장에게도 이 문제를 끄집어냈고, 이전과는 달리 적극적으로 검토하겠다는 긍정적인 답변을 들었다. 본부로 올라와서 나는 항만국과 어업자원국의 관계직원들을 불러 함께 고민해서 바람직한 해결책을 마련해 보라고 지시했다. 한 부처에 몸담고 있지만 상반된 업무를 하는 두 국 간의 인식 차가 클 것이기 때문에 합의에 이르는 데에는 시일이 필요하리라 생각은 했지만 한참 동안 보고가 올라오질 않으니 답답했다. 그래서 하루는 양식개발과장인 이 과장을 불러 어떻게 되어가고 있는지를 물어 보았다.

이 과장은 「한정어업면허 지침」 초안을 들고 왔다. 그런데 이것을 보니 한정어업면허를 해줘야 한다는 얘기는 달랑 한 줄밖에 없고, 보상청구가 없도록 하기 위한 방안이라든가, 어업인들이 부당하게 시비를 걸 경우의 대응자세와 같이 주의사항만 줄줄이 나열되어 있었다. 지침을 읽다 보면 도대체 해주라는 것인지, 문제가 이렇게 많으니 웬만하면 해주지 말라는 것인지 구별이 되지 않았다.

나는 이 과장에게 "면허를 해주기로 했으면서 지침을 이렇게 만들어 오면 어떻게 합니까?"라며 따져물었다. 그는 해준다는 대전제 하에 혹시라도 발생할지 모르는 상황에 주의하기 위해 그렇게 만든 것이라고 했다. 말썽나는 것을 피하고자 하는 공무원들의 습관이 자신도 모르는 사이에 지침에 그대로 묻어나온 것이다. 문책이나 감사가 얼마나 공무원의 적극적인 사고를 가로막고 있는지를 보는 것 같아 안타깝기도 하였다.

나는 굳었던 표정을 풀고 '이런 식으로 지침에 균형이 없으면 담당자들도 오해하기 쉬우니 취지가 분명히 전달될 수 있도록 하라'고 지시했다. 그러면서 수협을 활용하는 방안이라든지, 손해배상에 대한 법률가로서의 내 견해도 참고하라면서 일러 주었다. 두 달 정도 걸려서 관련 국(局) 간의 합의를 통해 완성된 지침에는 한정어업면허는 보상의 대상이 아님이 명시되어 있었고, 어업시설의 철거문제는 수협으로 하여금 이행을 보장토록 하며, 시 군과 어업인 그리고 공사주체가 협의체를 구성하여 합의한 사항을 조건으로 부치도록 한다는 등의 내용이 포함되어 있었다.

그런데 한 달 후 부산에 내려가는 길에 수협조합장을 만나서 지침 얘기를 했더니 모르고 있었다. 올라와서 알아보니 수협 본부에서 본격적인 어기(漁期)가 되려면 아직 멀었다고 판단하고 지침을 가만히 쥐고 있었던 것이다. 나는 절차를 밟는 데 시일이 걸릴 수도 있으니 미리 어업인들에게 알려주는 게 좋겠다며 담당과장에게 지방자치단체와 수협에 연락해서 설명회를 개최하라고 했다. 결국 이렇게 해서 경남에서는 한정어업면허가 시행되었으나, 끝내 부산시는 이를 거부했다.

한정어업면허는 공사에 지장이 없는 바다에서 잠시나마 어업을 할 수 있게 함으로써 어업인들에게 적지 않은 경제적 도움을 주었다는 게 가장 큰 소득이겠지만, 한편으로 공무원들에게 긍정적인 방향으로 업무를 처리하는 연습이 되었다는 점도 무시할 수 없는 의의라고 할 수 있다. 특히 항만건설 관계자들이 '무조건 안 된다'는 오해와 편견을 스스로 깨는 모습은 참 보기 좋았다.

나는 혹시 다른 사안들에 있어서도 규정이 없어서 못해 준다고 했다거나, 규정이 있는데도 부작용이 무서워서 소극적으로 대응한 일이 있지는 않았을까 하는 생각에서 감사관을 불러 민원사안 처리결과를 다시 한번 확인해 보라고 했다. 다행히 내가 재임한 동안에는 소극적인 대응으로 문제가 될 만한 것은 없었다.

공무원은 서비스맨이다. 국민이 원하는 것, 국민이 필요로 하는 것을 채워주는 사람이다. 그래서 안 된다는 부정적인 생각보다 항상 '한번쯤 어떻게 하면 해줄 수 있을까'를 고민해야 한다. 허용하는 조치가 부작용을 낳을 수도 있다. 그런 것은 사전에 예방하고 또 대비하여 최소화하는 노력이 필요하지만, 공무원이 초점을 맞추어야 하는 것은 국민들의 편익이다. 국민들의 환한 웃음, 국민들이 누리는 행복을 소중하게 생각해야 한다. 그것이 공무원의 존재이유고 보람이기 때문이다.

## 3. 국민 한 사람이라도 소중하게

법률가로서의 편견일지도 모르지만, 사안을 바라보는 관점에 있어서 법조계와 행정계는 다소 차이가 있지 않나 싶다. 법조계의 경우 개개의 사건에 대한 구체적인 타당성을 중시하며 '정의가 무엇인지'를 얘기하려고 한다. 반면 행정계의 경우에는 일반인이든 특정인이든 간에 다수를 대상으로 정책을 하다 보니 개개의 사정보다 전체적인 영향에 더 중점을 두고 일을 하는 경향이 있다. 물론 개개인의 성격이나 업무의 특성에 따라 차이가 있어 일반화하기는 어렵지만 최소한 양쪽을 접하면서 가지게 된 내 느낌은 그렇다.

장관으로 있는 동안 직원들로부터 보고를 받으면서도 나는 당해 사안에 대한 올바른 해석과 판단을 중시하기보다는 앞으로 제기될지도 모르는 형평성 시비와 파급효과에 대해 우려부터 하는 모습을 여러 번 본 적이 있다. 내가 "이 지역 사정을 보니 ○○시설 설치를 빨리 지원해 줘야겠군요"라고 하면 "그 지역에 해주면 다른 시 군에서도 똑같이 요구할텐데요"라고 응수하는 것이다. 물론 조치를 했을 때 그것이 미칠 파장에 대해서 미리 생각하고 준비하는 것은 좋지만 "구더기 무서워 장 못 담근다"고 개개 사안의 타당성을 생각지 않고 뒷일만 걱정해서 일을 추진하지 못하는 사례를 적잖이 발견할 수 있다.

지원업무도 그렇지만 특히 규제업무에 있어서 한번 허가를 해주면 선례에 얽매여서 다른 사람의 신청에 꼼짝 못하는 일들이 실제로 있고, 그래서 조심스럽게 접근하다 보니 소극적인 모습을 가지게 된 게 아닌가 생각이 든다. 하지만 개개의 사안에 대해서는 민원인의 입장을 충분히 고려하며 합리적으로 판단해서 해결해 나가면 되는 것이고, 다른 사안은 또 그 사안에 맞게 처리해 나가면 되는 것이다. 그래서 나는 우리 공무원들이 좀더 융통성 있는 사고를 했으면 하고 바랄 때가 많았다.

한 예로 나는 선박사고로 자식을 잃은 아버지 한 분으로부터 이메일 한 통을 받았다. 그 편지에서 심 모 선생님은 신문기사와 인터넷상에 게재된 네티즌들의 글들을 보여주며 자식의 희생이 헛되지 않도록 의사자로 인정해 주기를 바란다고 했다. 그러면서 장관이 아닌 법률가로서의 내 의견을 물었다.

이 사안과 관련하여 K일보가 "동료 7명 구한 2등 항해사 '살신성인'"이란 제목으로 낸 기사내용은 이러하다.

15일 경남 거제 남녀도 앞바다에서 발생한 유류운반선 침몰사고에서 2등 항해사 심경철 씨(26)의 고귀한 희생으로 7명의 동료선원이 극적으로 구조된 사실이 밝혀져 '살신성인'의 감동을 주고 있다.

사고현장에서 구조되어 진해 세일병원으로 옮겨진 한국해양대 3년 김○○(22,여, 항해실습생)는 "배가 침몰하는 위기상황에서 심씨는 바다에 먼저 뛰어든 선원들에게 구명부표를 던져준 뒤 자신은 맨몸으로 뛰어내렸다가 끝내 숨졌다"며 안타까워했다.

김씨에 따르면 사고 선박이 울산항을 출발한 것은 이날 새벽 5시쯤이며 심씨는 사고난 P-하모니호에서 항해업무 보조를 맡고 있었다.

이날 오전 10시쯤 배가 사고해역에 이르렀을 때 몸체 중간부분에서 갑자기 '꽝' 하는 폭발음과 함께 검은 연기가 치솟으면서 선미 쪽으로 배가 크게 기울었고, 구명부표가 있는 선실은 이미 화염에 휩싸여 있어 선원들을 맨몸으로 바다에 뛰어들었다. 이때 침몰하는 배 위에서 심씨가 허우적거리는 선원들에게 구명부표를 하나씩 던져주기 시작했고 곧이어 배가 다시 한번 크게 요동치자 심씨도 더 이상 구명부표 찾는 것을 포기한 채 맨몸으로 물에 뛰어들었다.

김씨 등 선원들은 구명부표에 의지, 40분간 바다에 떠 있다가 때마침 사고현장을 지나던 중국선적 LPG운반선에 발견돼 극적으로 구조됐으나 구명부표도 없이 얼음처럼 차가운 물에서 맨몸으로 버티던 심씨는 싸늘한 주검으로 인양됐다.

김씨는 "심씨의 희생이 없었다면 선원 모두 차가운 바닷물을 견뎌

내지 못했을 것"이라며 "항상 오빠같이 자상했던 분이었는데……."라고 눈시울을 붉혔다.

이 기사를 읽은 네티즌은 M방송사 시청자 의견란에 다음과 같은 글을 남겼다.

이 시대의 의인 이수현 씨에 대한 기사를 검색하려고 '살신성인'이란 단어를 입력했다가 심경철 씨의 기사를 보게 되었습니다. 저는 기사를 읽어내려가며 그의 죽음 앞에서 코끝이 얼어붙고 가슴이 저려옴을 느꼈습니다. 당신을 통해 알았습니다. 우리가 알지 못하는 아름다운 죽음이 늘 있다는 것을, 우리의 마음이 너무도 이기적이라는 것을…….

심경철 님, 당신은 누가 알아주지도 않는데 왜 그리 어리석은 행동을 하셨나요. 그대의 생명을 위해 구명부표 하나는 남겨놓았어야죠. 그렇지만 당신을 통해 알았습니다. 결코 남의 생명을 귀히 여길 줄 모르는 부끄러운 삶을 살아서는 안 된다는 걸.

심경철 님, 저 같으면 그 상황에서 뛰어내려야 한다는 생각뿐이었을 텐데, 당신은 왜 그리 침착하였나요. 그렇지만 당신을 통해 알았습니다. 결코 다급한 상황에서도 남을 돌아보는 행위가 결코 만용이 아니었다는 것을.

심경철 님, 섭섭해하지 마세요. 당신이 받을 찬사 이수현 님이 받았잖아요. 그래도 벗이 있어 얼마나 다행인가요.

제가 두려워하는 건, 죄스러운 건 당신의 이야기가 머지않아 잊혀질 것이라는 사실입니다. 그리고 더 두려운 것은 자식에게 "우선 너부터 살고 봐야지"라고 이야기할 것 같은 마음입니다.

당신의 아름다운 이야기가 멀리 전해져 우리 모두의 마음속에 따뜻한 사랑의 싹을 틔웠으면 합니다. 심경철 님, 부디 행복하세요.

나는 편지를 읽고 난 후 함께 앉아있던 비서에게 어떻게 생각하느냐고 물었다. 그랬더니 그는 "이 사연만 보면 저도 도와주고 싶습니다만……. 만약 이 분을 의사자로 인정해 줄 경우에 앞으로 선박사고로 사망한 사람이 있으면 생존자들이 전부 이런 식으로 얘기하며 의사자 신청을 할 수도 있지 않겠습니까?"라고 대답하였다. 그래서 나는 "중요한 것은 고인이 실제로 그러한 희생을 했느냐의 문제이지 자네가 말하는 것과 같은 파급효과는 아니야. 고인의 희생이 의로운 것으로 인정된다면 그에 대해서는 사회적으로 인정하고 보상하는 것이 맞는 것이야. 다음에 다른 사건으로 의사자 신청이 들어오면 그것은 그것대로 사실을 정확하게 가려서 의로운 일로 인정할 수 있는지를 판단하면 되는 일 아닌가." 비서도 내 말에 수긍을 했다.

답장을 띄우기에 앞서 관련규정도 찾아보고, 실제로 이 업무를 담당하는 보건복지부에서 어떻게 처리하고 있는지를 알아보기 위해 법무담당관을 불러 몇 가지 사항을 검토해 보라고 지시했다.

며칠 후 법무담당관은 의사자로 인정받기가 어려울 것 같다는 보고를 했다. 얘기인 즉「의사상자의 예우에 관한 법률」에는 '의사자'를 '직무 외의 행위로서 타인의 생명, 신체 또는 급박한 위해를 구제하다가 사망한 자'로 규정하고 있는데, 고인이 근무하던 회사의 취업규칙을 보면 '해상직원은 재해 기타 급박한 위험에 직면하였을 때에는 공동 협력하여 인명과 본선의 안전을 위하여 최선을 다하여야 한다'라고 규정하고 있어서 고인의 희생을 '직무 외의 행위'로 보기가 어렵다는 것이다. 보건복지부에서도 이러한 취지로 고인의 아버지가 보낸 질의에 답변을 했다고 하였다.

하지만 나의 생각은 달랐다. 한 배를 탄 사람이면 위험이 닥쳤을 때 함께 협력해서 인명과 선박의 안전을 도모하는 것이 당연한 의무인 것은 맞다. 그렇지만 이는 함께 위기를 극복하기 위해 도와야 한다는 것이지 자기의 생명보다 다른 사람의 생명을 먼저 생각하라는 의미는 아니라고 봐야 한다. 회사의 취업규칙도 특별한 개인의 희생까지를 의무로 상정했다고 보기는 어렵다고 할 수 있다.

만약 사고선박이 여객선이었다면 나의 판단도 달랐을 것이다. 여객선의 경우에는 승무원들이 승객의 안전을 우선적으로 고려해야 하기 때문에 승객들을 탈출시키다가 미처 자신이 빠져 나오지 못했다면 그것은 의로운 행위이기는 하나 직무 외의 행위로 보기 어려울 것이다.

하지만 고인이 승선·근무하였던 유류운반선의 경우에는 각자의 생명을 지키기 위한 자위조치를 취하는 것이 당연하다고 볼 수 있다. 그런데 고인은 다른 승무원들이 자신의 생명을 지키기 위해 선박을 탈출한 상황에서 마지막까지 자기를 위한 구명부표 하나 남겨두지 않고 모두 동료들에게 던져주었던 것이다. 이러한 고인의 행위는 직무와의 관련성이 없다고 하기는 어렵지만 통상적인 직무범위를 넘어선 숭고한 희생이라 봐야 하는 것이다.

나는 고인의 부친을 위로하면서 이러한 취지로 답장을 썼다. 그리고 법무담당관에게 보건복지부에도 나의 이런 견해를 전달하라고 했다. 그러면서 우리 분야에서 일어난 고귀한 희생에 대해서는 좀더 적극적으로 대응하여 해양수산인 뿐만 아니라 국민들로 하여금 남을 배려할 줄 아는 건강한 시민정신이 확산되어 갈 수 있도록 하라고 했다.

이와 관련하여 헌법재판소의 결정 하나가 생각난다. 헌법재판소는 지난 4월 "집단폭력을 당하는 장면을 목격하고 이를 제지하려다 싸움에 휘말려 전치 12주의 상해를 입고도 일부 폭행 사실이 인정되어 기소유예 처분을 받은 신모 씨가 낸 헌법소원에 대해서 정당방위이며 무죄"라는 대단히 의미있는 결정을 내렸다. 재판부는 결정문에서 "곤경에 처한 사람을 도와주기 위해 폭행 제지에 나서는 시민의 용기는 법질서를 수호하고 건전한 사회기풍을 진작하기 위해 법이 보호해야 할 중요한 가치이므로 싸움에 휘말려 심한 상해까지 입은 신씨에 대해 폭력혐의를 인정하여 기소유예 처분을 한 것은 부당하다"고 했다.

눈앞에서 부당한 폭력이 자행되는데도 그냥 지나치는 사람들을 보며 시민의식이 실종되었다고 개탄하면서도, 막상 폭력을 말리러 들어갔다가 어쩔 수 없이 주먹이라도 한번 쓰면 형사처벌을 당하는 것이 우리의 현실이었다. 이런 분위기는 '불의를 보고도 못 본 체하는 것이 가장 지혜로운 처세술'이라는 그릇된 가르침을 심어주는 일밖에 되지 않는 것이다. 그래서 나는 헌법재판소의 결정이 늦은 감이 있지만 우리 사회에 정의가 살아 숨쉬게 하는 데 크게 기여하리라고 본다.

다른 사람의 생명을 구하기 위해 자기 목숨을 돌보지 않는 고귀한 희생을 기릴 줄 알고, 당당히 불의에 맞섰던 행위를 보호하는 사회적 분위기가 조성될 때 우리 사회는 더 건강해지고 따뜻해질 것이다. 차

가운 바닷물에서 의로운 죽음을 맞이했던 심경철 님께 다시 한번 경의를 표하며 명복을 빈다.


## 4. 진실을 말하는 것이 최고의 의무이다

국민들을 설득하는 데 있어 가장 강력하고도 유용한 수단은 무엇일까? 바로 진실을 말하는 것이다.

기억나는 짧은 만화 하나가 있다. 사장이 회사간부들을 모아놓고서는 "여러분, 올해 우리 회사의 전략은 정직입니다"라고 하였다. 그러니 간부 중 한 사람이 "기가 막힌 아이디어입니다"라고 맞장구를 쳤다. 그러자 반대편에 있던 다른 간부가 이렇게 말을 했다. "하지만 모험이 너무 지나친 거 아닙니까?"

우스개 만화지만 그 속에는 진실을 얘기하는 것이 얼마나 어려운가 하는 메시지가 담겨 있다. 특히 진실의 내용이 상대방이 바라지 않던 것이라면 이를 꺼내어 얘기하기란 쉽지 않다. 상대방의 감정을 상하게 하는 일은 누구라도 하고 싶지 않기 때문이다. 그래서 진실을 말하는 데에는 용기가 필요하다. 만약 상대방이 화를 내거나 저항할 것이 두려워 진실을 숨기며 듣기 좋은 말로 치장한다면 처음에는 잘 넘어갈 수 있을지 모르지만 결국에는 더 큰 화(禍)로 돌아올 뿐임을 우리는 많은 정치적 사례들을 통해서 보아왔다.

한편으로 진실을 얘기하지 않고 인기에만 영합하려는 것은 나라의 주인인 국민에 대한 도리가 아니다. 국민은 주인이므로 자기가 권한을 맡긴 정부로부터 숨김없는 내용을 들을 권리가 있다. 믿고 맡긴 정부가 거짓을 얘기한다면 국민은 권한을 다시 가져가서 다른 이에게 맡겨야 할 것이다. 일을 잘하느냐 그렇지 않느냐 하는 것보다 얼마나 진실한가 하는 것이 주인으로서는 더 중요하다. 진실을 숨기는 종은 벌어들인 것 이상으로 주인의 재산을 빼돌리거나 엉뚱한 데 허비할 가능성이 높지만 진실을 말하는 종은 최소한 그런 짓을 하지 않기 때문이다.

그래서 장관을 비롯한 공무원은 국민들이 듣기 싫어하는 소리라도 진실이라면 단호히 말을 해야 한다. 그것이 공직사회에 주어진 제1의 의무이기 때문이다. 궁극적으로 국민들은 진실을 얘기하는 자에게는 관대하지만, 거짓으로 꾸미는 자에게는 냉담하다. 그래서 국민의 이해를 얻기 위해 설득하고 홍보하는 일에 있어서도 정치인이나 행정관료들은 진실과 정직으로 승부해야 하는 것이다. 앞에서 이야기한 해양수산부 청사의 부산이전 문제에 대한 나의 태도는 시민들에게 진실을 단호하게 말한 경우에 해당한다.

한편 나는 민원인들에게도 가끔씩 단호한 모습으로 진실을 얘기하지 않을 수 없었다. 그들의 사정이 안타깝긴 했지만 받아들여 줄 수 없는 사안인데 계속 검토해 보자고 하는 것이 오히려 속이는 것 같고, 안 되는 일에 그들의 시간과 정력만 뺏는 것이 바람직하지 않다는 생각에 냉정한 자세를 보여주기도 했다.

지금도 경북 후포의 아주머니들을 비롯해서 몇몇 민원인들은 기억에 생생하다. 후포 아주머니들은 언젠가 해양수산부 본부에 올라와서 시위를 벌였던 분들이다. 관계부처 장관회의를 마치고 돌아가는 길이었는데 비서관으로부터 연락이 왔다. 후포 아주머니들이 시위를 하고 있으니 차를 후문 쪽으로 대라는 것이었다. 나를 생각해서 연락한 것이지만 장관이 만나서 얘기를 해야지 도망치듯 뒷문으로 들어가는 모습을 보일 수는 없다고 생각했다. 그래서 시위대 앞에 차를 세우고 내려서 인사를 했다. 그랬더니 나를 알아보고 아주머니들도 인사를 하고는 이럴 수가 있냐며 여러 사람이 동시에 큰 소리를 내었다. 자기네들끼리도 소란스럽다고 느꼈는지 누가 좀 정리해서 얘기하자고도 하였다. 나는 아주머니들 앞에 쭈그리고 앉아서 무슨 얘기인지 파악하려고 했는데 계속 이 사람 저 사람 나서는 바람에 도저히 정리가 되지 않았다. 10여 분을 그렇게 하다가 안되겠다 싶어 안으로 들어가서 얘기하자고 했더니 아주머니들은 좋아서 그러자고 했다.

지금껏 진입을 막고 있던 수위장이나 담당자들은 이들을 청사 안으로 들여보내는 것이 못마땅한 눈치였지만 내가 그렇게 하자고 한 것이니 어쩌지 못했다. 후포 아주머니들의 얘기는 대충 이러했다. 자기네들은 오징어 채낚기어업을 하고 있는데 얼마 전에 같은 어촌에 사는 분이 채낚기어선을 감척하고 보상금을 받았는데, 다른 지역에서 다시 어업권과 어선을 사서 그 지역으로 들어왔다는 것이었다. 말하자면 큰 어선 한 척 빠져나가서 조업여건이 좀 나아졌는데, 다시 보상금 다 챙긴 사람이 다른 지역에서 큰 배를 사서 그 지역에 들어와서 선원들도 끌어가고, 큰 배로 조업을 하니 못살겠다는 것이었다.

사정은 충분히 이해되었다. 하지만 오징어 채낚기어선은 전국을 대상으로 조업하기 때문에 지역을 구분지을 수가 없고, 감척은 자원관리를 위해 그 업종의 전체 어선 척수를 줄여나가는 과정이기 때문에 감척한 사람이 다른 사람의 어업권을 사서 다시 그 지역에서 어업을 한다고 해서 문제삼을 일은 아니었다. 전체적으로 보아서는 척수와 어업권이 줄어들었기 때문이다. 후포 아주머니들로서야 어선 한 척 줄어들어서 좋아라 했다가 다시 이전과 동일해지니까 답답할 노릇이겠지만 전국적으로는 어선수가 줄어든 것이고, 직업 선택의 자유가 있는 나라에서 간섭하는 것 자체가 위법한 일이니 어쩔 도리가 없었다. 물론 아주머니들이 이렇게 주장하는 데에는 다른 속내가 있었지만 표면적으로 이러한 이유였다.

아주머니들도 얼마나 답답했으면 이 먼길을 왔겠냐는 생각은 들었지만 달리 방법이 없는 일을 가지고 검토해 보겠다고 할 수도 없고, 미련 때문에 시간과 경비를 날리며 또 올라오게 해서는 안되겠다는 생각에 나는 단호한 모습을 보여야겠다고 생각했다.

그래서 나는 말했다. "제가 이렇게 얘기한다고 섭섭해하지는 마십시오. 저는 장관이기 이전에 법률가이고 그래서 법대로 얘기할 수밖에 없습니다. 여러분이 주장하는 것은 법에 맞지 않습니다. 오징어 채낚기어업은 전국을 대상으로 하는 어업이라서 여러분 지역에 못 들어오게 할 수도 없고 그 사람이 다시 어선과 어업권을 사는 일을 막을 수도 없습니다. 여러분이 여기서 떼를 써도, 또 다시 올라온다고 해도 저는 똑같이 말씀드릴 수밖에 없습니다. 그게 법입니다. 그리고 그 법을 잘못되었다고도 볼 수 없습니다. 여러분의 어려운 사정이야 저도 안타깝지만 이것은 어쩔 수 없습니다. 돌아가 주십시오."

내가 자리를 떠난 이후에도 후포 아주머니들은 "이대로는 못 내려간다"며 한참을 더 회의실에서 자기들끼리 토론도 하고, 쉬기도 하다가 고향으로 내려갔다. 이분들뿐 아니라 전남의 박 할아버지며, 충남의 황 아주머니와 같이 그곳 주민이나 어업인들을 대표해서 수년째 민원을 들고 다니는 분들이 있었다. 나는 그분들의 얘기를 귀담아 들어주었지만 안 되는 일에 대해서는 말 그대로 일축(一蹴)했다. 처음엔 섭섭할지 모르지만 그것이 종국적으로는 그들을 위하는 일이라 생각했기 때문이다.

## 5. 자율이 스스로 문제를 해결한다

우리 아들녀석이 대학에 들어가려고 논술시험을 준비하고 있을 때 어떤 문제가 나오느냐고 물은 적이 있었다. 여러 유형이 있다고 하며 보여준 교재를 펴보니 「비교형 문제」 속에 "자유민주주의사회에서의 자유와 자율에 대해 논하라" 라는 것이 있었다. 상당히 깊이가 있는 주제여서 내가 어렵지 않냐고 물었더니, 그런 문제는 '기본' 이라고 해서 한바탕 크게 웃었다.

자유와 자율은 발음도 비슷하지만 그 의미에 있어서 연관성이 높다. 자유(自由)는 남에게 구속되지 않고 자기 의지대로 행동하는 것, 또는 법의 범위 내에서 자기 마음대로 하는 행위를 말한다. 한편 자율(自律)은 남의 지배나 명령에 구속받지 않고 자기가 세운 규율에 따르며 바르게 절제하는 일을 일컫는다. 결국 자기 의지대로 한다는 면에서는 공통점이 있지만, 자율에는 스스로 정한 원칙을 따른다는 자기 절제의 의미를 내포하고 있다는 면에서 한 차원 높은 것이라 볼 수 있다. 그래서 독일의 철학자 칸트는 "진정한 의미의 자유는 자율"이라고 말했다.

장관직을 수행하면서 나는 자율보다 더 강력하고 효과적인 통제수단은 없다는 것을 거듭 확신하게 되었다. 자율의 반대말 격인 '타율' 속에서는 단속공무원의 눈만 피하면 되지만 '자율' 아래에서는 주위의 모든 눈이 자기를 감시하고 있고, 자신이 자율적인 원칙을 세울 때 동참했다는 책임감 때문에 함부로 위반행위를 저지르지 못한다. 그래서 건강하고 활기찬 사회를 만들기 위해서는 자율을 일반적인 사회풍토로 뿌리내리는 일이 무엇보다 필요하다고 보았다. 특히 어촌과 수산업의 위기를 타개하기 위해서는 '자율' 말고는 달리 해결책이 없다고 보고 나는 자율관리형 어업을 정착시켜 나가는 데 많은 관심과 노력을 기울였다.

앞에서 말한 바와 같이 우리의 수산업은 여러 모로 한계상황에 직면하고 있다. 수산자원은 감소하여 출어 경비도 못 챙기고 돌아올 때가 많다. 조업할 수 있는 어장은 줄어들고, 불법어선들은 연안까지 몰려와서 자원을 남획하고 있다. 양식업자들은 적정시설을 초과함으로써 과잉생산으로 인한 가격 폭락에 시달리고 있다. 이러한 문제점을 뒤집으면 수산업이 나아갈 방향이 보인다. 잡는 만큼 자원 조성에도 신경을 써야 하고, 양식어업 생산량도 조절해가야 하며, 무엇보다 불법어업을 근절시켜야 하는 것이다.

내가 '자율관리형 어업'이라는 것을 내건 이유는 정부의 책임을 회피하고자 함이 아니라 어업인들의 협력 없이는 그 어떤 성과도 낼 수 없다고 보았기 때문이다. 야간에 넓은 바다를 무대로 벌이는 소형 기선저인망의 불법어업을 적은 단속인력으로 일망타진하기란 불가능하다. 새끼고기들을 바다에 방류하고 인공어초를 투입해도 마구잡이로 잡아가는 어업인들이 있는 한 수산자원은 더 고갈될 뿐이다. 과잉생산을 줄이기 위해 초과시설을 철거하자고 해도 남들이 줄이지 않는데 나만 줄이면 혼자 손해보게 된다는 인식이 있는 한 떨어지는 수산물 가격을 끌어올리기도 만무하다. 어업인들이 자율적으로 나서주지 않으면 어떤 정책도 제대로 돌아가지 않는 것이다. 특히 이렇게 법을 어기면서도 부끄러움을 모르는 죄의식의 부재상태, 규범 불감증이라는 근본적인 문제를 치유하기 위해서는 자율을 통해 스스로 내가 주인이라는 의식을 갖는 길밖에 없다고 보았다.

주인의식이 없으면 어떠한 규율도 내면화되지 않고 겉돌다가 흐지부지되고 만다. 하지만 내가 주인이라는 생각을 가지게 되면 달라진다. 봄이 되면 씨를 뿌리고 곡식이 말라가면 물을 대는 게 주인이다. 곡식이 익을 때까지 기다릴 줄 아는 것이 주인이다. 바다에서도 마찬가지다. 어업인들이 주인의식을 갖게 되면 조그마한 고기까지 싹쓸이하는 일이 없다. 장래에 큰 물고기를 잡는 것이 더 이익이 되기 때문이다. 제 가축 키우듯, 곡식 기르듯 소중하게 물고기들을 관리하게 된다. 불법어업자들을 이해하며 그냥 넘어가는 일도 없어질 것이다. 자원량은 늘고, 소득은 오르고, 바다는 더욱 깨끗해지고, 자율을 통한 주인의식의 함양은 우리의 바다를 완전히 딴판으로 바꿔놓을 것이라는 게 나의 판단이었다.

앞에서도 말했지만 직원들은 '자율관리형 어업'에 대해 처음에는 난감해했다. 그러나 여수지방청의 어업인 워크숍 내용과 김 미역 자율 감축의 사례가 분위기를 바꾸었다. 그리고 충남 태안의 도황어촌계, 경북 김포의 나정2리 어촌계, 그리고 어청도의 사례가 발굴되었다. 또한 일본에서도 1990년대 초반에 정부의 적극적인 지원책에 힘입어 4천 개 이상의 자율관리조직이 결성되어 있었다.

이러한 사례를 통해 확신을 얻은 담당자들은 2월부터 전국을 돌며 '자율관리형 어업 구축방안' 을 설명하러 다녔다. 나도 국회를 마치자마자 이들과 합류하여 몇몇 지역에서 직접 설명에 나섰다. 나는 어업인들이 정부의 지원부터 바랄 것이 아니라 먼저 자율관리형 어업을 시작하기를 바란다고 했다. 그러면서 성공적으로 이루어지고 있다고 확신이 드는 지역에 정부가 필요한 지원을 하겠다고 했다. 이는 자율에 대한 공감대와 주인의식이 싹트지도 않은 상태에서 지원에만 의존하다 보면 예산만 낭비하는 일이 벌어질 수도 있다는 판단에서였다.

수산업이든 다른 분야이든 자율적인 분위기를 조성하기 위해서 정부가 해야 할 일은 무조건의 지원이 아니다. 스스로 규율을 세우고 절제하는 가운데 얻는 열매가 얼마나 달고 풍성한지를 체험하지 않은 곳에 초기부터 들어가는 정부의 지원은 오히려 자율을 가로막는 장애물이 될 뿐이다. 정부가 할 일은 성공적인 사례를 발굴하여 자율이 그들에게 이익을 가져다 줄 수 있음을 인식시키는 일이다. 그리고 자율관리의 과정에서 생길 수 있는 문제점에 대한 처방을 미리 연구하고 준비함으로써 어려움을 극복하고 스스로 해냈다는 자부심을 심어가는 일이다. 이 과정에서 자율규약이 존중될 수 있도록 법률체계를 다듬어가는 일도 필요할 것이다.

나는 항상 바꾸는 것보다 바뀔 수 있는 분위기를 만드는 일이 더 중요하다고 보고 그렇게 하고자 노력해 왔다. 행정조직에 있어서도 스스로의 역량을 키워갈 수 있는 문화와 시스템을 만드는 데 주력했고, 산하단체의 경쟁력을 키우는 일도 자체적으로 혁신방안을 만들어 추진해 가도록 했다. 바꾸는 일 또한 쉽지 않지만, 그것은 지속성이 담보된 것이 아니기에 들인 만큼 성과를 기대하기 어렵다. 의식 속에 체화되지 못한 개혁은 얼마 가지 않아 추진력을 잃고 이전의 상태로 추락하는 경우가 많은 것이다. 하지만 스스로 바뀌어야 한다는 의식 속에 추진되는 일은 비록 시작은 더딜지라도 가속이 붙으면 엄청난 확산력을 발휘하며 안정된 문화로서 정착될 수 있음을 우리는 과거의 경험 속에서 익히 알고 있다.

우리가 바라는 건강하고 경쟁력 있는 사회 역시 정부의 개혁의지만으로 되는 것은 아니다. 국가가 세워놓은 법규보다 더 엄격한 원칙을 국민 스스로가 세우고, 절제하고 격려하는 가운데 이를 지켜나가야 한다. 정부는 이러한 국민들의 모습을 존중하며 필요한 지원을 할 때 우리가 꿈꾸는 사회는 조용히 우리 앞에 다가와 있을 것이다.

# 7장 | 리더십의 핵심

# 리더로서의 인식을 분명히 한다

1. '주인' 의식을 갖는다

2. '관리'가 아닌 '행정리더'가 된다

3. 자신감과 자긍심을 가지고 일하게 한다

4. '도우미'로서의 행정가가 된다

리더론1 - 전문성과 정치력

리더론2 - 리더의 자질과 능력

리더론3 - 리더의 힘

# LEADERSHIP

**7장** 리 더 십 의 핵 심

# 리더로서의 인식을 분명히 한다

## 1. '주인' 의식을 갖는다

해양수산부의 장관이 되고 난 뒤, 나는 "해양수산부의 주인은 바로 여러분, 해양수산부 직원이다"라고 항상 강조했다. 공식적인 회의 석상에서나, 직원과의 회식자리에서나, 개별적인 대화의 과정에서도 나는 이러한 '주인론'을 끊임없이 주장했다. 나의 이러한 주장에 대해 일부에서는 장관의 책임회피로 오해했을 수 있으나, 많은 직원들은 자부심을 갖고 일에 의욕을 갖게 되었다고 말하기도 했다.

우리 나라의 중앙정부에는 22개의 부처가 있고, 여기에 수십만 명의 공무원이 근무하고 있다. 이 22개의 정부 부처들은 정부조직법에 규정된 대로 각각의 고유한 사명과 역할이 있다.

그렇다면 정부 부처가 담당해야 할 고유한 사명과 역할을 수행하는 주체는 누구인가? 나는 그 핵심 주체는 부처에 소속된 공무원이라고 생각한다. 장관도 부처의 주인임에는 분명하나 주인으로서의 핵심적인 역할은 부처의 공무원들이 맡아야 한다.

그렇다면 어떤 사람을 주인이라 하는가?

민족의 독립과 새로운 나라의 건설을 위해 한평생을 헌신하신 도산 안창호 선생은 「동포에게 고하는 글」에서 '당신은 주인입니까?'라는 질문을 던지며, 주인(主人)이 누구인지, 객(客)이 누구인지를 분명히 밝혔다.

"주인이 아니면 여객(旅客)인데 주인과 여객을 무엇으로 구별할까. 그 민족사회에 대하여 스스로 책임감이 있는 자는 주인이요 책임감이 없는 자는 여객입니다. 우리가 한때 우리 민족사회를 위하여 뜨거운 눈물을 뿌리는 때도 있고, 분한 말을 토하는 때도 있고, 슬픈 눈물뿐 아니라 우리 민족을 위하여 몸을 위태한 곳에 던진 때도 있다 할지라도, 그렇다고 주인인 줄로 자처하면 오해입니다. 지나가는 여객도 남의 집에 참변이 있는 것을 볼 때에 눈물을 흘리거나, 분언(憤言)을 토하거나, 그 집의 위급한 것을 구제하기 위하여 투신하는 수도 있습니다. 그러나 그는 주인이 아니요 객이기 때문에 한때 그리고 말 뿐, 그 집에 대한 영원한 책임감은 없습니다. 내가 알고자 하고 또 요구하는 주인은 우리 민족사회에 대하여 영원한 책임감을 진정으로 가진 주인입니다."

안창호 선생의 주장에 따르면 주인은 책임을 지는 사람이고 객은 책임을 지지 않는 사람이다. 참 주인은 자신이 몸담고 있는 조직이 좋든 싫든, 잘났든 못났든 책임을 진다. 자신의 능력이 있든 없든 최선을 다해 자기 조직을 발전시킬 구체적 방법과 계획을 세우고 죽도록 노력한다. 그러나 객은 책임을 지지 않는다. 그 조직의 운명과 자신의 운명을 함께하지 않는다.

그렇다면 공무원을 어떻게 주인이 되도록 할 수 있는가. 어떻게 책임감을 갖도록 할 수 있는가.

미국의 '고용및교육훈련청' 청장이었던 덕 로스의 말은 이에 대한 하나의 실마리를 제시해 준다. "대부분의 공무원들은 거의 매일 봉급을 타기 위해 일하러 온다. 그러나 만약 우리의 목적이 창조성과 변화를 가져오는 것이라면 봉급보다는 좀더 고상하고 의미있는 것을 제공해야 한다."

공무원들이 봉급쟁이에서 벗어나 조직의 진정한 주인이 되도록 하기 위해서는 그들에게 봉급보다 더 고귀한 무엇인가를 주어야 한다. 과연 그것이 무엇일까?

우선은 사명감을 들 수 있다. 사명감이 있을 때, 특히 사명감을 가진 자신을 스스로 존중하고 또 다른 사람으로부터 존중받을 때, 그 때에 책임감이 생겨날 수 있을 것이다.

그러나 이보다도 더 직접적인 방법은 조직의 구성원을 진정 조직의 주인으로 대우하고 주인으로 활동할 수 있게 권한과 책임을 주는 것이다. 이 점에서 퇴출대상 '영순위'였던 한국전기초자를 3년 만에 초우량 기업으로 만든 서두칠 사장이 훌륭한 모범이 된다. 나는 서 사장을 몇 차례 만난 적이 있었다.

서두칠 사장의 리더십의 핵심은 신뢰와 대화에 기반을 둔 '열린 경영'으로 알려져 있다. 그리고 이 '열린 경영'의 핵심은 사원 모두에게 최고경영자 수준의 정보를 제공하고 생산업무와 관련한 권한을 부여함으로써 사원들이 경영자처럼 생각하고 행동하도록 하는 것이다. 즉 경영자나 간부가 회사경영의 주체이고 종업원들은 객체라는 의식이 아니라, 모두가 회사경영의 주체라는 사실을 실제 경영활동의 전 과정을 통해 확인시킨 것이다. 이것이 성공의 비결이었다.

나는 우리나라의 공무원들이 모두 자신이 맡은 바 사명에 대해서는 '주인'으로서의 책임을 다하고, 사명이 존재하는 근본이유인 국민에 대해서는 '충성스러운 봉사자'로서의 역할을 다해야 한다고 생각한다. 그리고 공무원들이 이렇게 활동할 수 있도록 하기 위해서 한편으로는 사명감과 주인의식을 갖도록 하고, 다른 한편으로는 주인으로서 활동할 수 있게 격려하고 책임과 권한을 주는 체제를 만들어야 한다.

우리나라에서 장관의 재임기간은 평균 1년 남짓하나, 부처의 공무원들은 20~30년 인생 전체를 그 부처에서 활동한다. 따라서 공무원들이 사명감을 갖고 책임있는 주인의 역할을 해야만 공직사회의 발전뿐만 아니라 나라도 발전할 수 있다.

장관에서 퇴임하던 날 해양수산부 국장급 간부들과 마지막 식사를 하면서 나는 '주인'에 대해 다시 말했다.

"이제도 증명이 되었지만 조직의 주인은 여러분입니다. 저 역시 조직을 사랑했고, 사랑하는 마음으로 일을 했지만 저는 떠나는 사람이고 여러분은 계속 남아 일을 할 사람들입니다. 여러분이 잘하면 조직은 잘 되는 겁니다. 여러분의 분발을 부탁드립니다."


## 2. '관리'가 아닌 '행정 리더'가 된다

공무원에 대해서는 다양한 호칭이 있다.

옛날에는 '관리(官吏)'라는 말을 쓰기도 했고, 요즘에는 '관료'라는 말로 통칭하기도 한다. 관료라는 말은 일반적으로 국가의 공무원이 국가권력을 배경으로 권력을 휘두르며, 국민의 사정을 무시하고 획일적으로 일을 처리할 때 쓰는 경향이 있다. 그렇기 때문에 '관료주의'라는 말은 부정적이고 병폐적인 조직 행태를 표현할 때 사용하는 대표적인 용어가 되었다.

다음으로는 '공복(公僕)' 또는 '국민의 머슴'이라는 말이 있다. 공무원들은 국민이 시키는 대로 일을 하는 종이고 머슴이고 심부름꾼이라는 뜻이다. 이것은 관리(官吏)라는 말, '관존민비(官尊民卑)'라는 말과는 대조적이다.

나는 이 두 극단적 용어가 모두 현대의 시대적 조건과 공무원의 역할에 맞지 않다고 생각한다. 민주국가에서 공무원은 주권자인 국민 전체에 봉사하고 국민에게 책임을 지는 것을 본질로 한다. 그런데 불확실성이 증대되고 있는 21세기의 시대적 상황 속에서 국민의 요구는 아주 다양해지고 있으며 요구 자체가 급변하고 있다. 따라서 오늘날의 공무원은 국민의 요구, 국민이 원하는 각종 서비스와 편익을 사기업의 직원 못지않게 열심히 찾아내어 제공하지 않으면 안 된다.

이 점에서 관리도, 관료도, 공복도, 머슴도 공무원에 대한 만족할 만한 규정이 아니라고 생각한다. 공무원은 이제 스스로, 주도적으로 국민에게 도움이 될 만한 행정 서비스를 찾아 제공하는 '행정 리더'로서 규정되어야 한다. 관리나 관료로서 책상에 앉아, 국민의 윗자리에 앉아 지시하고 규제를 만드는 것은 국익에 반하는 것이다. 공복으로서, 머슴으로서 국민이 시키는 일만 하고 시키지 않는 일은 하지 않는 소극적이고 복지부동하는 공무원도 시대의 조류에 어긋나는 것이다.

공무원을 행정 리더라고 하는 것은 과장이나 국장, 장차관에만 국한되는 것이 아니다. 고급 공무원뿐만 아니라 백만에 가까운 공무원 모두가 자기의 분야에서 국민을 도와주고 국민을 이끄는 리더라고 스스로 인식해야 한다.

공무원을 국민을 위한 행정의 리더라고 생각한다면 공무원에게 가장 필요한 것은 무엇일까? 나는 자존심, 자긍심, 자신감이라고 생각한다. 자신을 존중하지 않고 자신이 없으면 결코 리더가 될 수 없다. 도산 선생이 말한 것처럼 자신을 '객'으로 생각하는 사람, 나아가 자신을 봉급쟁이, 국가의 '식객'으로 생각하는 사람은 결코 행정 리더가 될 수 없다.

1980년에 제정된 「공무원의 윤리헌장」은 공무원을 '통일 새 시대를 창조하는 역사의 주체, 조국의 번영을 이룩하는 민족의 선봉, 민주 한국을 건설하는 국가의 역군, 복지국가를 실현하는 겨레의 기수'라고 선언하고 있다. 이 윤리헌장이 유명무실하게 되어 있다 하더라도 우리는 이러한 자부심과 자존심을 가져야 한다.

요즘 많은 국민들과 언론 그리고 학자들이 공무원을 비판한다. 나는 그 비판이 한편으로는 일리가 있다고 생각하면서도 그것이 공무원의 자존심을 훼손시켜서는 안 된다고 생각한다. 연봉제나 성과급제 등 수많은 행정개혁이 논의되고 있지만 그 밑바탕에는 공무원을 행정 리더로 인정하고 이들의 자부심을 되살릴 수 있는 사회적 분위기가 조성되어야 한다. 사람의 자존심을 높이지 않으면 아무리 제도가 좋아도 그 본래의 취지대로 작동하지 않기 때문이다.

국민의 정부 집권 초기에 추진한 교육개혁의 문제점 중 하나로 제기되는 것이 교사의 자존심을 실추시켰다는 것이다. 공무원이든, 회사원이든 개혁주체세력의 자존심을 훼손하고선 개혁이 성공할 수 없다.

"현재의 모습 그대로 상대방을 대해 주면 그 사람은 현 상태 그대로 남아 있을 것이다. 하지만 상대방이 할 수 있는 잠재 능력대로 그를 대해 주면, 그 사람은 결국 그것을 이루어 낼 것이다"라고 괴테는 말했다. 국민은, 언론은 공무원의 자부심과 자존심을 훼손하지 않고 높일 수 있도록 각별한 주의가 필요하다. 자존심을 불어넣지 않는 개혁은 복지부동과 무사안일, 행정편의주의로 연결될 수 있기 때문이다.

몇 년 전 '국민통합추진회의'를 만들었을 때 함께 했던 두레교회의 김진홍 목사가 이스라엘의 초대 수상인 벤구리온과 우리 나라의 초대 대통령인 이승만 박사를 비교하면서, "지도자는 그 시대 백성들 정신의 기준이 되어야 한다. 이렇게 살다가 이렇게 죽어야 된다는 것을 보여줘야 한다"고 말한 것을 들은 적이 있다. 김 목사의 말처럼 공직자는, 국가의 지도자는 국민들 정신의 기준이 되어야 한다. 우리 사회에서 국민들은 모름지기 이렇게 살아야 한다는 것을 보여줘야 한다.

## 3. 자신감과 자긍심을 가지고 일하게 한다

2001년 5월 하순경으로 기억하는데, 공직사회의 비능률과 반개혁적 자세에 대한 공직사회 내부의 비판이 연이어 신문지면을 메웠던 적이 있었다. 그 첫 신호탄은 기획예산처 차관을 지냈던 최종찬 씨가 후배들과 지인들에게 보낸 이메일이었다. '무능한 관리자로서는 정부혁신 어렵다'는 제목의 편지 속에서 그분은 "공직자들이 밤늦도록 일해도 국민들이 정부 서비스 개선을 실감하지 못하는 이유는 쓸모 없는 일에 시간을 허비하기 때문"이라며 고질적인 병폐들을 지적하였다.

'상급자에게 눈도장을 찍으려고 서면보고를 기피한다', '국장이 알지도 못하면서 과장을 배석시킨 채 아는 체 보고한다', '정보공유가 안 돼 유능한 직원이 이직하면 해당과의 업무가 마비된다', '상급자가 지시할 때에도 따져 묻지 못하는 문화 때문에 의사소통이 충분히 안 된다' 등등의 문제점을 구체적인 사례까지 들어가며 조목조목 나열한 그분의 비판에 대해 이의를 달 수 있는 공무원은 많지 않으리라 생각한다. 업무 효율을 올리기 위한 대안들도 매우 설득력이 있어 보였다.

며칠 후 이번에는 중앙인사위원장이 위원회 출범 2주년을 맞이하면서 직원들에게 보낸 이메일이 소개되었다. 김 위원장은 편지에서 최

전 차관이 지적한 정부관료제의 비효율과 문제점 등에 전적으로 공감한다고 하면서 "정부는 개혁의 주체로서 얼마나 자신 있고 떳떳한가를 자성해야 한다. 스스로 변신하지 않으면 개혁에 걸림돌이 될 수 있음을 새기며 더 좋은 정부를 만들기 위해 혼신의 노력을 해나가자"고 했다.

그리고 바로 그 다음날에는 총리실에서 15년 간 근무하다가 지금은 정치인이 된 전직 관료가 자신이 경험한 18명의 총리들을 평가한 책 속에서 지적한 비능률적인 공직사회의 단면들이 보도되었다.

공직사회에 아직도 개선해야 할 비능률과 낭비적 요인이 산재하고 있고, 이를 개선하기 위한 개혁의 목소리가 공직사회 내부로부터 나오는 것은 대단히 의미 있고 바람직한 일이다. 그분들의 비판은 그른 것이 없지만, 나는 우리 공직사회가 잘하고 있는 것, 우리의 공무원들이 행정 리더로서 열심히 일하고 있는 모습도 누군가 얘기해 줬으면 한다.

싱가포르 공무원들은 부정도 없고 친절하다지만 우리의 공직사회가 그들만한 대우를 받고 있는지도 생각해 보자. 싱가포르만큼 우수한 인력을 유인할 수 있는 시스템이 갖추어져 있는지도 따져보자. 근무 여건이 열악해서 부정부패가 일어난다고 하면서도 막상 봉급을 인상하려고 하면 국민경제에 미치는 영향을 이유로 못마땅해하는 시선을 우리는 많이 보아왔다.

칭찬과 격려 없이 비판만이 난무한다면 공직사회는 주저앉고 말 것이다. 공무원은 월급으로 먹고사는 것이 아니라 자존심과 자긍심을 먹고살기 때문이다. 나는 많은 비판에도 불구하고 우리 공직사회가 가지고 있는 미덕과 또 스스로 변해 가는 모습은 충분히 칭찬 받을 만한 가치가 있다고 생각한다.

그리 긴 기간은 아니었지만 공무원들과 생활하며 보았던 그 모습들을 통해 나는 공직사회의 희망과 행정 리더의 가능성을 찾을 수 있었다.

　이러한 판단의 첫 번째 근거는 내가 취임식을 하던 날 국장들 중에 유일하게 빠진 해양수산부 박 차관보의 모습이다. 나는 취임 이후 첫 국장단 회의 때 박 차관보의 결석을 높게 평가하면서 자신감을 가지고 일을 처리하고, 또 적극적으로 홍보하라는 당부를 했다. 내가 업무를 하면서 지켜본 박 차관보는 홍보도 홍보지만 소탈하고 차분한 성품을 무기로 한·일과 한·중 어업협상에서 최대한의 국익을 확보하였다. 박 차관보는 주인의식을 가지고 현장에서 일하는 행정 리더의 가능성을 보여주었다.

　가능성의 또 다른 근거는 김 실장의 모습이다.
　취임하고 얼마 지나지 않아 꽃게사건이 터졌는데, 나도 장관으로서 수산물검사소를 방문하여 검사과정을 점검하고, 수산시장에서 꽃게로 식사를 하기도 하였지만 그 당시 직원들의 노고에 비하면 아무것도 아니었다. 그렇다고 내가 걱정스런 마음으로 일요일에 출근한다면 직원들만 불안하게 할 것 같아서 그런 일은 생각하지 않고 있었다.
　그런데 장모님이 오랜만에 서울에 오시자 내 처가 장모님께 근무하는 곳을 한번 보여드리면 어떻겠냐고 했다. 정치한답시고 제대로 모신 적도 없고 마침 일요일이라 직원들도 근무하지 않는 날이니 그래도 괜찮겠다는 생각에 직접 차를 몰고 해양수산부 청사로 왔다.
　수위에게 장관실을 열어 달라고 하며 직원들 중에 나온 사람이 있냐고 물었더니 상당히 많은 직원들이 나와 있다고 했다. 내가 왔다는 사실을 알리지 말라고 한 뒤 장관실이 있는 11층으로 올라와 보니 당시 차관보이던 김 실장이 바쁘게 왔다갔다하는 모습이 보였다. 나는 일부러 일요일에 사무실에 나오지 않은 것이지만, 쉬는 날도 마다하고 나와서 대책을 세우고 추진상황을 점검하는 직원들을 보며 미안한 마음과 함께 믿음직스러움을 느꼈다. '이런 직원들이 있기에 나라의 많은 문제들이 해결되어 가는구나' 라고 생각했다.

세 번째 사례는 각종 회의자료나 국회 등 외부로 배포되는 자료를 총괄하는 기획관리실 박 서기관의 모습이다.

술자리에서 직원들과 얘기해 보면, 아무리 성품 좋은 상관도 자리에 앉아있는 것보다는 자리를 비워주는 게 직원들이 마음 편히 일하는 데 낫다고 한다. 나도 부담스런 상관이 되지 않기 위해 정시 출퇴근 시간을 30분 이상 넘긴 적이 거의 없다. 하지만 중앙부처 공무원들은 10시, 11시를 예사로 생각한다. 물론 최 전 차관이 지적한 것처럼 쓸데없는 일에 시간을 허비하기 때문에 오래도록 남아있을 수도 있다. 하지만 그것은 관리자의 문제이고, 대부분의 직원들은 자신에게 맡겨진 일은 밤을 새워서라도 확실하게 하고자 했다.

직원 중에 업무는 많고 집은 멀어서 회사 주변에 허름한 방을 잡는 경우도 있었는데 박 서기관도 그러했다. 박 서기관 부부는 맞벌이를 한다. 부인은 수원에서 교사생활을 하고 있다. 아무래도 육아에 있어서는 어머니의 역할이 조금 더 크다고 볼 수 있어서 수원에 집을 얻었고, 박 서기관은 매일 4시간을 출퇴근으로 보냈다. 그런데 총괄계장을 맡으면서 막차를 잡기도 쉽지 않자 자취방을 잡고 주말부부가 된 것이다. 정부가 가정생활을 불안정하게 만든 셈이지만, 일단 그것은 논외로 하고 박 서기관과 같이 맡은 바 직무에 책임을 다하는 실력 있는 공무원들의 모습 속에서 우리 정부의 희망을 엿볼 수 있었다.

마지막으로 들고 싶은 가능성의 근거는 직원들의 소리 없는 변화이다.

내 나름대로 직원들에게 꿈과 자신감을 심어주고자 노력했고, 또한 그들 스스로 역량을 강화할 수 있도록 조직문화와 시스템을 구축하고자 했던 것은 사실이지만 2001년 초부터 보여줬던 직원들의 활기찬 모습은 내가 이전에 공무원들을 유능하고 성실하다고 평했던 것과는 또 다른 차원의 것이었다. 그들의 모습에는 사명감과 자부심이 느껴졌고, 의욕적으로 일을 찾아서 하려는 자발성 같은 것이 엿보였다.

장관 취임 몇 달 동안 보고를 받을 때 나는 질문거리가 많았었다. 그리고 내가 질문을 하면 대답을 잘못하거나 당황해하는 직원들이 적지 않았다. 그런데 2001년에 들면서는 읽어보기만 해도 모든 정황을 이해할 수 있는 보고서들이 올라왔고, 또 질문을 하면 담당자들이 자신 있게 대답했다. 내가 처음보다 업무를 좀더 파악했다는 사실을 고려하더라도 이것은 그 이상의 큰 변화였다. 보고의 주제도, 꼭 하지 않으면 안 되는 것 외에도 적극적으로 일을 찾아내서 들고 오는 일이 잦아졌다. 어려운 일을 제안해도 난색을 표하는 일이 없었다.

또한 실무선에서 해결하기 어려울 듯해서 내가 관계 부처 장관들을 만나서 얘기해 주겠다고 하면 일단 자기들이 뛰어보고 안 되면 도와달라고 하였다. 그리고 직원들은 많은 경우에 내 도움 없이 스스로 문제를 해결했다.

이러한 변화의 원인은 여러 가지로 찾아볼 수 있을 것이다. 내가 받쳐줄 테니 열심히 하라는 격려가 힘이 되었을 수도 있고, "일을 잘못한 것은 내가 책임져 주지만 일을 안 하는 것은 책임을 묻겠다"는 협박도 일조를 했을 것이다. 해결이 쉽지 않다고 생각한 현안들이 하나둘씩 해결되어 나가는 것이 의욕을 불러일으켰을 수도 있을 것이다. 땅만 바라보고 있던 그들에게 눈을 들어 꿈을 보게 한 것도 효과를 보았을 수 있다. 조직의 많은 문제를 직원들의 책임 하에 자율적으로 풀어나가도록 한 것도 도움이 되었을 것이다.

변화의 이유는 여러 가지겠지만 변화의 원동력은 자신감과 자긍심이 아닌가 한다. "내가 해야 하고, 나는 할 수 있다"는 생각이 공직사회를 생명력 있게 만든 것이라고 본다. 입에 쓴 말은 약이 된다. 하지만 모든 문제를 약만으로 해결할 수는 없다. 약도 먹고 영양식도 먹어야 비로소 건강한 몸으로 회복할 수 있다.

칭찬에 인색하지 말자. 칭찬은 그 사람에게 더 나은 모습으로 변화해야겠다는 책임감을 심어주게 된다. 그래서 나는 공직사회에 대한 균형 있는 비판을 기대한다. 그래야 고칠 것은 고쳐나가면서 또 잘한 일은 확산해 나갈 것이기 때문이다.

## 4. '도우미'로서의 행정가가 된다

관료 조직 내에서 장관은 섬김을 받는 자리인가, 섬기는 자리인가? 물론 통설은 섬김을 받는 자리이다. 그렇기 때문에 장관이 청사에 출근할 때나 지방출장을 할 때나 항상 공무원과 지방의 유지로부터 대접을 받는다.

　이와 마찬가지의 논리로 공무원, 즉 행정 리더는 국민들과의 관계에서 섬김을 받는 사람인가, 섬기는 사람인가? 이때까지는 공무원들이 국민들 특히 이해관계자들을 만났을 때 섬김을 받아왔다. 이제 섬기고 섬김 받는 이 관계는 역전되어야 한다. 장관이 직원을 섬기고 공무원인 행정 리더가 국민을 섬겨야 한다. 이것이 민주사회의 리더십, 나아가 21세기 수평적 네트워크 조직의 진정한 리더십이다.

　파출소에는 '무엇을 도와드릴까요' 라는 현판이 있다. 이 현판은 우리 경찰이, 누가 누구를 섬겨야 하는지를 명확히 보여주는 것이다. 그리고 국민의 정부 출범 이후 공무원 친절도 조사가 광범위하게 확산되고 있으며, 공무원이 지난 몇 년 사이에 아주 친절해졌다는 말도 들었다. 나는 공무원과 국민 사이에서 일어나고 있는 이러한 관계역전이 장관과 직원 사이에도 일어나야 한다고 생각한다.

　장관으로 취임한 뒤 나는 여러 가지 권위적 의전을 중단하라고 말했다. 현관에서 수위장이 마중하는 것이며, 지방 출장시 대거 환영 나오는 것이며, 직원과의 대화나 민원인들을 만날 때의 격식 등 기존의 섬김의 관계를 바꾸려고 했다.

　장관으로 재임하면서 내가 직원들에게 가장 많이 말한 것 중의 하나가 "일하는 데 도와줄 것이 없냐"고 묻는 것이었다. 처음 내가 이런 말을 직원들에게 했을 때 많은 사람들이 당황하는 태도를 보였고, 나중에는 자연스럽게 내가 도와주었으면 좋을 것을 먼저 말하기도 했다. 그 뒤엔 내 도움 없이 스스로 하겠다고 자신 있게 말하기도 했다. 장관으로서의 내 역할이 해양수산부 직원들이 일을 하는 데 도움이 되는 일을 하는 데 있다는 생각을 직원들이 자연스럽게 공감하면서 나는 직원들이 더욱 나를 따르는 것을 보았다.

경영전문지 「포춘」이 선정한 2000년 미국 혁신기업 3위에 올랐고, 미국 가구업계 서열 1위에 올라 있는 허먼 밀러사의 사장은 직원들에게 동기를 부여하는 것은 지도자의 강한 발언이나 엄한 지휘, 인기 있는 TV 명사의 흉내가 아니라고 했다. 그는 말한다.

"리더십의 예술이란 자신에게 요구되는 일을 가장 효과적이고 인도적인 방법으로 수행할 수 있도록 사람들에게 자유를 부여하는 일이다. 이렇게 업무 수행을 방해하는 장애물을 제거시켜 준다는 면에서 지도자는 자기를 따르는 사람들의 종(servant)과 같다. 다시 말해 진정한 지도자란 따르는 사람들이 자신의 잠재력을 온전히 실현할 수 있도록 도와주는 사람이다."

나는 장관이 섬겨야 할 궁극적 대상은 국민이고 그 다음은 임면권자인 대통령이지만, 가장 직접적으로는 바로 해당 부처의 직원이라고 생각한다. 장관이 부처의 직원들을 섬길 때 직원들은 장관을 섬길 뿐만 아니라 국민을 섬기게 된다. 장관이 직원들과 국민들의 도우미가 될 때, 부처의 공무원들도 국민들의 도우미가 될 것이다. 이러한 인식의 변화가 우리 행정의 가장 큰 문제점으로 지적되어온 '권위적, 관 주도적, 행정 편의적 패러다임'에 변화를 일으킬 수 있다. 과거처럼 국민 위에 군림하려는 자세를 버리고 국민 중심의 행정 서비스 체제를 갖춘 고객 지향적 정부, 국민들에게 만족을 주는 공무원상을 만들 수 있다.

결국 장관은 부처의 직원들에게, 행정 리더인 공무원은 자신이 충성해야 할 대상인 국민에게 도우미 또는 길잡이(helper)로서, 멘토 (mentor), 컨설턴트로서의 역할을 다해야 한다.

## 리더론 1 - 전문성과 정치력

개각이 있을 때마다 제기되는 문제는 신임 장관이 전문가인가, 정치인(비전문가)인가 하는 것이다. 언론은 '전문가형 장관' 이 '정치인형 장관' 보다 낫다는 생각을 일반적으로 하고 있는 듯하다. 내가 입각할 때 보도된 언론의 논조도 그랬다.

그래서 취임 후 맨 먼저 받은 질문 중의 하나가 "바다에 대해 무엇을 아느냐"는 것이었다. 해양항만 및 수산분야에 대한 전문적 지식, 또는 이와 연관된 행정적 경험을 갖고 있느냐의 문제였다고 본다. 즉 이러한 해양수산에 대한 전문적 지식과 행정경험이 없이 어떻게 장관직을 잘 할 수 있느냐는 질문이었다.

1995년 부산시장에 출마했을 때, 나는 항만문제, 수산문제에 대해 여러 가지를 공부하고 또 토론했다. 부산시장 후보자로서 우리나라 제1항도인 부산을 어떻게 발전시킬 것인가 하는 문제는 곧 해양수산 분야를 어떻게 발전시키느냐에 밀접히 연관되어 있었다. 종로지구당을 포기하고 부산 북 · 강서을의 지구당을 맡고, 나아가 당의 동남권발전 특별위원회 위원장을 맡으면서 어민과 항만문제에 대해서 깊은 관심을 가졌다. 해양수산과 관련된 여러 가지 문제를 해결하기 위해 백방으로 뛰어다닌 적도 있었다. 전문가라고 할 수는 없어도 해양수산 분야에 대해서는 전문가 못지않은 관심과 지식을 가지고 있었다고 할 수 있다.

그러나 이러한 경험과 지식의 필요성에도 불구하고 나는 장관이란 자리에 전문가뿐만 아니라, 정치인도 적합하다고 생각한다. 해양수산에 대한 지식 전문가, 또 행정경험을 가진 전문가도 필요하지만, 문제를 넓은 시야에서 바라보고 정책결정을 위한 판단을 내리며 각계각층의 이해를 이끌어내는 정치적 능력이 장관에게 더욱 필요하기 때문이다. 물론 가장 바람직한 것은 장관이 되기 전에 국회의원이라면 미리 해당 상임위에서 1~2년 업무를 익히는 것이 좋다. 그리고 행정경험을 가진 전문가라면 정치적 능력을 갖추는 것이다. 이렇게 정치력과 전문성을 겸비하는 것이 금상첨화인 것은 분명하다.

현 헌법이 내각책임제적인 요소가 강하기 때문에 앞으로도 정치인 출신 장관이 이전보다 더욱 많이 등장할 것으로 예상된다. 내각제를 갖고 있는 서구의 '그림자 내각' 처럼 우리나라도 이러한 포석을 해둔다면 신임 장관이 훨씬 쉽게 장관직을 수행할 수 있게 될 것이다.

이와 연관해서 나는 '장관은 관리자가 아니라 리더이다' 라는 사실을 분명히 하고 싶다. 미국의 저명한 경영학자인 워렌 베니스(Warren Bennis)와 미국에서 발행되는 「World Executive Digest」는 관리자와 리더를 〈표1〉과 같이 구분하고 있다.

관리자와 리더를 구분하는 것 못지않게 리더십 이론에서는 리더와 보스를 구분하기도 한다. 만일 장관이 그 직책에서 오는 권위, 즉 직위에만 의존해서 일을 하려고 한다면 그는 보스가 될 것이다. 그렇지 않고 부처 고유의 사명과 비전을 위해 조직 구성원에게 동기부여하고 이해관계자들의 힘을 이끌어내고 또 설득시킬 수 있다면 그는 리더이다.

| 워렌 베니스 | | World Executive Digest | |
| --- | --- | --- | --- |
| 관 리 자 | 리 더 | 관 리 자 | 리 더 |
| 책임 수행 | 혁신 주도 | 다른 사람을 관리 | 다른 사람을 지원하고 |
| 모방 | 창조 | 하고 감독함 | 격려함 |
| 유지 | 개발 | | |
| 시스템, 구조에 초점 | 인간에 초점 | 남에게 지시함 | 남을 안내하고 계발시킴 |
| 통제 위주 | 신뢰에 기초 | 경쟁분위기를 조성함 | 상호 협력적 분위기 조성 |
| 단기적 | 장기적 | 직책/직급을 활용 | 관계를 활용 |
| 언제, 어떻게에 관심 | 무엇을, 왜에 관심 | 동질성/획일성 추구 | 다양성/유연성 추구 |
| 수직적 관점 | 수평적 관점 | 위험 회피 | 위험 감수 |
| 현상태 수용 | 현상태에 도전 | 개인별 기여 평가보상 | 팀작업 평가보상 |
| 전통적인 충복 | 독자적 인간 | 명령대로 함 | 스스로 일처리를 주도함 |
| 일을 옳게 함(How) | 옳은 일을 함(What) | 사람을 비용으로 여김 | 사람을 자산으로 여김 |

〈표 1〉

장관은 관리자도, 보스도 아니다. 장관은 어디까지나 리더이고, 한 부처의 리더일 뿐만 아니라 대통령과 더불어 국가정책 전체를 책임져야 할 리더이다. 행정부처의 수장인 장관뿐만 아니라 국장과 과장, 계장 나아가 모든 공무원이 관리자의 역할이 아니라 리더로서 역할을 해야 한다고 나는 생각한다. 리더로서 역할을 할 때에만 공무원사회도 경쟁력을 강화할 수 있고, 급변하는 국민의 요구에 올바로 대응할 수 있다.

## 리더론 2 - 리더의 자질과 능력

장관은 위로는 대통령을 비롯하여 아래로는 부하 직원에 이르기까지 실로 다양한 부류의 사람들을 상대로 일을 해야 한다. 장관직의 수행에 밀접한 연관을 가지는 부류는 크게 대통령, 국회, 관계 국민, 부처 공무원이다.

우선 대통령이 원하는 장관은 맡은 바 직분을 책임지고 수행하며 국무의원으로서 팀워크를 이룰 수 있는 장관일 것이다. 즉 대통령이 별 신경 쓰지 않아도 될 정도로 알아서 정책을 수립, 결정하고 추진하며 국민에 대한 설득과 홍보까지도 원활히 수행하는 장관을 원할 것이다.

국민들은 국민들의 요구, 민원과 정책으로 대표되는 국민의 요구를 가장 정확하고 친절하게 만족시켜 주는 사람을 원할 것이다. 국민에게 현실적이고 구체적인 이익을 가져다주는 사람이 행정부처의 장이 되기를 바랄 것이다.

국회에서는 국민과 마찬가지로 정책적 능력과 아울러 지역구민들의 요구를 잘 반영할 수 있는 장관을 원할 것이다. 물론 국회와의 관계가 원만할 수 있도록 대국회 설득력을 발휘할 수 있다면 그것은 더욱 좋은 것이다.

이러한 여러 가지의 부류 외에 장관과 가장 밀접하게 연관되어 하나의 팀으로서 일하는 것은 해당 부처의 직원들, 공무원들이다. 장관이 관리자가 아닌 리더로서, 보스가 아닌 리더로서, 전문가일 뿐만 아니라 정치인으로서 능력을 발휘한다면 그 일차적인 대상은 해당 부처의 공무원일 수밖에 없다.

나는 이 책의 집필을 위해 자료를 수집하는 중 1993년에 한 월간지(월간조선, 1993년 9월호)가 정부의 23개 부처 국장급 이상 3백 명을 면접 조사하여 역대 최고장관 23명을 뽑은 기사를 읽었다. 여러 장관에 대한 평가 가운데서도 이규성 장관에 대한 국장들의 평가는 장관의 리더십을 이해하는 데 아주 의미가 있는 것 같다.

"이규성 장관에 대해 한 국장은 '저녁 약속이 있어도 부하들이 제출한 보고서는 밤을 새워서라도 보고 이튿날 깨알 같은 코멘트까지 붙이곤해 탄복했다' 고 했다. 다른 국장은 '장관은 대국을 보고 옳다고 판단되면 모든 에너지를 집중, 폭발적으로 밀고 나가는 힘이 있어야 하는데 이 장관은 바로 이런 소신으로 뭉친 사람' 이라고 말하기도 했다. 또 다른 국장은 '국무회의에서 재무장관의 시각이 아니라 전체 경제를 보는 국무위원의 시각으로 자기 논리를 펴는 유일한 장관이라는 평을 경제기획원 직원들도 했을 정도' 라고 말했다. 재무부 관리들은 바람직한 장관상으로 '소신과 거시적인 시야를 갖고 부하들이 토론 끝에 올바르다고 한번 정한 정책은 정치력을 발휘, 과감히 추진하는 스타일' 을 많이 들었다."

재무부 국장들은 바람직한 장관의 조건으로 올바른 판단력에 기반을 둔 추진력과 소신을 강조했다. 그리고 전체 23개 부처의 국장급들이 공통적으로 제시한 최고 장관의 3대 조건은 '추진력' 과 '부처 위상 강화' 그리고 '공정한 인사' 였다.

장관직을 마치고 이 책을 준비하면서, 내가 한 여러 가지 일들을 복기하면서 나는 좋은 장관의 자질과 능력은 무엇일까를 생각해본 적이 있다. 자질과 관련된 것으로는 도덕성, 성실성, 신뢰, 공정, 책임, 헌신, 절제, 인내, 용기, 신념 등이 있다. 이 가운데 장관의 '자질' 로서 가장 중요한 것은 '공정함' 이라고 생각하며, 이를 통한 신뢰가 무엇보다도 필요하다고 생각한다. 그리고 능력과 관련된 것은 추진력, 판단력,

설득력, 포용력 등 많은 것을 생각할 수 있다.

그런데 이 모든 것을 통틀어 장관에게 가장 중요한 것을 한 가지만 꼽으라면 나는 '판단력'을 꼽고자 한다. 판단이 잘못된 추진력, 판단력이 없는 포용력, 판단력이 약한 설득력 등은 아무 의미가 없는 것이고, 그것은 해당 부처뿐만 아니라 나라를 망칠 수도 있기 때문이다. 이렇게 판단력의 중요성을 생각하다 보니 조선시대에 오늘날의 장관에 해당하는 직책의 이름이 판서(判書)이고, 차관에 해당하는 직책의 이름이 참판(參判)인 것의 이유를 알 듯하다. 해당영역의 최고 행정직위에 있는 사람에게 가장 필요한 것은 판단력임을 그 옛날의 우리 조상들도 깨닫고 있었던 것이 아닐까?

그렇다면 판단력이란 무엇인가? 판단력을 향상시키기 위해서는 어떻게 해야 하는가?

**첫째, 사실에 대한 정확한 인식이 필요하다.**
이때 사실은 사건을 둘러싼 사람들의 심리상황에 대한 정확한 인식까지를 포함하는 것이다. 나는 사실에 대한 정확한 인식을 위해 직원에게 항상 '현장을 확인하라. 관계자의 이야기를 많이 들어라'고 강조했다. 그리고 틈이 날 때마다 '정통하라. 사건, 정책, 상황에 대해 바로 꿰뚫어 보라. 과정을 파악하기 위해 과거의 사례를 충분히 익혀라'고 반복해서 말했다. 장관에 취임하자마자 발생한 납꽃게 파동과 우리 해양수산부의 고질적 문제였던 불법어로에 대한 대응책을 마련하는 데 사실에 대한 정확한 인식이 결정적인 역할을 했다.

**둘째, 분석과 통찰이 필요하다.**

이것은 경중(輕重)과 선후(先後)와 본말(本末)을 아는 것, 다시 말해 핵심적인 것과 지엽적인 것, 먼저 해야 할 것과 나중에 해야 할 것을 아는 것이다. 이것은 시간의 전후와 상황의 좌우를 보고, 어떤 일의 과정과 결과 그리고 그 영향까지 볼 수 있는 능력을 말한다. 이것이 가능하기 위해서는 해박한 지식과 경험이 필요할 것이다.

**셋째, 목표를 분명히 인식해야 한다.**

정책의 목표가 우리 모두에게 정당한지, 유익한지를 인식해야 한다. 목표를 분명히 인식하기 위해서는 가치관을 검토하지 않으면 안 된다.

**넷째, 실현가능성에 대한 검토이다.**

이것은 주체적 역량과 객관적 사실에 대한 정확한 인식이 있어야만 가능하다. 이를 위해서 가장 중요한 것은 시대의 조류에 대한 인식인데, 우리의 정책이 역사의 진행방향과 일치하는지를 고민해야 한다. 다음은 현실의 상황과 조건에 대한 판단이다. 정책집행에 기술적 장애, 인문 사회적 장애, 다시 말해 사회적 저항이 어떻게 나타나는지, 이를 극복하고 우회할 가능성이 있는지를 살펴봐야 한다.

이러한 과정을 통해 판단력이 향상될 수 있겠지만, 최고 정책결정자에게는 단순하고 일상적인 판단이 아니라 전략적이고 신속한 판단이 요구된다는 점에서 좀더 깊이있는 노력이 요구된다. 앞에서 애기했지만, 대표적으로 수협문제와 항만공사문제는 전략적 판단을 요구하는 것이었고 해양수산부와 해양경찰청의 부산 이전 문제는 신속한 판단을 요구하는 것이었다. 전략적 판단으로 문제해결의 순서를 분명히 하고, 신속한 판단으로 불신의 확산을 막은 것은 내가 장관으로 취임하자마자 부닥친 몇 가지의 문제를 푸는 데 결정적인 역할을 했다.

결국 이러한 판단력 위에서 추진력, 설득력, 포용력 또는 조직력, 그리고 창조적 상상력과 비전이 나와야 한다. 그럴 때 장관으로서의 역할을 성공적으로 수행할 수 있을 것이다.

## 리더론 3 - 리더의 힘

장관에 임명되어 해양수산부에 출근했을 때 부내에서는 '힘센 장관'이 왔다는 이야기가 돌았다. 개각에 대한 각 부처의 표정을 다룬 신문기사를 봐도 그런 내용이 많았다.

"해양수산부는 노무현 전 의원의 임명을 다소 의외로 받아들이면서도, 정치적 영향력이 있는 만큼 한일어업협정 등으로 크게 떨어진 부처의 위상을 높일 수 있을 것으로 기대했다." 혹은 "정치적으로 영향력 있는 노 신임장관이 지난해 한일어업협정 등의 과정에서 크게 떨어진 부처의 위상을 높이는 데 도움이 될 것을 기대하는 눈치이다"라는 것이 해양수산부의 일반적인 분위기였던 것 같다.

이런 신문기사를 볼 때 해양수산부 공무원들이 '힘센 장관'의 기준으로 생각한 것은 '정치적 영향력'인 것 같다. 비록 재선의원밖에는 하지 못했지만 국민적으로 상징성이 있고 또 여당의 부총재를 역임한 경력으로 정치권 내에 상당한 영향력을 행사할 수 있으리라 기대를 했음직하다. 이러한 평가도 물론 '힘센 장관'의 하나의 기준이 될 수 있다.

'국민적 상징성에 기반을 둔 정치적 영향력' 뿐만 아니라 대통령과의 거리도 정치의 세계에서는 힘센 장관의 기준이 되기도 한다. '어떤 사람의 권력의 크기는 대통령과의 거리의 제곱에 반비례한다'는 말이 있을 정도로 대통령중심제인 우리 나라에서는 대통령과 가까이 있는 사람, 대통령을 오래 모신 사람이 힘센 사람, 또는 힘센 장관이라고 시중에서는 이야기된다.

결국 국회의 다선의원, 대통령과의 거리, 국민적 상징성 등이 모두 정치적 영향력을 구성하는 요소이고 이것이 결국 힘센 장관의 여부를 결정하는 것이라고 일반적으로 인식되는 것이다. 그러나 나는 이러한 요소들보다도 더 중요한 것이 있다고 생각한다.

그것은 설득력이다.

오늘날은 더 이상 강권이 사람을 움직이는 권위주의 시대가 아니다. 정치권뿐만 아니라 관료사회도 강권적인 지시에 의해서는 움직이지 않는다. 국민들, 특히 공무원을 움직일 수 있는 힘, 그 핵심적인 능력은 설득력에서 나온다고 나는 생각한다. 내가 만난 공무원은 하나같이 나름의 논리가 있고 호락호락하지 않고 고집이 있었다. 공무원을 움직이기 위해서는 오직 자세를 낮추어 성심 성의껏 논리적으로 설득하고 그 타당성을 검증하는 수밖에 없는 것이다. 오늘날과 같은 민주사회, 투명한 사회에서는 이 설득력이 정치인 나아가 공무원의 힘을 결정하는 기준이다. 우리가 만일 설득력을 가질 수 있다면 힘센 장관도, 힘센 국장, 과장도 될 수 있다. 잘 정리된 논리로 기분 좋게 이야기하고 진지한 태도로 대화를 나눌 수 있다면, 일을 잘 할 수 있고 또 힘센 리더가 될 수 있는 것이다.

장관재임 중에 나보고 '힘센 장관'이라고 칭찬하는 말을 가장 많이 들은 때는 수협구조조정을 위한 공적자금 투입이 결정되었을 때였다. 수협에 대한 공적자금투입이 결정된 후 일선에 있는 수협조합장들은 나를 만날 때마다 "노 장관님은 참 힘이 세다. 수협에 공적자금을 투입하는 것이 쉽지 않은 문제인데 장관님이 참 잘 해결했다"는 말을 하곤 했다. 수협문제를 담당한 연안계획과의 정 과장도 이 문제와 관련해 재경부에서 해양수산부 장관의 생각을 물어오는 것을 보고 '우리 장관님이 참 힘이 세구나' 하는 생각을 했다고 한다.

내가 수협문제를 풀 수 있었던 것은 앞에서 이미 언급한 것처럼, '힘'을 사용했기 때문이 아니라 관계자들을 '설득'했기 때문이다.

나는 문제를 풀기 위해 재경부 장관에서부터 담당 사무관에 이르기까지 끊임없이 토론하고 설득했다. 직접 만나서 대화하기도 했고 e-mail로 의견을 주고받기도 했다. 그리고 수협문제와 관련된 부내 토론도 수십 차례 전개했다. 이러한 부내, 부외와의 토론을 통해 쟁점을 발견할 수 있었고 결국 해결의 실마리를 찾을 수 있었다. 선입견 없이, 형식과 격식을 떠나 마음을 열어놓고 전심으로 노력한 것이 문제의 본질을 파악하고 결정적인 위치에 있는 사람을 움직이게 한 것이다.

수협문제와 관련된 일을 일단락하면서 나는 힘센 장관이란 결국 문제 해결을 위해 성의를 갖고 일반국민에서 이해당사자까지, 사무관

에서부터 대통령에 이르기까지 관계된 사람들을 설득할 수 있는 능력
이라고 생각하게 되었다.

리더의 힘은 설득력에서 나오는 것이다.

# 8장 | 리더십과 비전

# 동아시아의 중심국가를 향하여

1. 발상의 전환과 동북아의 중심국가

2. 21세기의 시대정신과 리더십

3. 동북아의 '평화와 번영'을 위한 새로운 질서

# 발상의 전환과 동북아의 중심국가

## 거꾸로 된 지도와 발상의 전환

우리가 일상적인 생각과 생활에 매몰되고 정체되어 있을 때 한번 씩은 과감한 발상의 전환이 필요하다. 이를 위해서는 기존의 통념을 뒤집어 사물을 거꾸로 보는 것이 필요하다. 『거꾸로 읽는 세계사』라는 책이 출간되어 반향을 일으킨 적도 있지만 세계지도를 거꾸로 보면 과 연 우리나라의 모습은 어떻게 느껴질까. 우리나라의 국운개척에 뭔가 새로운 시사를 줄 수도 있지 않을까.

해양수산부 장관이 된 뒤 청사의 대회의실에 들어갈 때면 나는 항 상 벽면에 있는 거꾸로 된 세계지도를 보았다. 그런데 나는 이 거꾸로 된 지도를 장관이 되기 전에도 여러 번 보았다. 특히 장관이 되기 직전 인 2000년 여름, 김재철 회장이 쓴 『지도를 거꾸로 보면 한국인의 미래가 보인다』(김영사, 2000)라는 책을 통해 바다와 미래와의 관계를 다시 생각하게 되었다.

거꾸로 된 세계지도가 나에게 준 인식의 변화는 컸다.

우선 나도 우리나라 대부분의 사람들과 같이 육지 중심의 사고를 하고 있었는데 이를 통해 바다 중심의 새로운 사고를 시작할 수 있었다. 우리는 수천 년 간 중국대륙을 바라보며 그것을 중심으로, 그 육지를 중심으로 생각하는 습관이 들어 있었다. 이러한 대륙과 육지 중심의 사고방식은 세계를 바라보는 하나의 방식에 지나지 않는다는 것이 거꾸로 된 지도가 내게 주는 생각이었다.

둘째는 삶의 무대가 육지만이 아니라 바다일 수 있다는 것이다. 우리는 그 옛날부터 어업보다는 농업을 중시하고 뱃사람을 아주 천하게 여겨왔다. 그리하여 어민과 어촌과 어업 그리고 바다와 연계된 각종 산업을 무시하고 뒷전에 밀어두었다. 지난 50년 간 우리나라의 발전이 바다로 열려진 길을 통해 가능했다는 점을 염두에 둔다면 이제는 좀더 적극적으로 바다를 삶의 무대로 고려해야 한다.

셋째는 우리의 역사와 문화를 대륙세력과 해양세력의 충돌과 융합으로 바라보는 안목이 분명해졌다. 우리의 근세사를 해양세력과 대륙세력의 충돌로 분석한 글을 읽은 적이 있지만, 우리는 정치, 경제, 외교, 안보, 문화 등 우리나라의 모든 면을 해양세력과 대륙세력의 충돌과 융합이라는 관점으로 재조명해볼 필요가 있다. 이제는 육지와 내륙과 대륙 중심의 사고방식에서 벗어나야 한다. 한쪽 눈이 아니라 두 눈으로 바라보고, 한 날개가 아니라 두 날개로 나는 그런 사고와 행동의 전환이 필요하다.

대륙세력과 해양세력의 접점에 위치하는 우리 한반도는 시대의 상황과 우리의 역량에 따라 전쟁의 격전지도, 평화의 발원지도 될 수 있다. 그리고 한반도는 대륙문화와 해양문화의 종착점이자 접합점이기도 하다. 대륙세력의 힘이 강할 경우에는 대륙문화의, 해양세력의 힘이 강할 때는 해양문화의 종착점이 되었다. 또한 정치경제적으로 지난 50년간 한반도는 자본주의와 사회주의라는 양대 체제의 양극단에 위치한 최전방 초소였다.

21세기를 맞이하는 지금 한반도는 전쟁의 격전지가 아니라 평화의 발원지가 되어야 한다. 문화의 종착점이 아니라 문화의 접합점이 되어야 한다. 그리고 구체제의 최전방 초소가 아니라 동북아 새로운 질서의 중심 발전축이 되어야 한다. 새로운 시대정신을 선도하는 평화와 공영의 새로운 체제를 만드는 것이 이 시대를 살아가는 우리 모두의 역사적 사명이다.

## 우물안 개구리, 새우등, 그리고 태평양의 돌고래

해양수산부의 마스코트는 '바다랑' 이라는 돌고래이다. 이 '바다랑' 은 '바다와 함께' 라는 의미로 친근하고 풍요로운 바다를 국민과 함께 만들어 가겠다는 해양수산부의 소망과 의지를 담고 있다. 그리고 영리하고 친근한 이미지의 돌고래를 캐릭터로 만들어 친절과 봉사로써 국민에게 가까이 다가가는 모습을 표현한 것이다. 돌고래 '바다랑' 은 해양수산부의 건물과 홈페이지 등 어디에 가도 눈에 띈다.

돌고래는 바다에서 사는 동물 중에서 가장 지능이 뛰어난 영리한 동물이다. 바다뿐만 아니라 육지에 사는 동물과 비교해도 침팬지 정도를 제외하고는 가장 고등한 동물에 속할 것이다. 그렇기 때문에 사람들과 친근하게 지내며 인간에게 여러 가지 볼거리를 제공하고 있다.

보통의 고래는 지구상에서 덩치가 가장 큰 동물이다. 그러나 돌고래는 보통의 고래와 비교할 수 없을 정도로 덩치가 작다. 비록 돌고래는 덩치는 작지만 '고래' 라는 이름이 붙어있고, 그 뛰어난 지능과 활동력으로 아주 강한 생명력을 보이고 있다. 거대한 몸집을 가진 보통 고래와 돌고래는 같은 고래로서 어깨를 나란히 하며 대양을 무대로 활동하고 있는 것이다.


나는 해양수산부의 마스코트인 돌고래 '바다랑' 을 볼 때면 오래전에 영국의 한 국제정치학자가 한국에 대해 쓴 글이 생각난다. 영국 리즈(Leeds)대학에서 한국문제를 연구하는 포스터 카터 교수는 1994년 영국의 『가디언』지에 한국을 '돌고래' 에 비유하면서 동북아의 21세기를 전망하는 글을 기고한 적이 있었다.

카터 교수는 '고래싸움에 새우등 터진다' 는 한국의 속담을 인용하여 한국의 현대사를 설명한 후, 중국 러시아 일본 등 '고래들' 에게 시달렸던 한국은 이제 세계 13위의 무역국가·평화국가로서 더 이상 '새우' 가 아니라 '돌고래' 로서 구실할 것이라고 평가했다. 또한 북한이 파산지경에 이르러 북한을 재건해야 하는 부담을 지고 있지만 '한국은 1천여 년 만에 처음으로 동북아시아에서 강력하고 자주적인 세력으로 남게 될 것'이라고 전망했다. 그는 이어 20세기 초 서방에 의해 거의 무시됐던 한국이 냉전시대가 끝난 지금 '동방의 스위스가 될 수 있는 모든 가능성을 지닌 강력한 무역국이자 잘 무장된 평화주의 국가'가 됐다면서, '동북아시아의 막강한 고래들의 분규가 당당한 돌고래에 의해 중재된다면 좋을 것'이라고 말했다.

IMF체제가 오기 몇 년 전에 지구 반대편에 있는 한국전문가의 분석이지만 이것은 우리 나라의 위상이 어떤 것인가를 잘 보여주고 있다. 우리의 역사를 보면 카터 교수의 분석처럼 고래싸움에 새우등 터지는 사례가 아주 많다.

400년 전의 임진왜란은 일본이 명나라를 비롯한 아시아대륙을 정복하겠다고 벌인 전쟁이고 우리 나라에서 동아시아의 국제전쟁이 치러졌다. 100년 전에도 마찬가지다. 청나라와 일본이 전쟁을 벌였을 뿐만 아니라 러시아와 일본이 전쟁을 치뤘다. 2차대전 때는 미국과 러시아의 갈등으로 분단되고 그에 이어 한국전쟁이라는 세계전쟁이 우리 한반도에서 벌어졌다. 대륙세력과 해양세력이 맞붙기 시작한 16세기 말 이래 우리는 고래싸움에 새우등 터지는 상황에서 벗어날 수 없었다.

그러나 이러한 '새우등'의 처지가 된 책임을 외부로만 돌릴 수 없다. 우리가 '새우등'이 된 근본책임은 우리 스스로에 있다고 나는 생각한다. 우리가 '우물 안의 개구리'였기 때문에 결국 고래들의 싸움이 벌어졌을 때 새우등이 될 수밖에 없었다. 400년 전 임진왜란이 발생했을 때에도 당시의 우리 조정은 국제상황에 대해 '우물 안의 개구리'처럼 분석하고 대응했다. 100년 전 서구세력이 산업문명을 토대로 도도히 밀려올 때 우리는 위정자들뿐만 아니라 국민들까지도 '우물 안의 개구리'처럼 협소한 시야와 편협한 사고로 대응했다. 그 결과는 새우 등이었고 식민지였고 분단과 전쟁이었다.

2000년 6월의 남북정상회담을 두고 일부에서 크게 비난한 적이 있었다. 그리고 자신의 정치적 생명을 유지하고 지지기반을 다지기 위해 나라를 나누고 국론을 분열시키는 행위를 하는 것도 보았다. 나는 이를 통해 우리 역사에 나타나는 수많은 '우물안 개구리'를 다시 보는 듯했다.

적어도 국가적 지도자가 되겠다는 사람은 자기를 지지하지 않는 지역일지라도 그 지역을 포기하는 명시적 행위를 해서는 안 된다. 그렇게 해서는 국가를 이끌고 갈 수 없다.

대북 화해협력정책에 대한 태도도 그렇다. 조선시대 실학파들이 길을 넓혀 수레를 다니게 하자고 하자 나라의 대신이라는 사람들이 왜적이 쳐들어오는 길 닦아주는 결과가 되기 때문에 못하게 한 적이 있었다. 그야말로 안목이 좁은 사람들이었다. 그런 폐쇄적 사고가 결국 근대화로부터 우리 나라를 낙오시켰다. 경의선을 닦으면 북한이 쳐들어오니 하지 말라고 했던 그런 안목을 가지고서야 어떻게 남북문제를 풀 수 있겠는가. 나아가 어떻게 동북아시아의 새로운 질서를 감당하겠는가. 남북관계의 개선은 이산가족 재회 등 민족의 갈등을 해결한다는 차원을 넘어 동북아의 새로운 질서를 형성하기 위한 능동적인 대응이라고 할 수 있다.

대부분의 학자들은 21세기는 태평양시대가 될 것이라고 전망한다. 특히 2020년에는 중국의 총체적 경제력이 미국을 능가하고, 한·중일 · 러를 연계하는 동북아시아가 세계경제의 중심권으로 부상하리라는 전망이 지배적이다. 이 점에서 동북아의 중앙과 세계 간선항로상에 위치한 우리 나라는 유라시아대륙과 태평양의 관문으로서 세계 비즈니스의 중심지로 도약할 가능성이 매우 높다. 국가의 번영은 내부혁신의 동력도 필요하지만 외부적 환경도 중요하고, 주변국이 부유하면 더불어 번영할 수 있기 때문이다.

그런데 이러한 도약의 전제조건이 바로 '한반도의 평화' 이며, 이를 위한 남북간의 화해협력이다. 남북화해협력정책은 평화를 확보하고, 동북아시아의 미래를 담보하는 국가적 전략이라 할 수 있다. 국민의 정부가 일관된 자세로 북한과의 신뢰 회복을 추진한 것은 이런 면에서 높이 평가할 일이다.

이제 우리는 더 이상 우물 안의 개구리가 되어서는 안 된다. 우물 안의 개구리는 결국 고래싸움에 등 터지는 새우가 된다. 우리는 태평양을 향해, 5대양 6대주를 무대로 뻗어나가는 영리하고 기민한 돌고래가 되어야 한다. 세계화의 시대, 정보지식사회에서 이러한 '돌고래형 국가' 를 만들 때에 우리는 21세기에 다른 고래들과 어깨를 나란히 하고, 이들의 분쟁까지도 중재, 제어할 수 있는 참된 평화국가로 인류사회에 기여할 수 있다.


## 동북아의 중심국가를 향하여

'바다로! 세계로! 미래로!'
해양수산부에서는 공 사석에서 건배를 할 때 이 구호를 외친다. 한 사람이 선창하여 "바다로!"라고 하면 다른 사람은 "세계로!"라고 외치고 뒤이어 모든 사람이 "미래로!"라고 외친다. 이것은 바다를 통해 세계로 미래로 뻗어 나가자는 해양수산부의 간절하고 생생한 염원을 담고 있는 것이다. 아마도 중앙부처 중에서 이렇게 부의 비전을 담은 구호를 외치는 곳도 흔치 않을 것이다. '거꾸로 된 지도'와 '돌고래' 그리고 이 '바다로! 세계로! 미래로!'라는 구호가 해양수산부의 정체성과 비전을 대변하고 있다고 할 수 있다.

일반적으로 우리 나라는 동북아의 십자로라는 말을 자주 한다. 그리고 동북아시아가 세계 국내총생산(GDP)에서 차지하는 비중이 1990년의 16%에서 2010년에는 27%로 확대될 것으로 전망하기도 한다.

이러한 동북아시아의 폭발적인 발전전망을 염두에 둘 때 우리는 어떤 비전을 가져야 하는가. 세계와 미래를 향한 나의 비전은 우리나라가 동아시아 태평양시대의 중심국가가 될 수 있도록 국민의 마인드와 생활양식을 바꾸고, 국가의 인프라와 시스템을 재구축하는 것이다.

**중심국가를 위한 첫 번째 전략은 우리나라를 동북아의 비즈니스 중심지로 만드는 것이다.**

이를 위해 우리나라를 동북아시아의 교통, 물류, 통신의 중심지로 만들어야 할 뿐만 아니라 산업, 금융의 동북아 거점이 되도록 해야 한다.

2001년 3월에 개항한 인천국제공항은 지금 동북아 중심공항을 향해 힘찬 발걸음을 내딛었다. 세계적인 IT열풍과 이를 가능케 한 인프라로 우리나라는 세계에서 가장 선진적인 정보통신체제를 만들어 가고 있다. 그리고 경의선이 개통될 경우 유라시아를 연결하는 새로운 수송체계가 회복된다. 따라서 우리는 인천국제공항의 확장과 정보통신체제의 확충을 다그쳐야 할 뿐만 아니라 상대적으로 낙후한 항만에 집중적인 투자를 해야 한다.

부산항을 비롯한 우리나라 항만의 성장 잠재력은 ①세계 주간선 항로상에 위치한 천혜의 지리적 이점 ②저렴한 항만비용(홍콩, 고베항의 1/2 수준) ③북중국, 일본서해안 하물의 환적 선호도 1위 ④유수 대형선사 및 터미널 운영업체의 성장가능성 고평가 ⑤TSR 활성화시 중국 동북3성, 몽골, 중앙아시아, 러시아, 유럽을 항만 배후권역화하는 유라시아 관문항의 잠재력을 보유하는 데서 충분히 입증된다.

이러한 항만의 성장잠재력에도 불구하고 우리나라의 항만은 스위스 국제경영연구소의 2000년도 국가경쟁력 평가에서 최하위 수준을 기록했다. 이러한 현실을 개선하기 위해 나는 해양수산부 장관으로 재임하면서 항만에 대한 투자는 아무리 확대해도 지나치지 않다고 끊임없이 강조했다. 그래서 이미 수립된 항만개발계획을 수정하고, 직원들에게 예산을 대대적으로 증액할 수 있도록 구체적인 전략을 수립하게 했으며, 민자확보 등 가능한 모든 방법을 동원하도록 독려했다.

**중심국가를 위한 두 번째 전략은 중앙집권을 지방분권으로, 수도권 집중을 지역분산으로 국가체제를 재구축하는 것이다.**

무엇보다도 우선하여 지방자치단체에게 인사와 재정의 자율권을 주어야 하고 독자적인 기획이 가능토록 지적 인프라를 구축해야 한다. 지방정부가 중앙정부에 종속되어 '자치단체'의 수준에 머물 때 지방의 독자적이고 역동적인 발전은 불가능하다.

또한 수도권 일극 집중체제가 아닌 다극 분산체제를 만들어야 한다. 나는 지방 출신 정치인으로서 서울 중심, 수도권 집중의 폐해를 심각하게 느낀 적이 많다. 이 좁은 국토에, 그것도 모든 것이 수도권에 집중됨으로써 지역의 소외뿐만 아니라 수도권의 생활환경문제도 심각하다. 우리는 좁은 국토를 넓고 풍부하게 사용하는 방법을 모색해야 한다.

여러 방안이 있겠지만 그 중에서 특히 중요한 것은 바다에 접하는 해안선을 개발하는 것이다. 우리나라 동·서·남해안은 세계에 유례를 찾을 수 없을 정도의 황금해안이다. 이러한 해안선을 중심으로 주거와 관광, 산업 및 물류의 새로운 국토개발 플랜을 추진한다면 더욱 쾌적하고 아름다운 삶을 영위할 수 있을 것이다. 내가 장관으로 재임하면서 제안한 '남해안 21세기 복합생활공간 개발안' 은 이러한 취지와 연결되어 있다.

**중심국가를 향한 세 번째 전략은 우리 국민의 의식과 문화를 바꾸는 것이다.**

앞에서도 말했지만 우리는 더 이상 우물안 개구리가 아니다. 남북으로 분열되고 동서로 갈라져 싸우고, 학연과 혈연에 갇혀서 세상을 보는 그런 우물 안 개구리식의 생활방식에서 벗어나야 한다. 또한 우리는 더 이상 고래싸움에 등터지는 새우가 아니다. 미국, 일본, 중국, 러시아에 대해 피해의식을 갖고 두려워하거나 움츠릴 필요가 없다. 젊은이들은 의식도 문화도 이미 구시대의 방식을 뛰어넘고 있다.

우리가 태평양 시대, 세계화 시대의 중심이 될 수 있도록 우리의 사고방식과 생활문화를 바꾸어야 한다. 관용과 포용, 공정과 신뢰의 문화를 국민 하나하나가 자신의 생활 속에서 체득하고 이를 사회 전체의 문화로 스며들게 해야 한다. 로마에서 영국, 미국에 이르기까지 관용과 포용, 공정과 신뢰의 문화 없이 시대의 중심국가가 된 역사는 없기 때문이다.

# 21세기의 시대정신과 리더십

지금은 21세기이다. 세기가 바뀌었다. 새로운 시대가 온 것이다. 과연 21세기에 우리 시민은 무엇을 원하고 있고 21세기 우리 정치의 나아갈 길은 무엇인가?

이 시기에 과연 우리에게 가장 중요한 일은 무엇인가를 살펴보고, 바로 그것을 잘 하는 것이 정치인의 임무이다. 그러나 그것을 잘 하지 못해 많은 비판을 받고 있는 것이 오늘의 현실이기도 하다.

그래서 나는 21세기가 요구하는 한국의 시대정신과 리더십이 무엇인지를 살펴보고자 한다.

## 정치인이 해야 할 일은 무엇인가?

여론조사 결과를 보면, 정치인이 해야 할 일이 무엇이냐는 질문에 대해 첫 번째는 경제를 잘하는 일, 두 번째는 깨끗한 사회를 만드는 일, 세 번째는 개혁을 잘 하는 일, 네 번째는 동서화합을 실현하는 것이라고 지적한다. 조사할 때마다 약간씩 다르기는 하지만 일반적으로 이런 주문을 정치인들에게 한다.

정치학원론에서는 정치가 해야 하는 기능으로 국방, 치안, 경제, 갈등의 조정, 비전의 제시, 위기관리와 같은 것들을 제시하고 있다.

모두 옳은 이야기이고 필요한 일들이다. 그러나 이러한 요구들을 평면적으로 나열해놓고 이대로 잘하는 사람이 이 시기에 필요한 지도자라고 이야기하는 것은 사실을 정확하게 표현하지 못하는 것이다. 무언가 다른 것이 있어야 한다. 나는 그것을 이 시대 역사의 요구를 수용하고 짊어지는 것이라고 생각한다. 이 시대에 필요한 지도자는 반드시 이 시대의 요구와 맞아떨어져야 한다고 생각한다. 그런 의미에서 독일의 아데나워 수상, 빌리 브란트 수상, 그리고 미국의 빌 클린턴 전 대통령 등은 훌륭한 지도자의 본보기가 된다.

## 훌륭한 지도자 1 - 아데나워 수상

1952년 아데나워가 서독의 수상이 되었다. 그때 독일이 요구하던 것과 1970년 빌리 브란트가 수상이 되었을 때 요구하던 것은 달랐다. 아데나워 수상은 수상이 된 후에 제일 먼저 독일이 서구 유럽과 하나가 되기 위한 길을 추구했다. 그 당시 독일은 유럽 국가였지만 프러시아 시대 이래 공격적인 전쟁을 통해 유럽으로부터 배척받는 고립된 처지에 놓여 있었다. 이 고립을 극복하지 않고서는 독일의 미래가 없다고 생각한 아데나워 수상은 서방정책을 썼다. 프랑스와는 수백 년 동안 원수지간이었다. 이 관계를 개선하기 위해 노력했고 수백 년의 적대관계를 해소하고 프랑스와 화해했다. 그 화해를 통해서 유럽을 하나로 묶어내고자 하는 계획을 실천에 옮겼다. 그래서 맨 처음 구주석탄동맹이 만들어지고 그것이 발전하여 EEC, EC를 거쳐 오늘날 EU에 이르게 된 것이다. 지금의 유럽통합이라는 것이 바로 그때부터 시작된 역사인 것이다.

이 역사를 통해서 독일은 패전국, 전범국임에도 불구하고 당당한 서유럽의 일원이 된 것이고 이것이 독일의 역사를 바꾸었다. 라인 강의 기적은 이와 같은 정치적 토대 위에서 비로소 가능했던 것이다. 이같은 정치적 토대, 국제 사회 속에서 독일의 위상을 안정되게 만들어낸 정치적 토대가 없었더라면 라인 강의 기적은 일어날 수 없었을 것이다. 그래서 우리는 라인 강의 기적을 일으킨 사람을 에르하르트 수상이라고 이야기하지만, 진정한 의미에서 그 시기의 위대한 수상은 바로 콘라드 아데나워 수상인 것이다.


## 훌륭한 지도자2 - 빌리 브란트 수상

70년대에 수상이 된 빌리 브란트는 동방정책을 쓰기 시작했다. 독일은 분단국가로서 동독이 가로막고 있고, 폴란드 또한 과거 독일로부터 엄청난 박해와 고통을 받았던 국가로서 그 당시에는 사회주의 국가로서 독일과 적대적인 관계에 있었다. 물론 그 뒤에는 소련이라는 거

대한 세력이 버티고 있었다. 이 관계를 화해관계로 만들어서 평화를 이루어내지 않으면 독일의 미래는 없다고 생각한 빌리 브란트는 그때까지 내세우던 통일정책을 포기하고 평화정책을 전면에 내세웠다.

빌리 브란트는 먼저, 통독성을 없애버린다. 이것이 참 역사의 아이러니인데, 독일의 통일은 통독성이 없어진 때로부터 시작되었다. 그래서 그 동방정책이 성공한 결과 1989년 베를린 장벽의 해체로 나타나게 된다. 그때 통일 독일의 수상이었던 헬무트 콜은 1970년대 빌리 브란트에 의해 추진된 동방정책에 대해서 '공산주의 밀수업' 이라고 비난을 했던 사람이다. 그런데 놀랍게도 나중에 콜이 통일독일의 수상이 되었다.

여기에는 숨은 에피소드가 있다. 빌리 브란트 수상이 동방정책 때문에 기민당의 불신을 받아서 기민당이 내각불신임 결의안을 제출하게 되었을 때, 3표 차이로 내각불신임을 면하게 되는데 그때 기민당 내에서 반란표가 있었다. 그 반란표의 주도자가 바로 헬무트 콜 수상이었다. 그때 그 반란표 때문에 콜 수상이 1989년에 와서 통일의 열매를 따게 된 것이다. 입으로는 빌리 브란트를 공산주의 밀수업자라고 이야기했지만 속으로는 빌리 브란트의 동방정책을 지지했던 것이다. 이것이 독일의 역사를 바꾼 것이다.

지도자가 할 일은 경제를 잘하는 일만이 아니다. 역사의 무대를 크게 잡아서 세계사의 조류가 어디로 흘러가는지를 멀리 내다보면서 운명을 개척해 나가는 사람들이 역사의 지도자인 것이다.

## 훌륭한 지도자 3 - 빌 클린턴 대통령

나는 93년, 빌 클린턴 미국 대통령을 보면서 20년쯤 후에는 그가 세계 역사에 기록되는 위대한 지도자가 될 것이라고 예견했다. 그것은 탈냉전 시대의 새로운 세계질서에 대해서 "이런 싸움이 날 것이다, 저런 갈등이 생길 것이다"는 예측과 말들이 많았지만, 그는 과감하게 "냉전 이후의 새로운 시대는 화해와 협력을 기초로 한 평화와 공존의 시대가 될 것"이라고 단호하게 예측했던 정치지도자였기 때문이다. 나이는 나와 동갑이지만 클린턴은 이미 9년 전에 미래세계의 새로운 질서는 화해와 협력, 평화와 공존의 시대라고 선언하고 그와 같은 세계정책을 추진해 나갔다.

그가 여성문제로 곤욕을 치르고 있을 때도 나는 이렇게 말했다. "지도자의 덕목은 역사의 조류를 바로 읽고 가능한 바람직한 역사를 열어가는 것이기 때문에 그가 개인적으로 다소 수치스러운 일을 했을지라도 그것이 그 사람에 대한 본질적 평가는 아니다. 나는 여전히 빌 클린턴이 역사에 남을 지도자라고 생각한다. 이 생각은 지금도 변함이 없다."

지나고 보면 그 당시의 경제정책 몇 가지, 개혁정책 몇 가지가 아니라 큰 틀로서의 역사적 안목, 그리고 그 역사적 인식을 현실로서 추진해 갈 수 있는 신념과 용기, 이것이 훌륭한 지도자의 덕목이라는 것을 알 수 있다. 어쨌건 오늘의 역사에 필요한 사람이라야 진정한 지도자라고 나는 생각한다.

역사의 요구와 시민의 요구를 결합시켜보면, 국민들은 잘사는 나라, 아니 단순히 돈만 많은 나라가 아니라 살기 좋은 나라를 요구한다. 과연 어느 나라가 살기 좋은 나라인가 물으면 어떤 이는 돈 많은 나라, 장사 잘되는 나라, 경제성장률이 높은 나라…… 이렇게 이야기한다. 그러나 적어도 여러분들은 단지 돈 많은 나라가 살기 좋은 나라라고는 생각하지 않으실 것이다.

## 21세기 한국의 시대적 과제 1 - 한반도의 평화

한국이 살기 좋은 나라가 되기 위한 역사적 조건은 무엇인가?

동아시아의 평화질서, 번영이다. 동아시아가 평화로운 질서 위에서 번영을 누릴 때 한국이 그야말로 더불어 잘사는 나라가 되고, 이 조건 위에서 문화적 수요를 충족시켜 나가고, 그래서 인간은 자유롭고, 국토는 아름답고, 제도는 편리한 이런 나라가 되면 잘사는 나라가 만들어지는 것이다. 동아시아의 질서를 반드시 내다보고 가야 한다. 장사꾼의 관점에서 보면 우리 나라가 경쟁력을 가지려면 비용을 줄여야 한다. 우선 인건비를 줄이는 것이 하나의 방법일 수 있다. 그러나 그보다 확실한 방법은 기술혁신이다. 기업을 보더라도 관리를 효율적으로 한 기업보다도 기술개발을 잘 한 기업이 훨씬 경쟁력이 높다.

그러나 기술이 우수하더라도 충분한 시장을 갖지 못하면 또한 경제적으로 성공하기 어렵다. 그래서 시장을 가져야 하는데 이 시장을 가지려면 막강한 판매조직과 브랜드가 필요하다. 브랜드를 갖기 위해서는 1억 정도의 내수시장이 있으면 좋다고 한다. 일본은 그것을 가지고 있다.

한국은 남북한 합치면 7000만의 인구를 가지고 있다. 경의선이 연결되고 남북이 하나로 통합되었을 때 한국이 황금시대를 맞이할 수 있는 것이다. 이것이 한국이 살기 좋은 나라로 갈 수 있는 토대를 마련하는 비전이다.

그런데 이것이 하루아침에 물거품이 될 수도 있다. 앞으로 5년 이내에 이 꿈이 깨어질 수도 있다. 왜냐면, 만일 북한이 핵무기를 포기하지 않고 다시 핵무기를 꺼내든다면, 남한도 불안하지만 일본은 더 불안하다. 일본은 지금 '유사시법'을 준비하고 있는데 '유사시법'이라는 것이 무엇인가? 일본 사람들은 한반도에서 일이 일어나면, 한반도에서 안전이 무너지면 일본이 위험하다는 사고방식을 가지고 있다. 따라서 북한의 미사일이나 핵무기가 한반도를 통하거나 혹은 직접적으로 위협이 된다고 생각되면 일본은 군비증강, 군사대국화의 길로 나아갈 것이다.

일본이 이처럼 군비증강을 할 경우 중국은 과거 당했던 경험이 있기 때문에 역시 군비증강을 하지 않을 수 없다. 중국과 일본간에 군비경쟁이 시작되면 한국은 따라갈 수밖에 없다. 우리도 군비증강을 해야 하는데 경제는 일본의 1/10밖에 되지 않고 인구는 중국의 1/20밖에 되지 못한다.

여기에 효과적으로 대처할 수 있는 대안을 우리는 가지고 있지 않다. 이렇게 될 때, 우리 한국은 또다시 한미일 삼각안보체제의 한 축으로서 변방의 역사, 주변의 역사를 계속 이어갈 수밖에 없다.

남북관계의 열쇠를 돌려야 한다. 남북관계의 새로운 시대를 열어

안정과 평화가 구축될 때 동북아시아의 평화로운 질서가 형성될 수 있다. 최근 APEC회담에서 김대중 대통령이 창안하고 중국과 일본의 동의를 받아 경제장관회의를 만드는 작은 그림이 그려졌다. 아직은 별것 아닌 것 같지만 이것은 우리 민족의 미래에 엄청난 의미를 갖는 하나의 출발이다.

수백 년 중국의 변두리 국가로 살아온 것이 우리의 역사이다. 이것을 우리가 뛰어넘을 수 있는 세계사의 대전환기를 맞이하고 있다. 세계화시대, 유럽이 하나로 통합되는 시대에 남북이 하나로 손잡고 평화를 구축하면 중국과 일본의 군비경쟁을 막을 수 있다. 여기에 적대와 불신의 국제관계를 청산하고 화해와 협력, 공존과 번영의 국제관계를 만들어낸다면, 한국은 당당하게 국제사회의 일원으로, 세계적 통합의 구심점으로서의 위치를 잡을 수 있다.

한국에서 분열을 극복하고 국제사회를 중재해 나갈 수 있는 경제력과 도덕적 수준이 있다면 이것은 가능한 미래이다. 이것이 살기 좋은 나라를 만들기 위한 이 시기의 역사적 조건이다. 남북관계가 5년간 긴장되어 일본의 방향이 군비증강으로 고착되어 버리면, 다시 그것을 돌이키는 데 엄청난 노력과 시간이 필요하게 된다. 나는 지금이 그 결정적인 시기라고 생각한다.

퍼주기라고 무조건 비판하지 말자. 이건 우리 국가의 피할 수 없는 과제이다. 이 사실은 노태우 대통령도, 김영삼 대통령도 알고 있었다. 노태우 대통령 시절 북한의 도발을 억제하기 위해서 소련과 수교를 하려고 했고 그 수교를 위해서 15억 불을 빌려주었다가 아직까지 받지 못하고 있다.

　김영삼 대통령 시절에는 북한에 32억 불을 앞으로 계속해서 지원하겠다는 문서에 도장을 찍었다. 북한이 핵무기를 포기하는 대신 북한에 지어주기로 한 경수로 발전소를 위한 한국의 부담액이 32억 불이다. 그 외에도 김영삼 대통령은 3년 동안 약 3억6천만 불을 북한에 지원해주었다.

　김대중 대통령 당선 후 2001년까지 북한에 지원한 돈은 금강산 관광비용을 제외하고 민간과 정부를 다 합해서 3억2천만 불 정도에 불과하다. 노태우, 김영삼 대통령 시절 그처럼 많은 돈을 우리가 부담하려고 한 것은 피할 수 없는 역사적 숙명이 있었기 때문이다. 그러나 그 분들은 국민들에게 새로운 비전을 말하지 않았고 동의를 구하지 않았다. 툭하면 북한하고 싸울 궁리만 해왔다. 왜 그랬는가? 그것은 그동안 남한이 반공사상으로 찌들어 있었기 때문이다.

　역사의 흐름에 관해서 국민들에게 올바른 방향을 제시하고 동의를 구해야 한다. 그리 하지 않았던 결과로 당연히 해야 될, 누구도 피할 수 없는 민족적 과제인 남북관계를 풀어나가는 국민의 정부 대북정책에 대해서, 야당은 퍼주기라고 비판하고 민심이 거기에 호응해서 정부를 원망하는 상황이 초래되고 있다. 남남갈등 때문에 남북관계가 어려워지는 상황이 초래되고 있다.

　사실 북한은 참 말이 통하지 않을 때가 많다. 그러나 남북관계를 풀지 않으면 민족의 미래가 없다. 너그럽게 봐야 한다. '북한에 주는 돈은 하나도 공짜가 없다, 장기적으로는 이익이 남는 투자다' 라고 생각해야 한다.

## 21세기 한국의 시대적 과제 2 - 분열의 극복

한국이 그 동안 경제도 발전했고 동북아시대의 희망도 있지만 한 가지 반드시 극복해야 할 점이 있다. 한국이 해결해야 할 두 번째 과제는 분열의 문화를 극복하는 것이다. 이것은 너무나 중요하기에 나는 기회가 있을 때마다 분열의 문화를 극복하자고 강조한다.

해방이 되었을 때 한국은 통일된 자주독립국가를 세워 민주주의를 꽃피우고 경제를 발전시켜 나가야 했다. 일제의 잔재를 청산하고 민족 정기를 바로 세우는 일도 대단히 중요한 일이었다. 그러나 이 모든 것이 제대로 되지 못했다. 오히려 동족상잔의 전쟁을 치르고 친일파들이 득세해서 그들의 과거를 미화했다. 왜곡된 역사가 시작된 것이다. 왜 그렇게 되었는가?

분열 때문이었다. 남북간의 분단, 그리고 남한 내부의 좌우익의 대립 때문이었다. 그 당시 소련을 등에 업고 공산주의 국가를 세우려는 세력과 미국을 등에 업고 자본주의 국가를 세우려는 세력이 극한적으로 대립하는 사이에 공산주의나 자본주의가 중요한 것이 아니고 민족의 통일과 자주독립이 중요하다고 주장하던 중도통합세력들은 모조리 죽임을 당했다.

분단 뒤 왜 친일파들에게 권력을 줄 수밖에 없었는가? 경험이 없어서가 아니고 민족의 분열 때문이었다. 분열 때문에 그들의 힘이 필요했던 것이다. 상대방을 누르기 위해서 그들의 힘을 필요로 했던 것이다.

과거에 안기부가 무소불위의 권력을 행사할 수 있었던 이유는 그들이 권력에 저항하는 민중들을 탄압하기 위한 불법적인 행동을 했기 때문에 그들에게 특권을 주지 않을 수가 없었기 때문이다.

분열이 그와 같은 역사를 만들어왔다. 87년 6월 항쟁이 끝난 후 민주정권을 세워야 했는데 민주세력이 분열해서 선거에서 지고 말았다. 그래서 6공이 들어섰고, 독재정권을 상속받아서 문민정부를 세웠다. 절반의 정권이다. 그 후에 국민의 정부가 들어섰지만 영남에서는 자신들의 정부로 인정하지를 않았다. 논리적으로는 인정하지만 정서적으로는 인정하지 않았다.

이러한 정서의 틈바구니에서 무슨 일이 벌어지고 있는가 하면 과거 일제시대에도 떵떵거리고, 자유당 시절, 군사독재정권 시절에도 독재와 결탁해서 잘 먹고 잘 살면서 사회 지도층으로 군림해왔던 사람들이 지금도 그들의 특권을 주장하는 세력으로 뭉쳐서 이 나라의 민주화에 대해서 저항세력을 형성하고 있다.

지금은 민주화시대이다. 특권은 없어지고 국민의 권리가 신장되어나가는 시대이다. 그런데 지금도 특권을 주장하는 낡은 생각을 가진 사람들이 있다.

마지막 특권에 매달려서 과거의 영화를 그대로 유지해보려는 그런 특권세력이 역사를 역류시키고 있고, 그래서 민주주의는 지금도 뒤뚱거리고 있다고 생각한다. 역사의 진전은 지금 공격받고 있다. 왜 그렇게 되었는가? 우리가 지금 분열되어 있기 때문이다. 지금 한국사회에서 민주주의를 원하는 사람들과 과거의 특권을 원하는 사람들 사이에서 갈등이 있을 때 이 사람들이 의지하고 있는 가장 강력한 무기는 지역감정이다.

똑같은 일도 문민정부 시절에는 호남에서 무조건 싫다 하고 국민의 정부에서는 영남에서 무조건 싫다고 한다. 언론개혁에 대해서도 마찬가지다. 언론사 세무조사에 대해서도 지역에 따라 찬반이 완전히 다르다. 이러한 분열을 극복하지 못하고서는 한국역사는 한 발짝도 앞으로 나가지 못한다고 나는 생각한다.

## 21세기 한국의 시대적 과제 3 - 가치중심사회 구현

이제 우리나라가 경쟁력을 갖기 위해서는 무엇이 필요한가를 살펴보자.

첫 번째는 국민적 역량이다.

국민들이 우수하면 그 나라는 부자나라가 된다. 그렇다면 한국인의 역량은 어떠한가? 한국 국민은 40년 동안 한국경제를 양적으로 100배 성장시켰다. 지금의 60~70대 어르신들이 그 일을 했다.

지금 20~30대 아이들이 자랄 때만 해도 한국의 교육이 문제가 많다는 이야기를 들으면서 자라났는데 지금 세계 어디에 내어놓아도 뒤지지 않는 세계 일류의 젊은이들로 성장해서 한국의 IT산업을 일본을 능가하는 세계적 수준으로 끌어올려 놓았다. 머리에 노란물을 들이고 다니는 청년들이 도발적이고 가볍게 보이지만 알고 보면 세계 일류의 실력을 갖추고 있다. 한국의 국민적 역량은 일류국가가 되는 데 전혀 모자람이 없다.

두 번째는 올바른 국가전략이다.

한국의 국가전략은 무엇인가? 시장경제, 생산적 복지, 참여민주주의, 화해와 협력의 남북관계, 보편적 세계주의, 화합적 노사관계… 이 전체적인 전략이 올바로 가고 있는가? 여야간에 커다란 싸움이 없는 것으로 보아 대략적으로 올바로 가고 있다고 보인다. 다만 우리나라의 최강의 노동조합에서는 국민의 정부의 정책을 신자유주의 정책이라고 규정하고서 반대하고 있다.

신자유주의가 심각한 문제를 야기할 수 있다는 점을 우리도 잘 알고 있다. 세계화는 빈부의 격차를 더 키우게 되고 그것이 사회적 갈등을 부추겨 많은 사회적 문제를 야기시킬 수 있다는 점을 우리는 잘 알고 있다. 여기에 대해서 우리 국민들이 함께 대책을 세워나가야 한다. 무조건 시장경제가 좋은 것이 아니라 그로 인해 생기는 사회적 분열을 어떻게 막을 것인가 하는 사회통합의 전략에 대해서 대안을 마련해가야 한다.

그러면 이렇게 가치중심의 사회를 만들어나갈 수 있고, 사회를 통합할 수 있는 전략은 무엇인가?

## 생산적 복지정책

김대중 대통령은 이 사회통합의 전략을 생산적 복지정책이라고 생각하고 밀고 나갔다. 시행과정에서 다양한 시행착오는 나타나고 있지만 그 시행착오로 인해서 국가전략의 근본이 흔들리는 일은 없을 것 같다.

만일 흔들리는 부분이 있다면 바로잡아 나가야 한다. 교육부분이 심각하게 흔들리고 있고, 농정대책도 미흡하고 몇 가지 과제들이 있지만 전체적으로는 잘 해가고 있다고 나는 생각한다.

## 신뢰할 수 있는 사회

그러면 복지정책만 잘되면 한국은 모든 것이 다 잘될 것인가? 그렇지 않다. 반드시 갖추어야 할 하나의 조건이 또 있다. 우리 사회의 가치문화가 자리를 바로 잡아야 한다. 약속이 지켜지는 사회라야 경제활동이 활발하게 이루어질 수 있고 정상적으로 이루어질 수 있다. 약속이 지켜지는 사회라야 경제활동의 비용이 줄어든다. 우리 안전의 비용도 줄어든다. 약속이 지켜지지 않는 사회, 수돗물을 믿고 마실 수 없는 사회에서는 전부 정수기를 사서 물을 마셔야 하고 그 비용이 엄청나게 지출된다. 공교육에 대한 신뢰가 무너지면 엄청난 사교육비의 지출이 생겨난다. 국민이 정부를 믿지 않으면 정부에서 어떤 정책을 발표해도 먹히지를 않는다.

그래서 의약분업을 하려고 하니까 의사들이 반대를 했다. 의약분업으로 말미암아 수입이 줄어들면 그것은 바로 통계에 잡히기 때문에 일단 실시한 후에 그런 일이 발생하면 6개월 후에 줄어드는 만큼 조정을 해주겠다고 말을 해도 의사들은 믿지 않았다. 믿을 수 없으니까 의사들은 의약분업을 똑바로 하자면서 반대하고 나섰고 정부에서도 어쩌지를 못하고 의료수가만 여러 차례 올려 주고 말았다. 신뢰가 없는, 약속이 지켜지지 않는 사회이다 보니까 믿지 않고 선금 내라고 한다고 선금을 주어야 하는 엉터리 사회가 되고 말았다.

## 원칙이 통하는 사회

이 밖에도, 우리 사회의 룰이 지켜지지 않으면 안된다. 이중장부 가지고는 이제 더 이상 국제 사회에서 기업 활동을 할 수 없다. 이중장부 안 한다고 컴퓨터로 장부를 깔끔하게 정리해놓아도 그 장부를 믿지 않는다. 믿지 않으면 투자가 안 되는 것이다. 신뢰가 무너진 사회가 되어버리는 것이다.

한국이 앞으로 성공할 수 있는 조건이 무어냐고 했을 때 외국의 컨설팅 전문가들은 이구동성으로, 한국은 신뢰를 구축해야 한다고 했다. 그리고 편법, 뒷거래가 없어져야 한다고 했다. 원칙을 바로세우고, 규범을 준수하고 모든 약속은 지켜진다는 믿음을 갖게 하는 신뢰사회를 구축하지 않으면 한국은 한 발짝도 앞으로 나가지 못한다.

규범만으로 되지 않을 때 윤리가 작동하는 것이다. 그래서 규범과 윤리, 종교, 이런 것들이 문화이고 사회의 기본이다. 이 기본을 바로 갖추어야 한국이 장기적으로 경쟁력을 가질 수 있다.

이 기본을 어떻게 갖출 것인가? 어느 사회에나 모범이 되는 분야가 바로 정치이다. 정치가 거짓말을 하면 다른 곳도 따라하게 되어 있다. 정치가 정직하게 하면 정치인을 존경하지 않더라도 그 사회는 정직한 사회가 된다. 전부 서로 맞물려 있기 때문이다.

### 시민적 자존심의 회복

원칙, 신뢰, 규범, 그 위에 사회적 윤리의 수준을 높여야 한다. 윤리의 수준을 높이는 방법은 무엇일까? 흔히들 원칙을 지키지 않는 사람에게 가혹한 대가를 지불하게 한다. 강한 제재를 하는 것이다. 그런데 이렇게 하자면 감시비용이 너무 많이 들어간다. 교통법규 위반을 줄이려고 위반현장 사진을 찍어오는 사람들에게 포상금을 주니까 운전자들은 감시당한다고 불만이고 그 비용도 너무 많이 들어간다. 식품위생법과 같은 각종 규제도 마찬가지이다. 정말 자발적으로 지키지 않으면 원칙과 신뢰를 바로 세운다는 것은 거의 불가능하다.

자발성이 필요하다. 이 자발성을 어떻게 이끌어낼 것인가? 인간의 자존심을 회복시켜 주어야 한다. 인간의 존엄, 자신의 가치에 대한 자존심을 가진 사람만이 자발적으로 사회에서 선량한 일을 하고 약속을 준수한다. 규범을 준수하고 신뢰를 받기 위해서, 나아가서는 존경받기 위해서 노력한다. 자존심을 가진 인간을 길러내야 한다.

내가 어릴 때 어른들이 가끔 물었다.

"너, 성이 무엇이냐?"

"노갑니다."

"음, 양반이구나."

안동 권씨나 김씨에 비하면 아무것도 아닌, 촌동네 양반이었지만 우리 시골에서는 그래도 양반 행세를 했다. 어쨌건 양반 소릴 들으면 그 날 하루 종일 양반행세를 해야 했다. 양반 소릴 듣고도 나쁜 짓은 못 하잖는가?

가문의 전통을 이야기하는 이유가 여기 있다. 가문에서 출세한 사람들 끼리끼리 해서 서로 취직시켜주고, 자기들끼리 이권 주고받고, 그렇게 하라고 가문을 만들어 놓은 것이 아니라, 가문의 뿌리에 대한 자긍심을 가지고 그 사회의 도움이 되는 규범적인 인간, 자존심 가진 인간이 되라고 가문을 이야기하고 학벌을 이야기하고 하는 것이다.

자긍심, 집단적 자부심, 이것이 개인의 자부심의 근거가 되기도 한다. 여기에서 우리사회의 정통성의 문화와 역사가 나오는 것이다.

## 원칙과 정의가 승리하는 역사

한국의 역사를 보면, 옳고 그름의 시시비비를 따져서 잘된 사람 별로 없다. 부모님들께서 가르쳐 준 가장 설득력 있는 교훈은 "야, 이놈아. 모난 돌이 정 맞는다. 계란으로 바위치기다" "바람 부는 대로 물결치는 대로 눈치 좀 보고 살아라" 하는 것이었다. 적어도 부귀영화를 누리려면 힘센 사람에게 줄을 서야 한다는 역사적 체험을 우리는 축적해왔다. 불의를 보더라도 외면하고 살아야 목숨을 부지할 수 있었던 역사를 살아왔다.

이런 역사 속에서 무슨 자존심의 역사, 원칙과 규범이 서는 역사를 만들어 갈 수 있겠는가? 새로운 역사를 만들어 가야 한다.

내가 미국의 역사를 공부하면서 정말 부러워한 것은 지금도 대통령들이 국민들에게 "모든 사람들에게 공평한 기회를 갖게 하는 이것이 우리 건국의 아버지들이 우리의 헌법에 구현하고자 했던 정신입니다" 하고 한마디 말하면 그것으로 끝나버린다는 점이다. 옳고 그름에 대한 시비가 없다. 왜 그런가?

소위 1776년 버지니아 권리장전으로 표현되는 미국독립선언서는 아직도 인류문명에서 민주주의 사상의 금자탑, 인권사상의 금자탑으로 기록되고 있다. 그것대로만 하면 된다. 그 독립선언서를 읽었던 사람들이 승리했기 때문이다. 인간의 평등과 노예해방을 주장했던 링컨도 승리했다. 연방의 분열을 반대하고 연방의 통합을 주장하며 전쟁을 감행했던 링컨 대통령이 승리했다. 오늘날도 정의라고 말할 수 있는 것들을 주장했던 사람들이 승리한 역사를 미국은 가지고 있다.

그런데 한국에서는 과거에 정의의 깃발을 들었던 사람들치고 승리한 사례가 없다. 김구 선생도 승리하지 못했다. 비록 그 분은 인생으로서 승리해서 후손들의 추앙을 받고 있기는 하지만, 그분처럼 살자고 하면 따라할 사람은 많지 않을 것이다. 그렇게 따라하다가 죽거나 망한 것이 우리의 역사이다.

딱 한 사람, 김대중 대통령이 권력에 맞서 처음으로 정권을 잡았다. 이건 정말 값진 승리이다. 그 이후 언론이 아주 힘이 좋아진 것 아닌가? 드디어 권력을 두려워하지 않는 시대로 접어든 것이다. 정권이 바뀌면서 달라진 것이다. 이제 한국에서 새로운 역사가 시작되는 것이다. 옳고 그름을 따져서 가치를 생각하고 자기의 자존심을 소중하게 가꾸어 나가는 새로운 역사가 이제 시작되고 있는 것이다.

6백년 만에 처음 있는 일이다. 이 기회를 우리는 살려나가야 한다. 제도가 중요하기는 하지만 인간이 만들고 인간이 운용한다. 미국의 대통령제는 미국에서는 민주주의인데 남미에 가면 독재체제가 되어버린다. 한국에서도 한때 강력한 독재체제로 유지되어 왔다. 유럽의 내각제는 아시아에 오면 비민주적인 제도가 되어 버린다. 똑같은 헌법을 가지고 6공이 다르고 국민의 정부가 다르지 않은가.

인간의 의식이 그만큼 중요한 것이다. 그렇다면 인간의 의식은 어디에서 비롯되는가? 역사의 경험에서 비롯된다. 6·25를 경험하신 분들에게는 아무리 북한하고 잘 지내야 한다고 해도 "안 된다. 그놈들을 믿으면 안 된다. 그놈들이랑 어떻게 한 상에서 밥을 먹을 수 있나, 턱도 없다"고 한다. 역사의 경험이 너무도 참혹했기 때문에 안 되는 것이다. 역사의 경험이라는 것이 그만큼 중요하다.

새로운 역사를 만들어야 한다. 이제부터 우리는 옳고 그름이 분명한 역사, 정의가 승리하는 그런 역사를 만들어 나가야 한다. 그 기초로서 원칙, 신뢰, 규범, 윤리 이러한 가치들을 소중히 여기는 시대로 나가야 한다.

새로운 동북아 시대, 분열을 극복한 통합의 시대, 가치를 소중하게 여기는 가치문화의 시대, 이것이 이 시대 우리의 문제를 풀어나가는 데 있어 반드시 필요한 세 개의 열쇠라고 나는 믿는다.

2001년 11월 8일 안동시민회관에서 가진 "안동 21세기시민문화연구소 특강"의 원고를 바탕으로 부분적으로 편집 - 편집자 주

# 동북아의 '평화와 번영' 을 위한 새로운 질서

나는 순탄치 않은 역정을 거친 정치인이지만 남북관계를 생각하면 무척 행복한 세대이다. 우리 선배 세대는 식민지, 분단, 전쟁, 냉전적 대립 등 20세기의 모든 비극을 온몸으로 겪었다. 한평생을 강대국으로부터의 피해의식, 전쟁의 위협에서 벗어나지 못한 세대이다. 남북 화해가 꿈이 아닌 현실이 되리라고는 생각지 못한 세대다. 그러나 나와 우리 세대, 그리고 그 뒤를 이을 젊은이들은, 한반도 평화를 직접 이룩할 수 있는 전망을 가질 수 있다는 점에서, 위 세대보다는 복 받은 세대다. 남북 정상회담 이후 기복이 있다고 해도 남북 화해와 협력은 꾸준히 진전되고 있다. 우리는 이제 한반도 평화 자체를 실현할 뿐 아니라, 이를 넘어선 좀더 먼 미래를 바라볼 수 있게 되었다.

## 한반도에서 동북아시아로 시야의 확대

나는 우리 국민 모두에게 한반도라는 틀에만 머무르지 말고 시야를 넓혀 보다 큰 세계, 동북아시아를 바라보자고 감히 제언한다. 한반도 평화는 과거의 비극을 청산하는 데 그치지 않고 풍요한 미래를 약속하는 이정표이다. 이는 동북아시아의 공동번영으로 나아가는 관문이다. 한반도의 분단을 극복하고 평화공존을 달성하게 되면 장차 미, 중, 일, 러 등 동북아 4강 사이의 평화를 중재하고 주도하는 역할까지 담당할 수 있는 역량이 생긴다. 동북아시아의 평화 중심 국가를 실현한다는 것이 꿈만이 아니게 되었다. 또한 이제 남북관계가 원상회복되며 경의선 연결이 완공을 앞두고 있다. 휴전선으로 막혀 있던 융성의 기운이 남북을 관통하여 해양과 대륙을 연결하게 된다. 이 지역은 하나의 한반도 중심 지역경제권을 형성하게 될 것이다. 동서(일본과 중국)와 남북(시베리아, 미국과 아시아)이 한반도를 상호 교차하며, 한반도가 경제 및 평화의 중심역할을 하게 되는 것이다.

'한반도 경제권' 이라는 단위가 형성될 수 있다면 우리는 대략 약 1억의 시장을 가질 수 있다. 그러면 세계로 뻗어나갈 수 있는 경제적 토대를 마련할 수 있게 된다. 그래서 남과 북은 어떤 난관을 넘어서라도 서로 화해하고 협력해야 한다. 서울을 중심으로 반경 1200km의 원을 그리면 그 속에 약 7억 명의 인구가 살고 있다. 그것은 미국과 EU의 전체인구를 합한 것보다 많은 인구다. 이 속에서 우리는 유럽의 네덜란드, 스위스, 오스트리아처럼 경제적으로 부유하고 정치적으로 평화지향적인 국가가 될 것이다.

## 새로운 질서 주도자

이러한 넓은 시야를 가질 수 있다면, 건국 반세기를 거치며 쌓아 온 우리 역량을 바탕으로 좀더 자신 있게 남북관계에 임할 수 있다. 한국은 강대국은 아니지만 더 이상 동북아시아의 작은 나라가 아니다. 오랜 민주화 투쟁 과정을 밑거름으로 민주국가로 성장하고 있다. 또한 세계 10위의 무역 국가이며 OECD 가맹국이기도 하다. IMF 경제위기를 겪었지만 경제체제의 질적 전환을 통해 새로운 경제도약의 시대로 나아가고 있다. 분단과 전쟁에 찌들었던 한반도가 새로운 동북아시아의 선도자가 되고 있다.

이제 냉전시대처럼 북한에 대한 피해의식에만 젖어 있어서는 안 된다. 북한에 대한 소극적 반응에 그치지 말고, 보다 적극적이고 능동적인 질서 창조자로서의 자세가 필요하다. 저 월드컵에서 보여준 붉은 악마의 힘찬 기세를 상기하자. 우리는 역동적인 추진력을 갖추고 있다. 물론 북한에 대한 흡수나 붕괴 기도는 있을 수 없다. 우리가 주도하는 평화질서와 시장질서를 북한이 안심하고 함께 할 수 있도록 상호 신뢰에 입각하여 적극적으로 지원하고 유도하는 프로그램이 필요하다.

## 정보화 시대의 발상

현재 세계는 정보화 혁명의 시대에 있다. 한국은 인터넷의 급속한 보급 등 정보화 시대의 선두를 달려가고 있다. 동북아시아 질서도 정보화의 흐름 속에서 기존 인식과는 다른 새로운 모습을 띠게 될 것이다. 한국이 구축하고 있는 선진적인 정보화 인프라는 동북아시아 질서에 능동적으로 대처할 수 있는 강력한 수단이 될 것이다. 이제 남북 관계에도 정보화 시대에 맞는 새로운 발상이 요구된다. 사이버 공간의 활용, 정보통신 인프라의 공동 구축 등 남북 관계에 새로운 차원이 도입되어야 한다.

한국에 뒤이어 최근 북한도 IT산업에 적극 눈을 돌리고 있다. 북한도 인터넷 도입은 시간문제로 알려지고 있다. 북한이 정보화 사회의 흐름에 뒤처지지 않으려면 개혁·개방은 필연적이다. 산업화 시대를 넘어서 정보화 시대를 내다본 남북관계를 열어가야 한다. 이러한 인식을 지닐 때 정보화 시대의 동북아시아와 남북관계에서 펼쳐지는 공간도 비약적으로 확대될 것이다. 무엇보다도 이 공간은 미래의 주역인 젊은 세대가 이끌어 갈 것이다.

## 남북화해와 협력 정책의 계승과 발전

김대중 대통령은 이와 같은 꿈을 실현하기 위한 토대를 놓았다. 남북정상회담과 이후의 관계 개선은 역사적 대전환이었다. 동아시아가 냉전에서 탈냉전으로 전환하는 과도기적 상황이었음에도 불구하고 위험을 극복하고 새로운 돌파구를 열었다. 주변국을 비롯한 대부분의 국가에서 대북 화해·협력정책을 지지하고 있다. 서해교전을 비롯한 충돌과 갈등이 있었지만 화해·협력정책의 일관성을 유지하고 큰 진전을 이루어냈다. 금강산 관광, 6·15 남북정상회담, 이산가족상봉, 철도·도로 연결, 개성 공단 착공, 아시안 게임에 북한 팀 참가 등을 통해 정책의 열매가 맺기 시작했다. 휴전선을 넘어서 군사적 긴장완화와 신뢰구축도 진전되고 있다. 역대 어느 정부도 감히 생각조차 할 수 없었던 획기적 성과들이다.

이처럼 김 대통령의 대북 정책은 그 시대 한계 속에서 나름대로 최선의 정책이었다. 하지만 처음 말했듯이 선배 세대인 김대중 대통령은 과거 시대와 새로운 시대를 이어주는 과도기적 세대에 속한다. 그의 정책은 탈냉전 시대를 지향하면서도 국내정치에서는 냉전적 분열상황의 끊임없는 도전을 받아야만 했다. 그리하여 국내 지지기반의 한계로 대북 정책의 국민적 합의를 충분히 이루어내지 못했다. 또한 그의 대북정책은 아직은 한반도라는 무대에 국한되어 동북아시아라는 큰 맥락과 연결되지는 않았다.

나의 대북 정책을 한마디로 말하면 '평화와 공동번영' 이다. 그것은 김대중 대통령이 터를 닦은 '화해와 협력' 이라는 정책기조를 '계승, 발전' 시키는 것이다. 김 대통령은 평양으로 가는 길을 처음 내는 어려운 역할을 해냈다. 나는 과거의 대북 정책을 시행해나가는 과정에서 경험한 한계를 극복해가면서, 새로 난 좁은 길을 다듬고 대로(大路)로 바꾸는 작업을 성실하게 수행해 나갈 것이다. 김대중 대통령이 연결한 철도를 철의 실크 로드로 발전시켜 시베리아로, 유럽으로 뻗어가게 하는 것이 바로 노무현 정책의 몫이다.

## 노무현의 대북정책 5원칙

대북 정책은 김대중 정부의 정책 중 긍정적인 면은 계승하고 문제점은 보완해 갈 것이다. 미완의 과제를 지속적으로 완결해 갈 것이다. 그러나 시대와 환경이 바뀐 만큼 정책 자체도 새로워져야 한다. 성취가 있고 나면 바뀐 현실에 따라 새 단계로 나아갈 수 있어야 한다. 김 대통령의 성과를 기반으로 목표를 재설정하고 새로운 비전을 만들어야 한다. 이미 앞에서 나는 새로운 시대와 환경에 대한 인식을 밝힌 바 있다. 이것이 김대중 정책과 노무현 정책을 구분하는 가장 일차적인 기준이다. 물론 새로운 정책일수록 쉽지 않다. 거기에도 원대한 비전과 더불어 확고한 철학에 입각한 분명한 원칙이 따라야 한다. 새로운 시대의 요구에 따른 신념과 철학으로 국민의 힘을 결집하는 것이 최고의 외교력이자 협상력이다.

### (1) 신뢰우선주의

첫째, 상대방을 인정하는 토대 위에서 신뢰를 쌓아간다는 것은 나의 정치생활에서 일관되어 온 가장 기본적인 철학이다. 이것은 남북관계에서 더욱 중요하다고 생각된다. 서로 다른 상대일수록 상대를 인정하고 믿음을 키워가야 진정한 화해에 도달할 수 있다. 계산적으로 주고받는 상호주의로는 반세기에 걸친 불신을 결코 해소할 수 없다. 나는 무엇보다도 신뢰우선주의로 갈 것이다.

### (2) 국민과 함께하는 정책

둘째, 아무리 좋은 정책도 국민과 함께 하지 않으면 실현되기 어렵다. 국민통합은 바로 남북화해라는 굳건한 신조를 가지고 대처하겠다. 이 약속대로 지역분열주의를 극복한다면 폭넓은 국민적 지지 기반 위에서 안정적으로 남북대화에 임할 수 있다. 역동적이고 패기 찬 리더십이 승리하면 남북관계 개선에 불안해하던 보수층도 기꺼이 남북화해에 앞장설 수 있을 것이다. 새로운 정치문화와 정치구조 속에서 올바른 대북정책이 초당적 합의를 얻지 못할 이유가 없다. 또한 남북관계에서 정부뿐 아니라 시민사회도 그 나름대로 충분히 역할을 할 것이다.

### (3) 군사와 경제안보를 함께하는 포괄안보

셋째, 남북 화해 · 협력을 진전시켜 나가되 안보를 굳건히 하는 일을 소홀히 할 수 없다. 안보는 군사적으로 나라를 지키면서 경제적인 안정과 번영을 함께 일궈 나가는 균형 안보가 되어야 한다. IMF 위기를 극복한 우리는 이 두 가지가 같이 가야 한다는 것을 절실히 느끼고 있다. 군사적 긴장이 고조되면 외국인 투자에 차질이 생기고 경제적으로 위기에 빠질 수도 있다. 특히 우발적이고 의도하지 않은 분쟁을 방지하기 위한 노력을 강화해야 한다. 시야를 포괄적으로 넓혀, 상호 위협과 압력을 줄여 나가야 한다.

### (4) 장기적 시야와 투자로서의 경제협력

넷째, 이제 남북관계는 경제지원과 협력이 견인차 역할을 해야 한다. 우선 어려운 북녘의 이웃에게 상생의 원칙에서 인도적 지원을 아끼지 말아야 한다. SOC 건설 등 대규모 경제협력도 장기적 시야와 투자로서 추진해 가야 한다. '퍼주기'라는 말은 더 이상 쓰지 말자. 나는 우리 앞에 펼쳐질 동북아시아의 번영을 내다보며 과감한 경제협력 계획을 세울 것이다.

### (5) 당사자 주도에 입각한 국제협력

다섯째, 한반도 평화와 공동번영은 그 직접적 당사자인 남북이 주도해 가야 한다. 다만 한반도 문제는 민족 문제이면서 국제적 차원의 문제이기도 하다. 이웃하는 4개국과의 협력 없이는 결코 실현될 수 없다. 또 한반도 평화와 경제협력에서는 양자주의와 더불어 다자주의 틀도 적절히 활용해야 한다.

## 한반도 평화와 공동번영 6대과제

이러한 새로운 시대인식 하에서 수립된 원칙을 지킬 수 있다면 여전히 풀어야 할 과제로 남아 있는 한반도 냉전을 극복하고 공고한 평화를 정착시킬 수 있을 것이다. 김대중 정부도 한반도 냉전해체라는 과제를 제시하고 일관된 노력을 기울여 왔다. 나는 이를 계승, 발전시키되 새로운 방식을 취할 것이다. 앞에서도 강조했듯이 이를 한반도뿐 아니라 동북아시아 지역협력이라는 보다 폭넓은 틀에서 접근하는 것이다. 또한 평화에다가 경제적 번영이란 차원을 추가하는 것이다. 남북이 합심하여 동북아시아에서 평화적이고 경제적인 프로젝트를 만들어가겠다. 이 프로젝트에 미, 일, 중, 러, EU 등 관련국들이 참가하지 않을 수 없도록 매력적인 구상들을 내놓을 것이다. 이 속에서 한반도 냉전이 자연스럽게 녹아들도록 하는 것이다.

### (1) 남북화해 · 협력의 제도화

첫째, 남북 화해와 교류를 착실히 진전시키겠다. 이것이 한반도 냉전 해소를 위한 가장 중요한 과제라 할 수 있다. 김 대통령은 화해 · 협력의 길을 뚫었지만 기복을 겪으며 불안정한 모습을 보이기도 했다. 나는 이를 제도화하여 확고한 궤도 위에 올리겠다. 이산가족, 경협 등 남북 교류를 한 단계 높이도록 하겠다. 이와 함께 남북 사이에 군사적 긴장완화와 신뢰구축을 획기적으로 진척시키겠다.

### (2) 북한의 대량살상무기 해결

둘째, 북한의 대량살상무기 문제는 조속히 해결되어야 한다. 북한과 대화를 통하여 이 문제가 해결되도록 미, 일과의 협력을 지속할 것이다. 남북화해는 대량살상무기 문제가 평화적으로 해결되도록 하는 데 불가결한 조건이다. 김대중 정부의 임기가 끝나는 2003년에는 이른바 '2003년 위기'가 한반도 평화에 중대한 시련이 될 것이라는 예측이 나오고 있다.

야당이 주장하듯이 북한에 군사적 압력만을 가하는 일방적 방식은 해결책이 될 수 없다. 북측이 핵사찰 등 대량살상무기에 대한 양보를 하고 이에 대해 국제기구, 미, 일, 남측이 대북 지원을 맞교환하는 일괄 타결방식을 실현시키도록 예방외교에 만전을 기하겠다. 국제적으로 북한 판 '마셜 플랜' 같은 것을 추진하는 것도 좋은 방안이 될 수 있다고 생각된다.

### (3) 북미, 북일 관계 정상화를 위한 외교적 협력

셋째, 북미, 북일 관계 정상화가 실현될 수 있도록 외교적 협력을 다하겠다. 고이즈미 총리가 평양을 방문하여 북일 수교 교섭에 획기적 진전이 예상된다. 북일 수교가 실현되어 경제협력이 본격화되는 것은 김대중 정부 이후 시기가 될 것이다. 한일 협력을 토대로 하여 대북 경협에 공동 진출할 수 있는 방안도 모색해 보겠다. 남북화해를 견지함으로써 북미 관계도 정체 상태를 타개하도록 중재 노력을 계속하겠다.

### (4) 북한의 개혁 · 개방 지원

넷째, 북한이 좀더 자신 있게 개혁 · 개방에 나서도록 도움을 주겠다. 최근 북한은 시장적 방향으로의 경제개혁을 조심스럽게 시도하고 있다. 김대중 정부 시기는 북한의 내부 변화와 우리의 지원이 직접 결합될 수 있는 상황이 아니었다. 변화를 위한 여건 조성에 만족해야 했다. 우리 경제력에 국제사회의 지원능력을 더하여 북한이 시장질서 속으로 들어올 수 있도록 협력을 다하겠다. 북한의 상응한 노력과 동의를 전제로 우리 나름의 구체적인 '남북경협과 북한개발 연계 5개년 계획'의 청사진을 제시하겠다.

### (5) 한반도 평화체제 구축

다섯째, 한반도 평화체제 구축은 더 이상 미룰 수 없는 과제이다. 김대중 정부 하에서 철도, 도로 연결 사업이 군사적 신뢰구축으로 이어지고 있으나 평화체제 수립 문제가 미결 과제이다. 남북간에 한반도 평화선언을 추진하고 이어서 국제적으로 한반도 평화협정이 체결되도록 외교력을 발휘하겠다. 협정 체결에 머무르지 않고 평화체제가 실질화될 수 있도록 한반도 군축을 가시화시키겠다. 이러한 과정에서 동맹국인 미국과 긴밀한 협의를 해나가겠다.

## (6) 동북아시아 경제 및 평화 협력체 창설

여섯째, 이러한 조치들이 동북아시아 지역협력 속에서 결실을 맺도록 정치, 경제, 군사 등 다방면의 외교 노력을 기울이겠다. 김대중 정부 하에서는 동북아시아 차원의 정책은 시작 단계에 있다. ASEAN plus 한중일 협력을 발전시켜 동북아시아 내지 동아시아 지역 차원의 경제협력체 형성에 주력하겠다. 나아가 남북, 미, 중, 일, 러 등이 참가한 동북아시아 평화협의체가 구성될 수 있도록 외교적 이니셔티브를 취해 나가겠다. 이를 위해 이상이 아닌 구체적인 현실 프로그램을 담은 '동북아시아 시대 구상'의 청사진을 제시하겠다. '동북아개발은행'의 설립과 '철의 실크로드 개발 · 운영 국제컨소시엄 창설' 등의 내용이 포함될 것이다.

## 동북아 시대와 한반도 지도의 변화

현재의 남북 관계가 순조롭게 지속될 수 있다면 이러한 과제는 반드시 달성될 수 있다. 현재 중국은 눈부시게 성장 가도를 질주하고 있으며 일본은 세계 2위의 경제대국이다. 이 시장이 하나로 통합되었을 때 한국이 잘만하면 황금시대를 맞이할 수 있다. 이 점에서 고이즈미 총리 방북으로 북일 수교가 타결되면 동북아시아 경제협력에는 새로운 돌파구가 열리게 된다.

이것은 우리의 지도를 바꿀 수 있는 잠재력을 지니고 있다. 한중 수교로 환서해(環西海) 경제권이 열리며 남한의 국토개발에서 서해안 시대가 개막된 바 있다. 북일 수교에 따른 북일 경제협력이 러시아와의 철도 연결과 결합하면서 환동해(環東海) 경제권이 열리면 우리에게는 동해안 시대가 개막될 것이다. 서해안과 동해안은 남해안의 부산과 광양이란 두 물류 중심과 결합되어야 제대로 구실을 할 수 있다. 서해안 시대, 동해안 시대는 남해안 시대를 전제로 전개되는 것이다. 여기에 개혁 · 개방에 따른 북한의 개발이 결합됨으로써 비로소 냉전으로 한 쪽에만 편중되었던 국토가 균형적 발전을 기약할 수 있게 되고, 한반도 경제권이 성립하는 것이다.

그러나 우리 앞을 가로막는 장애도 만만치 않다. 중국과 일본간에 군비경쟁이 시작되면 한국은 따라갈 수밖에 없다. 여기에 남북 분열까지 겹치면 동북아시아의 한구석에서 변방의 역사, 주변의 역사를 근근히 이어갈 수밖에 없다. 남북이 하나로 손잡고 평화를 구축하면 중국과 일본의 군비경쟁을 막을 수 있다. 동북아시아 중추국가로 다시 태어나는 지름길이 남북화해 · 협력에 있다. 장애는 외부에만 있는 것이 아니다. 남북화해란 관점에서 보면 지역감정을 부추기는 분열주의, 남북 갈등을 조장하는 냉전주의 모두가 우리 내부의 극복 대상이다. 동북아시아에 장밋빛의 미래가 저절로 열리는 것이 아니다. 내외의 장애를 넘어서기 위한 정치력과 외교력을 갖추어야 한다.


## 국제협력과 한미 관계

한반도 주변은 강대국으로 둘러싸여 있다. 이제는 피해의식에서 벗어나 주변 국가들과 능동적으로 협의하고 그들의 역할을 인정해야 한다. 9 · 11 테러로 전세계가 불안에 떨고 있지만 대립과 충돌은 일시적이며, 세계사의 큰 흐름은 상호협력의 시대로 가고 있다. 남북한의 민족주의도 협력의 틀 속에서 열린 자세를 취해야 한다. 특히 한미관계는 우리 외교의 기본이다.

전환기시대의 한미관계는 성숙한 동반자 관계, 수평적 동맹관계가 되어야 한다. 한미동맹은 냉전시대 대북 억지력의 역할을 수행하며 한국 경제발전을 위한 안보환경을 제공해 주었다. 이제 한미동맹은 한반도에서 탈냉전을 이끌어내는 파트너로서 새로운 역할을 찾아야 한다. 미국도 뗄 수 없는 동북아시아의 일원이다. 한미동맹은 남북화해 · 협력과 동북아시아의 평화와 번영을 이끌어내는 토대가 되어야 할 것이다. 일본, 중국, 러시아도 국가별로 각자의 중요한 역할이 있다. 또한 EU나 그 밖의 지역 국가들도 적극적인 역할을 할 수 있다.


## 동북아시아의 평화번영과 통일

### 과정으로서의 통일

마지막으로 남북화해 · 협력을 일관해서 이루어나가면 언젠가는 통일로 나아가게 될 것이다. 72년의 7 · 4공동성명, 91년의 남북기본합의서에 이어 2000년 6 · 15 남북공동선언을 기본정신으로 하여 통일문제에 임할 것이다. 통일은 억지로 인위적인 틀에 맞추어 만들어 가는 것이기보다는 자연스러운 과정이 될 것이다. 통일은 목표이면서도 과정이라는 발상이 중요하다.

## 통일보다 평화공존과 공영

현 시점에서는 분단비용을 감소시키며 통일재원을 축적하고 통일비용을 분산해 가는 것이 현실적이다. 이 점에서 교류와 협력은 서두를수록 좋다. 그러나 통일은 천천히 가야 한다. 평화공존과 공영이 우선한다는 현실적이고 실용적인 접근이 필요하다.

## 세계사적 대세와 함께하는 통일

통일 이후의 체제를 둘러싼 소모적인 논쟁 등은 이제 그만두어야 한다. 상호간에 정권과 체제를 인정하고 민족합의의 통일로 가자는 데는 모두 동의하면서 이런 논쟁을 벌이는 것은 모순이다. 통일은 결국 세계사적 대세와 함께하는 이념과 체제하에 이룩될 수밖에 없다. 그것이 시장경제와 민주주의임을 누구도 부정할 수 없다.

다시 강조하지만, 한반도의 평화와 번영은 남북 양자가 주도하지만 남북이 맞대고 살아가는 동북아시아라는 '이웃'과 함께한다는 인식이 요구된다. 동북아시아 협력 속에서 남북 경제공동체를 형성해 가는 것을 최우선과제로 삼아야 한다. 이는 남북만의 이익을 추구하는 자기중심적이고 배타적인 결합이 아니라, 동북아시아 경제협력의 밑거름이 될 것이다.

'남북 공동의 집짓기'는 '동북아시아 마을'을 만들어 가는 동시병행의 과정이다. 그리고 이 모든 것은 결국 인류평화와 번영에 큰 기여를 할 것이다. 여기서 남북과 해외동포를 포함한 한민족 모두가 평화와 공동번영의 메신저 역할을 하게 될 것이다. 지구촌 가족이 모두 함께 평화와 공동번영을 이루어가는 날이 지금 우리에게 다가오고 있는 것이다.

# 노무현 깊이 읽기

1. 노무현의 '꿈꾸는 조직' 만들기 / 박광열

2. 사랑과 생명의 리더십 - 기업경영에서 노무현의 리더십을 이야기한다 / 김용구

3. 3김 이후의 정치적 리더십과 노무현 / 유시민

노무현 관련 도서 및 인터넷 사이트

# 노무현의 '꿈꾸는 조직' 만들기

박광열(해양수산부 서기관)

노무현 장관의 취임소식을 들었을 때 많은 직원들은 '힘센 장관이 오는구나' 라고 했다. 그는 여당의 부총재를 지낸 사람이고 대중적 인지도가 높았으며 무엇보다 논리정연한 언변을 소유하고 있었기에 해양수산부가 끌어안고 있던 많은 현안들을 해결해 주리라 직원들은 기대했고 실제로 그는 기대 이상으로 그 일을 감당해 냈다. 그가 떠나던 날 직원들은 개각 발표를 보며 "어, '우리 장관' 이 바뀌네"라고 했다. 그리고 이임사가 끝난 후에도 그를 향한 박수는 오랫동안 끊이지 않았다.

'힘센 장관' 과 '우리 장관' 의 차이는 무엇일까. 직원들이 말한 '힘센 장관' 은 그가 가진 역량과 권위로 현안문제들을 해결해 주긴 하지만 조직의 일원이 아니라 단지 후원자로서의 장관을 상정한 것이었다. 하지만 '우리 장관' 은 비록 화려한 표현은 아니지만 그를 조직의 일원으로서 대하는 친근함이 배어 있고, 그래서 가족을 멀리 보내듯 그의 이임을 아쉬워하는 마음을 담고 있다고 하겠다. 조직 위의 장관과 조직 속의 장관, 그를 바라보는 시각의 차이가 장관을 부르는 접두어 속에 고스란히 묻어 나온 것이다.

그러면 무엇이 노 장관에 대한 직원들의 인식을 그렇게 바꿔놓았을까. 나는 '꿈'이라는 단어를 통해서 해답을 찾아보았다. 그는 '한 건 올리겠다'는 자기과시적인 꿈을 꾸지 않았다. 대신 조직과 성원들이 필요로 하는 것을 채워주고자 하였고 그래서 꿈을 심는 일에 정성을 쏟았다. 단기간에 성과를 보기도 어렵고, 빛도 나지 않는 일이지만 해양수산부의 미래를 생각하며 건강한 조직문화를 만들어 가고자 했던 그를 어찌 왔다가는 손님처럼 여길 수가 있었겠는가.

아시다시피 노 장관 취임 당시 해양수산부는 침체와 허탈감이 조직을 휘감고 있었다. 한일어업협정을 둘러싼 국민적 비판, 그리고 두 차례에 걸친 조직 축소는 쉽사리 아물지 않는 상처로 남았고, 그것은 직원들로부터 자신감과 자긍심을 앗아갔다. '도전과 개척'을 떠올려야 할 바다에서 직원들은 '낙담과 침잠'이란 무거운 감정만을 낚아 올리고 있었다.

그런 직원들에게 노 장관은 다시 꿈을 찾아 주고 싶었던 것 같았다.

"매는 제가 맞겠습니다. 여러분에게 쏟아지는 매는 제가 맞겠습니다. 일하십시오. 자신있게 일하십시오. 일을 추진하다 생긴 실수는 제가 책임지겠습니다. 그러나 일하지 않은 책임은 여러분이 져야 합니다. 제게 진실을 얘기해 주십시오. 이제부터 여러분과 저는 한 팀입니다."

그의 취임사는 직원들에게 누군가가 자기 뒤를 든든하게 받쳐주고 있다는 믿음과 의욕을 갖게 해 주었다.

사무실로 직접 내려가 취임 업무보고를 받는 자리에서 그는 개별 분야에 대한 비전은 무엇인지, 장기적인 전망은 어떻게 되는지에 대해서 많은 질문을 던졌다. 현안처리에 급급했던 직원들이 명확하게 답변하기란 쉽지 않았다. 그는 "목적지도 정하지 않고 노를 젓는다면 노력만 헛되이 하는 것이 아니냐"고 했다. 분명한 비전을 정립하자. 그 밑그림 속에서 하나하나 개별사업들을 추진해 가자. 그는 이렇게 제안했다. 그 결과 수산업 발전방향이 수립되었으며, 항만기본계획은 전면 수정되었고, 해운산업 발전전략은 실효성 있는 내용으로 다듬어졌다. 정보화시대의 라이프 스타일 변화에 맞추어 '21세기 해양복합생활공간'을 모델화하는 작업도 노 장관의 아이디어였다. 앞으로 10년 간 매립할 바다면적이 지난 10년 간의 계획보다 무려 96%나 줄어든 것도 미래에 대한 진지한 고민에서 우러나온 쉽지 않은 결단이었다.

직원들과의 대화를 하면서도 그는 '꿈' 얘기를 꺼냈다.
"10년 후 여러분과 조직의 모습을 상상해 본 적이 있습니까. 만약 그때 해양수산부가 힘없는 부처가 되어 있다면 그것은 여러분의 책임입니다. 여러분의 모습이 지금보다 나을 게 없다면 그 또한 여러분의 책임입니다. 소망을 품으십시오. 그 소망을 붙잡고 더 많은 시간과 노력을 투자하십시오."
그의 말은 생기를 돋우는 자극이 되었고 맥빠진 걸음을 당당하게 만드는 근력과 같은 것이었다.

이와 같이 꿈을 품게 한 것만큼이나 우리가 주목해야 할 것은 해양 수산부와 그 직원들이 스스로 꿈을 이뤄갈 수 있는 기반을 만드는 일에 그가 보여준 열정이었다. 그는 조직의 주인은 자신이 아니라 직원들임을 기회 있을 때마다 강조했다. 그리고 직원들과 조직 전체의 역량을 키워가고자 했다. 만약 이러한 노력이 없었다면 '조직의 주인은 직원'이라는 그의 얘기는 지나가는 과객의 책임회피성 발언으로 비춰졌을 것이다. 하지만 직원들은 자신의 변화한 모습 속에서 그의 진심을 읽을 수 있었다. 일을 대하는 직원들의 눈빛이 예의 그것과 사뭇 달라졌다. 자신감과 의욕이 넘쳤다. 맡겨진 일을 스스로 감당해 내겠다는 강한 자존심도 느껴졌다. 해주는 방향으로, 잘 되리라는 낙관적 전망으로 일을 처리하고 또 추진하게 되었다. 이러한 변화의 이면에는 이제껏 공직사회에서는 없었던 조직문화를 만들고자 했던 노 장관다운 시도들이 있었음은 물론이다.

노 장관은 조직이 안고 있는 문제점과 이에 대한 개선방안을 직원들이 스스로 찾아 나가도록 하였다. 이른바 '웨이브 미팅'(Wave Meeting)이 그것이었다. 지위고하 없이 동등한 팀원의 자격으로 논의의 과정에 참여하는 웨이브 미팅은 마음을 열고 대화를 나누는 가운데 서로를 이해하고 조직의 미래에 대한 공감대를 형성하는 계기가 되었다. 노 장관도 이 미팅에 참여했는데 돌아가며 발언하는 순서에서 시간을 초과했다고 사회자로부터 핀잔을 들어 회의장이 웃음바다가 되기도 했다. 중요한 것은 여기에서 나온 다면평가제니 자기개발시간이니 하는 대안들이 실제로 채택되어 지금 시행되고 있다는 사실이다. 논의 따로 정책 따로가 아니라 직원들이 한번 해보자고 제안한 것은 반드시 실행으로 옮기는 과단성이 직원들의 주인의식을 더욱 높여놓았다.

인사운용에 관한 한 노 장관의 시도는 가히 획기적이었다. 그는 국장급 인사까지는 관여했지만, 나머지 인사권은 모두 조직에게 넘겨주었다. 국장단은 부이사관 승진이며 과장 전보에 이르기까지 막강한 권한을 행사하게 되었다. 서기관이나 사무관 승진에는 상관, 동료, 부하직원이 참여하는 다면평가가 결정적인 영향을 미쳤다. 조직의 주인은 직원이라고 했던 그의 말이 빛깔 좋은 미사(美辭)만은 아니었던 것이다.

조직이 스스로 인사하는 시스템이 되자 직원들의 모습에는 긴장감이 흘렀지만 한편으로는 이전보다 훨씬 적극성이 엿보였다. 이제 장관 한 명이 아니라 수백 명의 눈과 귀가 그를 평가하기 때문이었다. 이러다 보니 인사청탁은 줄어들고 역량과 성실성으로 인정받아야 한다는 문화가 자연스레 자리잡았다. 행사나 교육의 출석률이 훨씬 높아졌고, 정책토론방을 통해 자신이 무엇을 하고 있다는 것을 PR하는 일도 부쩍 늘었다.

노 장관은 조직과 직원의 역량을 강화하는 일에도 소홀함이 없었다. 노 장관이 시도한 학습프로그램과 지식경영시스템은 관료사회에 오래된 장벽들을 허무는 작업이었다. 전통적인 계선 위주의 정책결정 과정은 오직 개인의 개성과 실력에 의존하는 폐쇄적인 행정문화를 고착시켰다. 그러다 보니 함께 공부하고 논의하는 장이 거의 없었다. 심지어 다른 사람이 자기 업무에 대해 조언이라도 하면 "남의 일에 왜 간섭하냐"는 식의 불만과 경계의 목소리만 있었다. 그러니 서로 자기 일이 아니면 입을 떼려고 하질 않았다.

노 장관은 이러한 관료적 풍토를 바꾸려고 했다. 우선 관심 있는 주제에 대해 함께 학습하는 24척의 지식보트를 출범시켰다. 그리고 습득한 지식과 정보들을 지식항해시스템을 통하여 직원들, 나아가 국민들과 공유하도록 하였다. 의원시절 「노하우 2000」이란 개인정보관리 프로그램을 개발한 바도 있는 노 장관이기에 정보의 창출과 공유가 조직의 역량을 강화하는 데 얼마나 중요한지를 잘 알고 있었고, 그래서 중앙부처 중 가장 먼저 이러한 시스템을 도입하였다.

정보는 나눌수록 풍부해지고 알차게 된다는 진리를 직원들은 지식항해시스템을 통하여 깨달을 수 있었다. 3월 한 달간 114건이나 되는 자기개발 보고서가 인트라넷에 올라왔고, 정책제안서도 21건이나 띄워져 점점 뜨거운 토론이 벌어지게 되었다. 조회수가 1백 건이 넘는 정보들이 수두룩해지면서 조직의 문제를 함께 고민하고 해결하고자 하는 공동체 의식이 강해지고, 직원들의 지적 역량도 한층 강화된 느낌이었다. 노 장관은 새로운 시스템과 문화를 통해 '직원 각자'가 '우리'가 되는 길을 보여 주었고, 서로 격려하며 큰 꿈을 실현해 가는 분위기를 만들어 주었다.

이러한 여러 성과에도 불구하고 노 장관은 "직원들보다 조직을 더 아끼고 사랑하는 장관"이라는 평가를 그 어떤 칭찬보다 더 귀하고 보람되게 생각하였다. 오래지 않은 시간이었지만 조직의 꿈과 미래를 생각하는 그의 모습을 통해 우리는 자신을 돌아보며 숙연해질 수 있었고, 공무원으로서의 삶을 활기차게 만들어 가게 되었다.

우리는 정치인으로 돌아간 그가 해양수산부에 심어준 꿈 이상으로 국민들에게 희망과 자신감을 심어주리라 믿는다. 건강한 소신을 가진 그가 펼칠 큰 정치를 국민 된 입장으로 보게 되길, 그리고 꿈을 심어주는 만큼 그의 꿈도 영광스런 모습으로 열매 맺길 기대하고 또 응원한다.

- 노사모 홈페이지, 2001년 4월

# 사랑과 생명의 리더십

## ―기업경영에서 노무현의 리더십을 이야기한다

김용구 박사(미래경영개발연구원 원장,
연세대학교 동서문제연구원 연구교수)

나는 이 책을 가급적 기업 CEO들이 읽기를 원한다.

그리고 이들이 국가 행정과 정치의 영역에서도 기업경영에서 이야기하는 살아있는 생명체로서 희망과 비전을 지닌 리더십의 원리가 실현될 수 있음을 확인하기를 바란다.

지금까지 리더십에 대한 글들이 참으로 많이 나왔지만 우리는 여전히 좋은 리더십에 얼마나 굶주려 있는가? 실로 가장 많았으면서도 가장 절실한 것, 그리고 항상 부족함에서 안타까워하는 것, 그것은 신선한 공기, 깨끗한 물, 지금은 가고 없는 사랑하던 사람들 그리고 하나 더 붙이자면 이 글의 주제인 리더십이 아닌가 한다.

『노무현의 리더십 이야기』라는 이 책을 읽는 독자들은 누구이면 좋을까? 나는 가급적 그 어떤 다른 사람보다도 스스로 힘으로 그 자리에 올라선 기업의 CEO들이었으면 한다. 이들은 그래도 경쟁을 통해 가치를 창출하는 사람들이기에 들을 귀를 갖고 있고 볼 줄 아는 눈을 부여받았기 때문이다.

필자는 『노무현의 리더십 이야기』 원고를 인터넷에서 처음 읽고 이런 글이 책으로 나왔으면 하는 생각을 했었다. 그리고 책으로 낸다면 제목을 "사랑의 정치·생명의 국가 ― 노무현의 리더십 경영을 이야기한다" 이런 제목을 생각했었다. 그리고 이런 종류의 글은 기업 CEO들에게 꼭 소개해주고 싶었다. 정치도 이제 경영이어야 하며, 국가경영이 기업에서 입증된 성공한 리더십 유형에서 도출될 수 있음을 보여줄 수 있다고 생각했기 때문이다.

사실 저자가 1년 못 미쳐 장관으로 재직하면서 생각하고 행동했던 과정을 보여준 이 책은 국가행정을 전형적인 학습조직의 실천과정으로 보여주고 있다. 국가행정에서도 21세기 경영에서 가장 중요하게 생각하는 학습조직이 될 수 있음을 입증하고 있는 것이다. 누구든 책임 있는 공직을 맡을 때 처음부터 이렇게 비전을 세워 공유하고, 생각하는 방법을 이해하고, 조직구성원들이 역량을 육성하고 발휘하게 하며, 현장중심의 토론과 대화에 근거하는 학습하는 관점에서 시작한다면 한국의 국가행정은 세계적인 경쟁력을 갖게 될 것이다.

GE의 회장이었던 잭 웰치는 20년에 걸친 CEO를 끝내면서 "자신의 리더십은 끊임없이 성장하고 발전하는 변화의 리더십" 이라고 정의했었다. 그의 리더십은 1년에 수 주일을 연수원에서 직접 강의하고 토론에 참여하고, GE의 이념에 부합된 역량 있는 사람을 육성시킨 것에 기인했다. 비전과 목표를 세우고 현장에서 학습하며 철학이 있는 우수한 인재들과 막힘 없는 토론과 학습을 통해 자신을 끝없이 발전시킨 결과가 오늘의 성공한 잭 웰치와 GE를 만든 것이다.

『노무현의 리더십 이야기』는 저자가 국가경영의 한 분야를 실천하는 가운데 보여준 현장중심, 토론과 대화를 통한 문제해결, 목적 수립과 장기적인 시각에 의한 상생(相生)의 실천프로그램, 그리고 열정과 애정에 기반한 신뢰를 보여주고 있는 점에서 잭 웰치 리더십의 일정단계를 압축해서 국가행정에 보여 준 일면이 있다. 어떤 점에서는 미래산업의 정문술 회장이 보여주었던 신뢰 경영, 공·사 구분 등의 원칙경영과도 상통된다.

이 시대 3대 경영사상가 중의 하나인 찰스 핸디는 "우리는 모두 마음을 고양시키고 우리 자신보다 더 큰 무언가와 삶의 무한한 가능성을 암시해주는 한 모금의 숭고함을 필요로 한다. 궁극적인 목적이야말로 우리 앞에 닥친 그 어떤 방식을 견디게 할 수 있다" 고 주장한다.

나는 우리 기업의 CEO 들이 이 책에서 그것을 읽어내기를 바란다. 저자가 어떤 때는 현장의 이야기에 과도하게 열중하는 것처럼 보이지만 그것이 지루하지 않은 이유는 저자의 시선 속에 바로 존재 목적과 이유에 대한 강력한 추구와 열정이 녹아있기 때문이다. 우리의 국가행정에 '왜?' 와 목적의식을 불어 넣어주는 것이야말로 국민들이 가장 원하는 바다. 기업에서도 조직구성원들이 가장 원하는 것은 CEO가 '왜?' 라는 이유를 보여 주는 것이기 때문이다. 어떤 때는 저자의 이런 역사적 목적의식과 비전이 강력해서 독자들은 간혹 불편함을 느낄 수도 있다. 그러나 저자는 자신이 주장하는 목적과 이유를 사람, 즉 국민속에서 찾고 있다. 그리고 그 사람들과 장기적인 이해관계를 공유하고

자 하며 장기적으로 성공하는 길을 찾고자 하기 때문에 마지막 느낌은 따뜻한 애정과 미래의 성공으로 확인된다.

사실 이념경영을 끝까지 강조한 사람이 바로 잭 웰치였다. 그는 "설사 일시적으로 좋은 성과를 낸다고 하더라도 GE가 추구하는 원칙과 이념을 그 사람이 수용하고 실천하지 않는다면 GE를 떠나라"고 말하는 사람이다. 단지 돈 버는 것이 중요할 것이라고 사람들이 생각하는 기업에서도 원칙과 이념이 없으면 장기적으로 실패 할 수밖에 없다는 것을 웰치는 지혜롭게 꿰뚫어 보았던 것이다. 하물며 정치와 행정에서는 너무나 당연한 것이 아니겠는가?

21세기 초 한국의 영웅인 거스 히딩크 감독은 "한국 축구 선수들에게 자신의 포지션이 무엇이며 자신은 거기서 무엇을 해야 하는가에 대한 이유를 알게 하는 것이야말로 한국 축구의 성공을 위해서 가장 중요한 문제였다"고 회고한다. 이유와 목적을 아는 것, 거기서부터 모든 성공은 시작하는 것이다.

그러나 이유로서의 이념과 원칙을 이야기한다고 해서 융통성 없는 고집만을 강조하면 바로 실패로 이어진다. 하버드대학교 경영대학원 출판부에서 발행한 베스트셀러인 『살아있는 기업』에서 아리드 호이스는 100년 이상 영속적으로 번창하고 있는 기업인 장수기업의 특성이 강한 결속력과 일체감, 그러면서도 환경변화에 민감한 적응력과 포용력에 있음을 밝히고 있다. 결속력과 일체감은 인격체로서 조직이 지니고 있는 이념의 일관성과 충실도이며, 환경변화에 대한 민감도는 학습능력과 적응능력을 의미하고, 포용력은 조직내외의 모든 사람 및 조직과 건설적인 관계 형성을 의미한다.

그런데 저자는 이 책에서 원칙과 이념을 강조하면서도 여러 방면에서 적응력과 학습역량, 그리고 포용력에 대한 메시지를 보이며 이에 대한 사례를 제시하고 있다. 살아있는 조직의 원리를 국가행정에 도입하려고 애쓴 노력이 돋보인다. 기업이든 국가행정조직이든 조직을 살아있는 존재로 인식할 때 우리는 사랑, 애정, 헌신 그리고 목적의식을 주고받게 된다. 저자는 국가행정의 목적을 실현하기 위하여 서로 모순되어 보이는 경쟁하고 있는 가치를 함께 수용하기, 그리고 생각의 지평을 확장하는 인식틀의 확장, 서로 다른 입장에서 생각할 수 있는 복합패러다임의 실천을 보여주고 있다.

기업경영에서는 저자의 이런 리더십 유형을 "생명의 리더십" 또는 "관점지향형 리더십"이라고 부른다. 여기서는 조직과 인간을 고착된 기계로 보지 않고 목적을 지닌 항상 성장하며 변화하는 존재로 본다.

따라서 어떤 때는 이런 리더십은 변화를 싫어하는 사람에게는 안정되지 않게 보이지만 세계적인 경영자들은 모두 이러한 성장하고 학습하는 리더십을 개발하기 위하여 최선의 노력을 하고 있다. 살아서 변화하고 성장하는 생명으로 국민을 이해하되 한 가지 뚜렷한 변치 않는 목적인 사랑과 신뢰의 기반을 잃지 않는 것, 이것이야말로 생명의 리더십인 것이다. 국민과 조직구성원을 기계적인 대상으로 보는 리더십은 안정된 것처럼 보이지만 그것은 변화하지 않는, 성장과 학습하지 않는 리더십이며 미래를 발명하는 리더십이 아니라 과거로 돌아가는 리더십인 것이다.

나는 이 대목에서 사실 저자에게 확인하고 싶은 것이 있다. 그것은 기업 경영은 CEO가 자원을 통제할 수 있어서 성공사례가 입증될 수 있지만, 그리고 행정영역도 자원 통제가 가능하므로 어느 정도 성공사례를 보일 수 있겠지만, 수많은 통제 불가능한 변수가 많은 정치 영역에서도 이러한 리더십이 통용될 수 있겠는가에 대한 물음이다. 어쩌면 저자는 정치영역에서 이러한 목적과 원칙 중심 리더십에 기반하면서 동시에 학습과 성장, 생명의 리더십을 적용하려고 한다면 처음에 상당한 곤란을 겪게 될지도 모르겠다. 그러나 어찌할 것인가? 기업, 행정, 국가조직 모두 이제 이러한 성장과 학습, 생명과 사랑에 기반한 리더십을 발휘하지 못한다면 21세기 변곡점의 시기에 서서히 죽음으로 갈 수밖에 없는 것이 수많은 사례에서 입증되고 있는 것을. 어쩌면 CEO 안철수는 이것을 미리 깨달아 "손해를 보더라도 원칙 중심의 판단과 선택을 하는 것, 그러면서도 꾸준히 발전하고 새로움에 적응하는 것"을 『영혼이 있는 승부』에서 설파하고 있는지 모른다.

경영은 이제 모든 영역에서 중심 화두가 되었다. 자기경영이나 가정경영에서 시작하여 학교경영, 병원경영, 군대경영, 정당경영, 기업경영, 국가경영, 세계경영 등 살아있는 모든 조직과 존재의 어느 영역에서나 경영은 존재한다. 그리고 이러한 경영을 성공시키는 사람의 역할을 우리는 리더십이라고 부른다. 이러한 리더십의 성공요소는 생명체와 조직이 성장하고 발전하듯이 계속 진화하고 있다. 다음 [그림]은 경영 성공요소와 리더십 성공요소를 21세기 초기까지 보여주고 있는 것으로서 최근의 경영사상과 성공기업의 사례와 저서에서 종합한 것이다.

『노무현의 리더십 이야기』에서 저자는 이런 21세기 성공 경영모

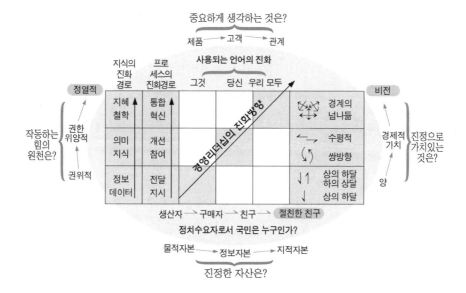

[그림] 성공하는 경영리더십의 진화방향

델에 종합적으로 접근하고 있는 저자의 실천사례를 제시하고 있다. 아마도 저자의 책을 꼼꼼히 읽어본 CEO들도 비슷한 생각을 하게 될 것이다.

첫째 저자는 진정으로 가치 있는 것을 양이나 경제적 성과가 아니라 비전의 수립과 공유로 보고 있다.

둘째, 중요하게 생각하는 것을 어떤 행정 서비스의 실현이나 단순한 고객만족이 아니라 관계의 지속성과 의미의 확립에 두고 있다. 저자는 국민을 정치 구매자의 수준을 넘어 절친한 친구로 생각하기 때문에 조작의 대상으로 보거나 거짓 정보를 주어 국민의 학습을 저해하는 행동은 거부한다. 속마음을 이야기하고 이 친구가 지금 당장은 아니더라도 성장함에 따라 앞으로 무엇을 요구할 것인가를 알아 그에 따라 행동하려고 한다.

셋째, 진정한 자산은 물질이나 정보가 아니라 원칙과 신뢰, 의사소통, 비전공유 등의 지적자본에 있다고 주장한다.

넷째, 사용하고 있는 언어는 그것 등의 물질이나 당신 등의 상대적인 것이 아니라 "우리 모두 함께"라는 용어를 사용한다. 따라서 의사소통 체계는 상의하달이나 하의상달 등의 쌍방향이나 누군가 주도하는 단계를 넘어 "경계를 넘나드는" 방식을 사용한다.

다섯째, 의사결정 방식을 지시나 전달 수준을 넘어 함께 참여하여 개선시키며 혁신을 통한 통합을 지향한다.

여섯째, 데이터나 정보에 의존하여 행동하지 않고 현장의 중심에 서서 의미와 지혜를 찾아 용기를 갖고 최종 결론을 추적한다.

일곱째, 모든 힘의 원천을 권위나 단순한 권한위양이 아니라 몸과 마음, 정신과 영혼이 일체가 되는 정열적인 데서 우러나오게 한다.

이런 방식의 경영은 비전경영, 지식경영, 학습경영, 관계경영, 관점지향형 경영 등이라고 부르며 지금 이 순간 세계적인 성공기업들과 CEO 들이 모든 노력을 다하여 추구하고 있는 리더십 진화모델의 핵심 요소이다. 저자가 국가 행정의 한 분야에서 이러한 기업경영 리더십의 첨단 성공요소를 실천해왔다는 것은 분명 한국의 국가 행정이 세계적인 경쟁력을 갖게 될 가능성이 있다는 점에서 축복이며 한국의 CEO 들에게는 이 나라에서 기업을 하고 있는 즐거움이 배가 되리라는 점에서 안심일 것이다.

사실 기업이란 무엇인가? 그것은 이미 WBA(World Business Academy)가 정의한 대로 "단순한 사업체가 아니라 인류의 미래에 책임을 지는 역사상 가장 발달된 제도요 사상"이다. 이미 이러한 기업에 대한 새로운 정의를 바탕으로 인간의 영혼과 정신이 고양되는 기업의 확립을 위해 세계도처에서 각성된 CEO와 조직구성원들이 함께 노력하고 있다.

저자가 한국사회에서 기업에 대한 다른 입장을 갖고 있는 것으로 오해하는 사람들은 저자가 추구하는 건강한 기업, 인간 영혼과 정신을 고양시켜주는 진정한 21세기 기업에 대한 저자의 강한 희망을 반대로 읽은 데서 시작한 것으로 필자는 생각한다. 저자는 기어다니는 어린애로서의 기업이 아니라 당당하게 인간의 미래에 책임을 지는 그런 건강한 기업이 번성하고 더 많이 생겨 진실로 기업하기 좋은 나라가 되기를 아주 강력하게 희망하고 있는 것처럼 보이기 때문이다.

세계적인 기업을 꿈꾸는 한국의 CEO들은 미래를 발명하는 관점에서 이 글의 저자인 노무현 후보와 매우 비슷한 처지에 있음을 이 책을 통해 깨달을 수 있을 것이다. 기업하는 사람은 가장 잘 안다. 가치있는 것, 그러나 꼭 와야 할 것은 더디 오거나 처음에는 낯설어 보여도 반드시 와야만 하고, 바로 그것이 실천됨으로써만 기업과 사람이 지속적으로 살아남게 했음을.

# 3김 이후의 정치적 리더십과 노무현

유시민(시사평론가)

2002년 대통령선거를 통해 우리 국민은 '3김 이후' 한국을 이끌어 갈 새로운 정치 지도력을 수립한다. 언론과 대중의 관심은 과연 누가 대통령이 될 것인지에 쏠려 있다. 노무현과 이회창의 여론조사 지지율 역전과 월드컵 열기로 인한 정몽준의 대중적 호감도 상승, 박근혜의 출마 여부와 이인제의 거취 등이 맞물리면서 대선 게임은 점차 흥미를 더해 가는 중이다.

그러나 금년 대선이 던지는 근본적인 질문은 변함이 없다. 첫째, 2003년 새로 출범할 정부를 기다리는 시대적 과제는 무엇인가? 둘째, 이 과제를 성공적으로 해결하기 위해서는 어떤 성격의 정치 지도력이 필요한가? 셋째, 이 지도력은 어떤 유권자 집단의 힘과 지지를 기반으로 자기의 시대적 과제를 해결해 나갈 것이며 이를 실현하기 위한 민주당 개혁세력의 과제는 무엇인가. 이 글은 이 세 가지 의문을 해명해 보려는 시도이다.

## 2002년 대선의 정치사적 의미

1948년 정부 수립 이후 한국 정치사는 한 마디로 '민주공화국의 수립을 향한 대장정'으로 요약할 수 있다. 제헌헌법은 3·1운동과 임시정부의 정신을 이어받고 당시까지 서구 민주주의 선진국들이 이룩한 최고의 문명적 성취를 받아들인 민주공화국 헌법이었다. 그러나 일제의 식민지배에서 막 벗어난 신생독립국 대한민국은 헌법의 지배를 실현할 역량이 없었다. 이승만 대통령의 가부장적 독재와 5·16 군사 쿠데타, 유신과 5·18 군사쿠데타 등을 거치면서 민주공화국 헌법은 종이쪽지와 다름없는 지위에 놓이거나 아예 폐기되는 비운을 맞아야 했다.

1960년 4·19혁명과 1980년 광주민주화운동, 1987년 6월 민주항쟁은 민주적 기본질서를 규정하는 공화국 헌법과 민주적 기본질서를 복원하기 위한 대중적 투쟁이었다. 그리고 군부독재 체제를 폐기한 1987년 6월항쟁 이후 지금까지 우리 국민은, 세 차례의 대통령선거를 거치면서 점진적으로 현실에 대한 헌법의 지배력을 높여 왔다.

1987년 대선은 민주세력의 분열로 인해 헌정질서를 유린했던 5공 정권을 합법적으로 연장시키는 결과를 초래했지만 국민의 선택에 의해 권력이 탄생하는 시대의 도래를 확인하는 의미를 가진다. 민주화 세력 리더로서 집권당의 후보가 된 김영삼이 승리한 1992년 대선에서는 그가 집권세력 내의 소수파였다는 점에서 '1/3 정권교체'를 이루었다고 할 수 있다. 김영삼은 군부 사조직 하나회를 정리함으로써 한국 사회를 군부 쿠데타의 공포에서 해방시켰다. 1997년 김대중은 '유신본당' 김종필을 주니어 파트너로 끌어안고 승리를 거둠으로써 '절반의' 또는 '2/3 정권교체'를 성취했다.

'민주 대 독재'의 대결은 시효가 만료되었다는 견해가 있다. 그러나 우리는 겨우 세 차례의 '혼탁한 자유선거'를 치렀을 뿐이다. 우리의 민주주의 역사는 일천하다. 국민들은 사상의 다양성과 집단적 이해관계의 대립을 인정하는 바탕 위에서 대화를 통해 갈등을 해소하는 민주적 절차에 아직 익숙하지 않다. 남북의 이데올로기적 군사적 대결이 완전히 사라지지 않은 만큼, 공동체의 안전 보장을 명분으로 시민의 기본권을 억압하는 국가주의적 공안통치가 다시 고개를 들 위험성이 상존한다. 민주 대 독재의 가시적 전선은 크게 완화되었지만 그와 같은 정치적 경향성의 대립마저 사라진 것은 아니다.

지난 15년의 정치사적 흐름에 비추어 보면 16대 대선이 국가주의적 공안통치로의 회귀 가능성에 종지부를 찍는 선거가 되는 것이 자연스럽다. 이렇게 해야 임계점에 도달한 한반도의 냉전구조와 한국 사회 내부의 이데올로기적 긴장상태를 해체하고 민주적 기본질서를 공고히 다질 수 있다. 한나라당은 대통령 후보나 당 대표, 소속 의원들의 면면이 많이 달라지기는 했지만 이데올로기적으로는 냉전적 대결주의,

경제정책과 사회정책은 박정희식 성장모델과 냉혹한 신자유주의 쪽으로 쏠려 있다.

이회창 총재가 대통령이 될 경우 대화를 통해 사회적 갈등을 조정하고 절충하기보다는 모든 '불법 집단행동을 엄단' 한다는 편협한 법치주의를 밀고 나갈 가능성이 높다. 법률적 정당성은 갖추었으나 도덕적 우위는 확보하지 못한 권력집단이 이념과 이해관계에 입각한 각계각층의 집단적 저항을 공권력으로 억누르려고 할 때 공안통치로의 복귀는 필연적이다. 아직 기반이 취약한 한국의 민주주의가 다시 시험대에 오를 수밖에 없는 것이다.

민주당의 집권이 역사의 순리라는 말이 아니다. 김대중의 당적이탈과 정치적 추락은 그가 이끌었던 민주당의 정치적 종말을 의미한다. 16대 대선은 '김대중의 민주당' 과는 전혀 다른 정치세력의 등장을 요구한다. 민주당 국민경선 과정에서 거세게 불었던 노무현 바람은 민심의 요구가 폭발 직전에 있다는 것을 입증한다. 어설픈 집단지도체제나당명을 바꾸는 신장개업만으로는 이 요구를 감당할 수 없다.

대통령 후보의 리더십, 당의 정책과 운영방식, 공직선거 후보의 선정 절차, 당의 기초인 당원의 인적 구성이 바뀌어야 한다. 차기 정부의 시대적 과제를 정확히 인식하고, 그 과제에 과거와는 다른 방식으로 대처해야 하며, 과거와는 다른 유권자 집단을 확고한 지지기반으로 획득해야 한다. 그래야만 우리 헌법이 규정한 민주공화국의 기본질서를 더욱 공고히 하면서 경제, 사회, 정치, 문화 등 모든 영역에서 제기되는 정책적 과제를 효율적으로 해결할 수 있다. 이런 조건을 확보하지 못하면 민주당이 집권할 가능성은 희박하다. 요행히 집권하는 경우에도 성공하는 정부가 되기는 어렵다.

## 차기 정부의 시대적 과제

큰 틀에서 보면 대한민국 정부가 추구해야 하는 가치 또는 목표는 이미 주어져 있다. 헌법이 규정한 가치를 실현하는 것이다. 차기 정부는 현 정부가 만들어 놓은 바로 그 정치적, 사회적, 경제적 이데올로기적 상황에서 출발한다. 그 현실에 입각해서 어떤 헌법적 가치의 실현을 우선적인 정치적 과제로 설정하며 이를 위해 어떤 정책수단을 선택할 것인지를 결정한다. 차기 정부가 어떤 정치적 과제를 떠맡게 될 것인지는 비교적 분명해 보인다.

민주당 국민경선 과정에서 나온 '노무현의 10대 국가경영비전' 과 '노무현의 정책방향 30' 을 보면 노 후보는 민주당 정책노선의 기반 위에서 차기 정부의 과제를 제시하였다. 큰 틀에서 보면 노 후보가 설정한 차기 정부의 과제는 다섯 가지 정도로 요약할 수 있다.

① 지역분열의 극복과 국민통합
② 남북한의 신뢰 구축을 통한 한반도 평화 정착과 새로운 동북아 질서 수립
③ 투명하고 자율적인 시장경제체제와 지식정보화 촉진을 통한 국제경쟁력 강화

④ 약자와 소외계층을 위한 생산적 복지의 강화
⑤ 권위주의 정치문화 청산과 과감한 분권화를 통한 정치개혁과 부패
   근절

차기 정부의 이러한 과제에 대해서는 '국민적 합의'가 이미 형성
되어 있다고 할 수 있다. 한나라당 이회창 후보의 대통령후보 수락연
설에서도 거의 동일한 내용을 찾아볼 수 있기 때문이다. 그러나 이러
한 과제를 실현하는 데 필요한 정책수단을 선택하는 문제에 이르면 그
러한 합의는 존재하지 않는다. 유권자들은 자기의 이데올로기와 이해
관계에 따라 같은 과제를 다르게 해석하며 같은 정책수단에 대해서도
다른 태도를 형성하기 때문이다. 따라서 어떤 이데올로기와 이해관계
를 가진 유권자 집단을 주요기반으로 설정하느냐에 따라 정당들은 상
이한 정책수단을 선택하게 되며, 정당들의 차이는 구체적 정책수단의
선택을 통해 드러난다.

경제사회정책 e아카데미의 연구기획실장 정상호 박사는 노무현
현상을 '합리적 개혁세력의 정치적 성장의 반영이자 결집의 결과'라
고 진단한다. 여기서 '합리적 개혁세력'은 특정 정치인이나 연대나 쇄
신파, 소장파 등의 의원집단을 가리키는 말이 아니다. 좌우의 이념적
편향에 따라 구분한 것도 아니다. 그것은 '한국사회의 문제가 개혁의
과잉이 아니라 진정한 개혁의 결핍이라고 믿는', 그래서 '개혁의 중단
이 아니라 더 많은 민주주의와 보다 효율적인 개혁을 기대하는 시민들
의 집합'을 말한다. (정상호, '노무현 현상에 대한 정치학적 분석',
www.knowhow, 베스트뷰, 글번호 53821)

만약 민주당과 노무현 후보가 이러한 '합리적 개혁세력' 을 지지기 반으로 삼아 집권을 추진한다면 정 박사가 세 가지로 압축한 그들의 '보편적 정서와 기대' 를 유념할 필요가 있을 것이다.

① 성공한 개혁의 계승: 햇볕 · 복지 · 벤처 · 여성정책
② 실패한 개혁의 극복: 인사(지역)정책과 교육 · 경제의 시장편향정책
③ 미완성 개혁의 발전: 언론개혁, 정치개혁

무엇을 성공, 실패, 미완성 개혁정책으로 분류할 것인지에 대해서는 견해가 엇갈린다. 예컨대 한나라당은 정 박사가 성공한 정책으로 분류한 김대중 정부의 햇볕정책과 복지정책을 '대북 퍼주기' 와 '사회주의적 정책' 이라고 비난한다. 정 박사는 교육과 경제 분야의 시장편향정책을 실패한 개혁으로 보지만 교육 분야에 실질적인 경쟁의 원리가 도입된 실적은 별로 없다. 노동시장의 유연화로 인한 고용 불안정 문제가 있기는 하지만 김대중 정부의 기업 금융 구조조정은 국내외에서 많은 성과를 거둔 정책으로 평가받았다. 정 박사가 미완성 개혁으로 규정한 언론개혁 역시 한나라당은 정치권력의 언론탄압으로 규정한 바 있다.

김대중 정부의 정책 가운데 어느 것을 계승하고 어느 것을 수정 극복하며 어떤 정책을 새롭게 도입할 것인지는 민주당과 노무현 후보가 더 검토할 문제이다. 현시점에서 확인해야 하는 것은 '합리적 개혁세력' 이 ①부터 ③까지를 얻을 수 있는 전제조건은 민주당의 집권이라는 사실이다. 개혁정책의 성공과 실패를 나누는 데 있어서 '합리적 개

혁세력'과는 완전히 상반되는 견해를 가진 이회창 후보가 집권할 경우 그들이 얻을 수 있는 것은 아무 것도 없다.

민주당 국민경선에서 허망하게 무너져 버린 "이인제 대세론의 근본적 한계는 필패론에 있던 것이 아니라 그를 통해서는 ②와 ③을 도저히 충족시킬 수 없다는 합리적 개혁세력 내부의 공유된 믿음에 있었던 것이다." (정상호, '노무현 현상에 대한 정치학적 분석', www.knowhow, 베스트뷰, 글번호 53821)

## 포스트 3김 리더십의 조건

3김의 리더십은 박정희 시대의 산물이다. 김종필은 군사독재정권의 제2인자로서, 김영삼과 김대중은 그에 도전하는 민주세력의 리더로서 정치적 지도력을 획득했다. 그들은 길게 보면 1971년 대통령선거 이후 30여 년, 짧게 보아도 1987년 6월 민주항쟁 이후 15년 동안 한국정치를 전적으로 지배했다. 합리적 개혁세력이 관심을 가지는 지도자는 김영삼과 김대중이다.

정치지도자의 리더십과 역할은 그 시대의 역사적, 정치사회적 조건과 상호작용하면서 구현된다. 정치지도자의 리더십이 시대적인 과제를 해결하는 구심점이 되는가 하면, 그 시대의 구조적 한계를 넘지 못하고 무력해지거나 오히려 정치사회의 발전에 질곡이 되기도 한다 (김만흠, '지역독점의 카리스마적 리더십 못 벗어나', 프레시안, 2002. 5. 21).

이런 관점에서 보면 양김의 리더십은 빛과 어둠을 동시에 내포하고 있다. 빛은 반독재 민주화운동을 이끌던 시절에 화려하게 부각되었으며, 어둠은 그들이 권력을 차지한 이후에야 짙게 드러났다.

우선 양김의 리더십은 역사적 정통성에 근거를 두고 있다. 그들은 민주주의를 희생한 산업화, 계몽 없는 산업화가 이루어진 1970~80년대에 공화정의 기본질서를 수립하기 위해 헌신하고 희생했다. 두 사람이 대통령을 지낸 10여 년 동안 군부의 정치개입 가능성이 사라졌고 집회와 결사의 자유를 비롯한 시민적 기본권이 신장되었으며 언론에 대한 통제와 언론자유에 대한 탄압이 사라졌고 민주노총과 전교조 등 자주적 노동운동에 합법적 공간이 열렸다. 적어도 정치적 민주화에 관한 한 그들의 리더십은 문제를 완전히 해결하지는 못했지만 앞으로의 진전을 기대할 수 있는 터전을 닦았다.

양김은 또한 강력한 개인적 카리스마를 지닌 리더였다. 이것 역시 크게 보면 탄압을 견디며 정치를 해야 했던 시대의 산물이다. 그러나 같은 시절을 살았던 수많은 정치인 가운데 오직 그 두 사람만이 이러한 카리스마를 획득했으며, 이것은 양김이 출중한 개인적 능력의 소유자임을 입증한다. 뛰어난 정치적 감각과 전광석화 같은 결단력, 민심의 흐름을 읽고 대안을 조직하는 능력에서 양김은 다른 모든 경쟁자를 압도했다.

양김은 역사적 정통성과 개인적 능력을 겸비한 카리스마적 리더로서 결국 자기의 시대를 열었다. 그러나 그들도 자기 자신과 자기의 시대를 넘어선 초인은 아니었다. 양김의 리더십은 사회 환경의 변화와 더불어 위기를 맞을 수밖에 없었다. 그러나 그들은 그 변화를 수용해 스스로를 변화시키는 대신 낡은 방식으로 그 위기에 대처함으로써 지도력의 위기를 심화시켰고 끝내는 정치적 몰락의 길을 걸었다. 많은 성공한 사람이 그런 것처럼 그들도 '자기 성공의 희생자'가 된 것이며, 1987년 이후의 정치사는 양김이 역사적 정통성을 스스로 무너뜨린 역사이기도 하다.

그러나 양김은 권력을 획득하기 위해 스스로 역사적 정통성을 훼손했다. 1987년의 분열, 3당합당, DJP연합이 그것이다. 집권을 위한 분열과 무원칙한 타협 때문에 부분적으로 훼손된 정통성은 그들이 집권세력으로서 '개혁을 추진하면서도 많은 민주적 과제를 방기'했다는 비판을 받음으로써 더 심각하게 훼손되었다. (정대화, '개방적 민주정치로의 과도기', 프레시안, 2002. 5. 6)

양김의 역사적 정통성을 결정적으로 파괴한 것은 그들의 절대적 카리스마였다. 양김은 권위주의 정권과의 전선에서는 '민주주의 지도자'였지만 그들 자신이 이끈 정당 안에서는 '가부장적 독재자'였다. 1987년 민주개혁세력의 분열로 야기된 리더십의 위기를 그들은 지역적 결속력으로 보완했다. 그 결과는 다음 평가처럼 참담한 것이었다.

3김시대를 특징짓는 것은 지역감정의 자극을 통한 3김의 지역할거, 이를 기반으로 한 봉건적 사당정치의 확립, 이들 간의 정략적 담합에 의한 정권창출, 그리고 창출된 권력의 전근대적 사유화 및 농단 등 부정적 요소들이다. 그 결과 정치에 대한 환멸과 냉소는 사회 전반에 확산되었고, 수많은 열사들의 숭고한 희생을 통해 쟁취한 민주주의는 채 꽃도 피우기 전에 빈사상태에 빠져버렸다.

결국 지역주의를 기반으로 한 3김정치의 압도적인 힘이 한국 민주주의를 짓눌러 왔던 것이다. 3김의 권력욕, 이들을 추종하고 이들에 의지해서 표를 얻고 권력자원을 배분 받으려는 정상배들, 그리고 이들의 볼모가 된 유권자들의 지역주의적 투표행태가 3김정치를 견고하게 지탱해 온 세 축이었다. (김수진, '양김에 의한 민주세력 배제의 역사', 프레시안, 2002. 5. 7)

경험적, 이론적으로 카리스마적 리더십은 오래갈 수 없다. 특별한 인간처럼 보이는 사람도 일상적 경험을 오래 하다 보면, 그냥 보통 사람과 별 다른 차이가 없다는 것을 알게 된다는 것이다. 사실은 이미 87년 대선 이후로 양김의 카리스마는 약화되었다. 그럼에도 불구하고 김대중은 호남의 한을 바탕으로 지역주의적 카리스마를 지속할 수 있었고, 카리스마적 요소가 상대적으로 약했던 김영삼은 반DJ에 의존한 지역주의적 리더십을 기초로 집권했다. (김만흠, '지역독점의 카리스마적 리더십 못 벗어나', 프레시안, 2002. 5. 21)

민주화 투쟁에서는 지도자의 카리스마가 매우 중요한 정치적 자산이 된다. 그러나 그들이 대통령이 된 다음에는 문제가 달라진다. 대통령의 개인적 카리스마가 남용되면 집권세력과 정부 전체가 권위주의의 지배 아래 들어갈 위험이 있기 때문이다. 대통령에게는 인격적 카리스마가 아니라 민주적 제도에 기초를 둔 리더십이 필요하다. 그러나 양김은 인격적 카리스마를 거의 유일한 무기로 삼아 집권당과 국회와 정부를 지배하려 했다. 5년 시차를 두고 반복된 대통령 아들과 주변인물들의 구속 사태는 그 필연적 결과라고 할 수 있다. 이제 양김의 정치적 리더십은 존재하지 않는다.

독재의 명분으로 삼았던 산업화가 실제로 이루어졌을 때 한국사회는 박정희와 같은 지도자를 더 이상 용납하지 않았다. 마찬가지 이치에서 양김의 시대가 진척시켰던 민주화는 인격적 카리스마에 근거를 둔 가부장적 지도자를 용납하지 않는다. 2002년의 한국사회는 양김이 리더십을 구축했던 시대와 근본적으로 달라졌다.

우리는 지금 다양성의 시대, 탈권위주의 시대, 디지털의 시대, 쌍방향 커뮤니케이션의 시대를 살고 있다. 70대 정치인들에게 이러한 변화에 발맞출 것을 요구하기는 어렵다. 이런 면에서 보면 양김의 리더십이 무너진 것은 불가피한 사태다. '양김 이후' 정치적 리더십의 구축과 관련하여 가장 주목해야 할 것은 사회구조, 주체, 그리고 매체의 변화 세 가지로 압축할 수 있다. (홍성태, '노풍의 사회문화적 분석', www.know-how, 베스트뷰, 글번호 54091)

'양김시대'를 거치는 동안 한국사회는 급속한 구조적 변화를 겪었으며 그 변화의 핵심은 '다양화'로 요약할 수 있다. 통계청의 자료에 따르면 양김이 신민당 대통령 후보 자리를 놓고 처음 격돌했던 1971년 한국의 1인당 명목 GDP는 286달러였다. 양김이 대통령 선거 출마를 준비하다 5·18을 맞았던 1980년에는 1,598달러, 13대 대선을 치른 1987년은 3,201달러, 양김이 두 번째로 본선에서 맞붙은 1992년은

7,138달러, 그리고 김대중이 이회창을 눌렀던 1997년은 무려 10,315달러였다. 외환위기 이후 경제위기와 환율 변화로 2001년에는 8,900달러를 기록했다.

경제성장은 분업의 발달과 직업의 다양화를 수반한다. 성장이 빠를수록 변화도 급속하다. 우리나라의 경우 미국 등 선진국에 비해서는 뒤떨어지지만 1980년대 약 1만여 종이었던 직업의 수가 1990년대에는 두 배로 늘어났다. 2002년 현재에는 4~5만 종을 넘을 것으로 추정되며 그 증가속도는 점점 더 빨라지고 있다. 경제적으로 유복할수록 사람들은 다양한 욕망을 추구하게 되며, 그에 발맞추어 다양한 상품과 서비스가 개발되고 직업의 종류도 증가되며 개별적 집단적 이해관계도 다양해지는 것이다.

지역 연고라는 원시적 유대를 토대로 한 가부장적 리더십은 다양성을 특징으로 하는 사회를 이끌 수 없다. 정치자금과 공천권을 장악한 지도자가 전략과 대안을 제시하고 국회의원과 당원들이 그것을 추종하게 만드는 '패거리 정치'의 '수직적 리더십'도 이런 사회와는 양립하지 못한다. 전두환과 같은 야심적인 장군에게 정권을 맡아달라고 요청한다고 할지라도 군대식 리더십으로는 관리할 수 없는 사회가 된 것이다. 정치 리더십의 교체는 필연적이다.

두 번째는 유권자 집단의 변화다. 통계청의 인구 추계에 따르면 2002년의 전체 유권자는 약 3,444만 명이다. 20대 유권자는 806만으로 전체의 23.4%, 30대 유권자는 856만 명으로 전체의 24.9%, 40대는 760

만 명으로 전체의 22.1%를 차지한다. 50세 이상 유권자는 다 합쳐도 1,021만 명으로 전체의 26.6%에 불과하다. 유권자의 절반에 육박하는 20대와 30대 가운데 가장 나이가 많은 것이 1963년 태어난 39세 유권자다. 그들은 1970년에 초등학교에 입학했으며 1982년에 대학에 진학했다. 전두환 정권 아래서 청년기를 보냈고 6월 민주항쟁을 직접 체험했다.

20대와 30대는 상대적으로 풍요로운 시대에 청소년기를 보낸 반(反)권위주의적 탈(脫)권위주의적인 세대이며 앞선 세대보다 높은 교육을 받았다. 통계청의 자료에 따르면 대학과 전문대학 등 고등교육기관 진학자의 수가 10만 명을 처음 넘어선 것이 1977년이다. 그런데 불과 6년 후인 1983년에 30만을 돌파했다. 10여 년 동안 30만 명 대를 유지하며 완만하게 증가하던 대학 진학자 수는 1993년에는 40만을 넘어서더니 다시 빠르게 증가해 불과 5년만인 1998년에 60만을 돌파했다. 실로 눈부신 성장이 아닐 수 없는 것이다.

그들은 정치적 참여의 중요성을 이론적, 실천적으로 체득한 세대이다. 정치적 무관심과 저조한 투표 참여율은 기성 정치권의 낡은 정치행태에 대한 그들의 혐오감을 표현한다. 이 세대는 노무현 바람의 진원지이다. 노무현 후보가 20대와 30대에서 압도적인 지지를 받는 것은 그들이 형식과 내용, 지도력 등 모든 면에서 정치의 혁신을 바란다는 것을 입증한다. 패거리 정치와 권위주의적 리더십으로 젊은 고학력 유권자 집단을 사로잡기는 불가능하다. 유권자의 마음을 바꿀 수 없다면 리더십이 바뀌어야 한다.

세 번째는 인터넷이다. 한국은 세계에서 가장 훌륭한 초고속통신 망을 보유하고 있다. 심지어는 시골 읍소재지에도 ADSL이 깔리는 나라다. 한국인터넷정보센터(http://www.nic.or.kr/index_kr.html) 자료에 따르면 최근 인터넷 사용인구는 눈부신 속도로 증가했다. 1997년 163만여 명에서 2001년 12월에는 2,438만여 명으로 15배나 늘었다. 2001년에만 470만 명이 늘었다. 이 추세가 지속된다면 올해 12월 대선 때는 3,000만 명을 넘길 것이다. 7세 미만 어린아이들과 80세 이상 노인층을 제외하고 따지면 전 국민의 70%가 인터넷을 이용하는 셈이다.

세대별 인터넷 사용자 비율은 연령에 반비례한다. 2001년 한 해 동안에만 20대는 71.6%에서 84.6%로, 30대는 44.2%에서 61.6%로, 40대는 25%에서 35.6%로 증가했다. 50대 이상은 6.1%에서 8.7%로 높아졌으나 절대적으로 낮은 수준에 머물고 있다. 인터넷 이용자 가운데 62.4%인 1,521만 명이 매일 인터넷을 이용하며, 주 2회 이상 이용하는 사람은 2,319만 명으로 무려 93.1%나 된다. 학력별로 보면 대졸자의 인터넷 이용비율은 81%, 고졸자는 41.2%다. 직업별로 보면 전문관리직의 83.9%, 사무직의 83.3%가 인터넷을 이용한다.

인터넷은 정치정보의 생산과 유통에 들어가는 비용을 사실상 제로로 만들었다. 조중동은 여전히 신문시장의 70%를 차지하고 있지만 인터넷은 조중동의 정치적 영향력을 상당 부분 무력화시킬 정도로 힘이 세다. 네티즌들은 조중동의 공격에 대응하는 정보와 논리와 자료를 즉각 생산 유통시킴으로써 메이저 신문들의 여론조작을 저지했다. 노무현 후보가 조중동의 집중공격을 받는 와중에도 지속적으로 지지율을 올리고 국민경선에서 완벽한 승리를 거둔 것은 인터넷의 존재 덕분이었다. 젊은 유권자층과 화이트칼라, 고학력 계층에서 노무현 지지가 높은 것도 인터넷 사용과 관계가 있다. 인터넷은 정언유착의 시대에 조종을 울렸다.

인터넷은 신문이나 방송과는 다른 쌍방향 미디어다. 신문과 방송조차도 인터넷과 결합하지 않으면 생존할 수 없는 시대가 되었다. 신문 독자나 텔레비전 시청자와는 달리 인터넷은 능동적인 참여를 보장한다. 조작과 왜곡은 불가능하다. 수없이 많은 능동적 이용자들이 지배하는 인터넷의 세계에서는 스스로를 논리적으로 정당화할 수 없는 리더십은 인정받지 못한다. 국민을 통치의 대상으로 여기는 지도자는 실패할 수밖에 없다. 오로지 네티즌과 호흡을 나누며 대화할 수 있는 정치인만이 지도력을 획득할 수 있다.

이러한 변화를 고려할 때 '양김 이후' 정치적 리더십이 갖추어야 할 필수조건이 무엇인지는 명백하게 드러난다.

첫째는 민주적 리더십이다. 당원과 지지자들에게 올바른 방침을 제시하는 철인형(哲人型) 지도자가 아니라 조직 구성원들이 다양한 견해를 자유롭게 표출하도록 만들고 이견과 대립을 조정하고 절충하여 합의를 이끌어내는 능력을 가진 지도자, 인격적 카리스마가 아니라 비전과 제도화된 절차를 통해 조직을 이끌어 가는 리더십이 필요하다.

둘째는 수평적 리더십이다. 재정과 공천권, 인사권 등 모든 권한을 틀어쥐고 모든 사람이 자기 앞에서 머리를 숙이게 만드는 권위주의적 리더십의 시대는 끝났다. 국회와 내각과 사법부에 대한 지배력을 포기하고 분산할 수 있는 모든 권한을 각급 지방자치단체와 장관과 행정부처에 넘김으로써 삼권분립의 원칙을 존중하고 자율의 정신에 따라 국가를 운영할 수 있는 리더십만이 대중의 지지를 받을 수 있다.

셋째는 개방적인 네트워크형 리더십이다. 측근과 사조직, 돈으로 유지하는 리더십은 시효가 종료되었다. 디지털 시대의 지도자는 다양한 사회집단과 직접 대화해야 한다. 국민들과 멀리 떨어진 구중궁궐에 살면서 민심과 어긋나는 지시와 명령을 내리는 지도자가 아니라 참모들과 격의 없이 토론하고 각계각층의 오피니언 리더는 물론이요 일반 유권자들과도 정서적 일체감을 형성해야 한다.

## 신주류의 등장

이회창 후보는 '주류'(主流, mainstream)의 지원을 받아 정권을 되찾겠다고 말했다가 호된 반격을 받았다. 그는 주류가 어떤 집단인지를 끝내 명료하게 밝히지 않았다. 여러 정치적 고려가 있었겠지만 근본적인 이유는 그가 떳떳하게 내놓고 자랑할 만한 '주류'가 존재하지 않기 때문이다. 그가 생각한 '주류'는 명문대학을 나온 자칭 엘리트들과 대기업의 지배자들, 조중동을 비롯한 유력 언론사의 사주와 경영진, 그리고 수십 년 동안 사회의 모든 권력을 차지했던 영남세력이다.

그들은 박정희, 전두환, 노태우, 김영삼 정권을 떠받쳐 온 '구주류'(舊主流)로서 이번 대선에서도 이회창을 밀 것이다. 이들 '구주류'가 대한민국을 지배해 온 것은 엄연한 사실이다. 그러나 이것은 공개적으로 발설하면 대중의 반감을 사기 때문에 '공공연한 비밀'로 남겨두어야 한다. 이회창 후보는 기밀 누설이라는 실수를 저지른 것이다.

양김은 집권에 성공했으나 새로운 정치적 기반을 구축하는 데는 실패했다. 김영삼은 이회창 후보의 '구주류(舊主流)'에 일부 개혁세력과 PK기반을 덧붙였다. 김대중은 호남과 충청 지역연합에 일부 개혁세력을 결합했을 뿐이다. 양김은 임기 5년을 안정적으로 지탱해 주고 퇴임 후 자기가 이끈 정당이 연속성을 유지하면서 존속하게 해줄 새로운 주류를 형성하지 못했다. 그들의 리더십으로는 변화된 사회 환경에 어울리는 대안을 조직할 수 없었기 때문이다.

대안이란 독자적 비전과 정책 패러다임을 의미하며 정치권력을 획득하고 유지하기 위해서는 대안을 체계화해야 한다. 자기에게 가장 유리한 정치적, 조직적 대안을 동원할 수 있는 능력이 정당의 성공과 실패를 좌우하기 때문이다. 대안을 조직화하지 못하면 유권자의 집단적 참여를 유발할 수 없다. (정상호, '노무현 현상에 대한 정치학적 분석', www.knowhow, 베스트뷰, 글번호 53821)

'노무현 바람'은 새로운 리더십에 대한 대중의 열망을 반영한다. 노무현은 독자적 비전과 정책적 패러다임을 완전하게 체계화하지는 못했지만 그 가능성을 보유한 새로운 리더로 떠올랐다. '노무현 바람'

의 진원지와 지지층의 특성을 뜯어보면 한국 사회에 일찍이 없었던 신주류(新主流)가 등장하고 있음을 알 수 있다. 신주류는 앞서 언급한 '합리적 개혁세력'이다. '개혁의 중단이 아니라 더 많은 민주주의와 보다 효율적인 개혁을 기대하는 시민들의 집합'이다. '신주류'는 '구주류'와 기존의 정치적 리더들이 만들어 놓은 지역주의 정치구도와 특권적 권력문화, 제왕적 리더십을 거부하고 불신한다. '노무현 바람'은 기존 지도력에 대한 '신뢰의 위기'가 만들어낸 정치 현상이다.

'노무현 바람'은 기성정치의 사각지대에서 시작되었다. 지난 연말 이후 올 봄까지 실시된 각종 여론조사를 보면 노무현은 연령별으로는 20대와 30대, 학력별로는 대학 재학 이상의 고학력층, 소득계층으로는 월수입 2백만원 이상, 성별로는 남자, 직업별로는 화이트컬러와 전문직 유권자들에게서 처음부터 상대적으로 높은 지지를 받으며 출발했다. 이들은 정치에 냉소적이거나 무관심하며 투표율이 낮은 집단으로 간주되어 왔다. 그러나 이러한 표면적 정치 거부는 '더 많은 민주주의와 보다 효율적인 개혁'에 대한 그들의 열망의 표현이었다. 그들은 이 열망을 지속적으로 배신한 낡은 정치를 거부했을 뿐이다.

이들이 노무현에게 높은 지지를 보낸 것은 그에게서 새로운 대안을 조직할 수 있는 새로운 리더의 가능성을 발견했기 때문이다. 반면 '저학력, 저소득, 고령층, 생산직과 서비스직'의 서민들은 국민통합과 민족화해, 권력문화의 혁신과 새로운 동북아 질서 구축 등 그가 내세운 정치적 가치와 목표를 잘 이해하지 못했다. 서민후보를 자처하는 노무현이 아니라 귀족 이미지를 가진 이회창이 서민층의 지지를 받는 역설은 이렇게 해서 발생한 것이다.

　이번 대선에서는 지역 변수가 크게 약화될 것이다. 정당의 지역적 기반과 후보의 출신 지역이 어긋난다는 단순한 사실 때문이다. 그러면 어떤 다른 변수가 승패를 좌우할 것인가. 국민일보 서영석 기자의 분석에 따르면 이번 대선은 전례 없는 세대간 대결이 될 전망이다. 그는 이번 대선이 기본적으로 노무현에게 유리한 싸움이라고 본다. (서영석, '심층분석, 노무현 제대로 가고 있나(2)-연령대별 지지가 고착화되고 있다', http://du0280@kmib.co.kr, 6. 12)

　그 결정적 근거는 연령별 지지도의 고착화 현상이다. (…중략…) 대통령 아들 비리를 비롯한 온갖 악재가 다 터진 시기에도 20대와 30대는 여전히 압도적으로 노무현을 지지했다. '충성도'가 매우 높다는 이야기다. 50대 이상의 이회창 지지도 역시 고착되었다. 변하고 있는 것은 40대밖에 없다. 그런데 20대와 30대를 합치면 유권자의 절반에 육박한다. 게다가 이들의 노무현 지지는 '충성도'가 매우 높다. 40대의 대다수를 자기편으로 끌어오는 동시에, 20대와 30대의 투표율이 현저히 낮은 상황이 아닌 한 이회창이 이길 가능성은 거의 없다.

　뒤집어 말하면 노무현은 20대와 30대 유권자를 투표장으로 나오게 만들고 40대 유권자를 붙들어야 한다. 어떻게 할 것인가? 다시 문제는 리더십이며 대안을 조직하는 능력이다. 민주당 국민경선 과정에서 이들은 조중동의 집중포화 속에서도 노무현을 지지함으로써 '더 많은 민주주의와 보다 효율적인 개혁'에 대한 열망을 표출했다. '합리적 개혁세력'은 바로 이들이다. 노무현과 민주당은 김대중 집권을 가능하게 했던 '정치공학'과 결별해야 한다.

김대중은 호남의 절대적 지지를 바탕으로 삼아 김종필과 연합함으로써 충청도 지역표를 얻었다. 달리 대안이 없는 비호남 개혁세력의 표를 흡수했고 정책적 우향우를 통해 보수적 유권자의 거부감을 누그러뜨렸다. 노무현은 이러한 '정치공학'을 구사할 지역적 기반이 없다. 그의 자산은 대안을 조직하는 새로운 리더십에 대한 '합리적 개혁세력의 기대와 열망' 뿐이다. 그가 새로운 리더십을 형성하고 대안적 프로그램을 조직하는 데 실패한다면 '노무현 바람'을 만들었던 '신주류'의 정치적 등장은 또다시 5년 후를 기약해야 할 것이다.

2002년 6월 28일, 민주당 일부 의원들을 대상으로 시사평론가 유시민 씨가 "3김 이후의 정치적 리더십과 개혁세력의 임무"라는 주제로 강의한 특강의 원고. 민주당과 관련한 뒷부분의 원고 일부는 생략함 - 편집자주

## 노무현 관련 도서 및 인터넷 사이트

### 저서

사람 사는 세상 / 노무현, 현장문학사, 1989

새일꾼 새바람 새정치 / 김우정 외, 거시기, 1989

여보, 나좀 도와 줘 : 노무현 고백 에세이 / 노무현, 새터, 1994

내일을 준비하는 오늘 / 김수환 외, 나남출판, 1996

노무현이 만난 링컨/ 노무현, 학고재, 2001

노무현 : 상식 혹은 희망 / 노무현 외, 행복한책읽기, 2002

### 관련도서

노무현論 / 김용철, 사회문화연구소 출판부, 1992

인물과 사상 8권 - 한국 지식인들은 왜 반성을 모르는가? / 강준만, 개마고원, 1998

노무현과 국민 사기극 / 강준만, 인물과사상사, 2001

위기의 韓國, 누구에게 맡길 것인가 / 조성관, 생각의나무, 2001

인물과 사상 19권 -시장은 누구의 것인가? / 강준만, 개마고원/ 2001

이인제는 이회창을 이길 수 없다 - 노무현 필승론/ 장신기, 거름, 2002

그에게서는 사람의 향기가 난다 - 노무현 공식홈페이지 베스트 뷰 모음집 /

노무현과 함께하는 사람들, 열음사, 2002

인물과 사상 22권 - 지식인과 대학 / 강준만, 개마고원, 2002

노무현과 자존심 - 2002 대선을 향한 강준만의 제언 / 강준만, 인물과사상사, 2002

노무현과 안티조선 / 김동민, 시와사회, 2002

## 참 고 자 료

유쾌한 정치 반란, 노사모 / 노혜경 외, 개마고원, 2002

우리는 노사모/ 노혜경 외, 노사모, 2002 (비매품)

인물과 사상 23권 - 김대중 신드롬 / 강준만, 개마고원, 2002

노무현도 못말려 / 김대우, 명상, 2002

우리들의 비밀암호, 노무현을 부탁해 / 공희준, 시와사회, 2002

노무현 대통령 만들기 / 안익준, 명상, 2002

노무현은 왜 조선일보와 싸우는가 / 유시민, 개마고원, 2002

노무현 내마음의 대통령 / 이재영, 대청, 2002

노풍이야 허풍이야 무현이 / 장덕균, 국일미디어, 2002

노무현의 색깔 / 이진, 개마고원, 2002

노무현, 반 DJ 신드롬을 넘어서 / 장신기, 시대의 창, 2002

바보 노무현 대통령 만들기 / 김현우, 책만드는공장, 2002

노무현의 브랜드 전쟁 / 최기수, 바다출판사, 2003

2002 대선 평가와 노무현 정부의 과제 / 동아시아연구원, 이슈투데이, 2003

노무현과 서프라이즈 - 세상을 바꾼 드라마 / 서프라이즈 검색들, 시대의 창, 2003

2003년 한반도의 전쟁과 평화 - 부시의 예방 전쟁과 노무현의 예방 외교

/ 정욱식, 이후, 2003

인물과 사상 25권 - 정당으로 쳐들어가자 / 강준만, 개마고원, 2003

성공한 대통령 행복한 대통령 / 선한승, 맞춤, 2003(재판)

돌콩 노무현 / 위인전편찬위, 자유지성사, 2003

대통령이 된 돌콩 / 엔 북, 2003

## 노무현 관련 사이트 및 카페

청와대: http://www.president.go.kr

노무현 공식 홈페이지: http://www.knowhow.or.kr/

노무현 팬클럽 노사모: http://www.nosamo.org/

노무현의 젊은 벗(대학생 모임: 노벗): http://nobut.org/

노무현을 사랑하는 문화인 모임(노문모): http://1945815.org/

노무현을지지하는IT인모임:http://www.freechal.com/knowit/

국민통합홍보단: http://www.freechal.com/knowhowpr/

카이스트 노사모: http://attractor.kaist.ac.kr/

바보노무현: http://cafe.daum.net/supportno/

노사모 시민내각: http://cafe.daum.net/siminnaegak/

일모도원의 노무현: http://knowhow.x-y.net/

IT4KOREA: http://it4korea.org/

노짱만세: http://daeune.hihome.com/

안티노무현: http://cafe.daum.net/antiknowhow

노무현일보: http://www.1korea.net/

노무현대통령: http://cafe.daum.net/presidentNO

새천년민주당: http://minjoo.or.kr/

국민후보 노무현 지키기 시민운동 : http://rohsupporters.net

노무현 보여주기(사이버 갤러리) : http://rohgallery.com

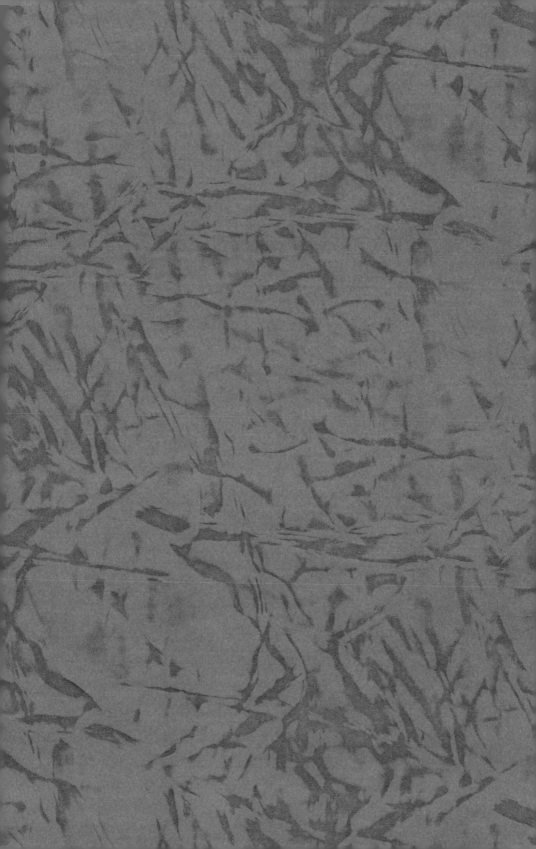

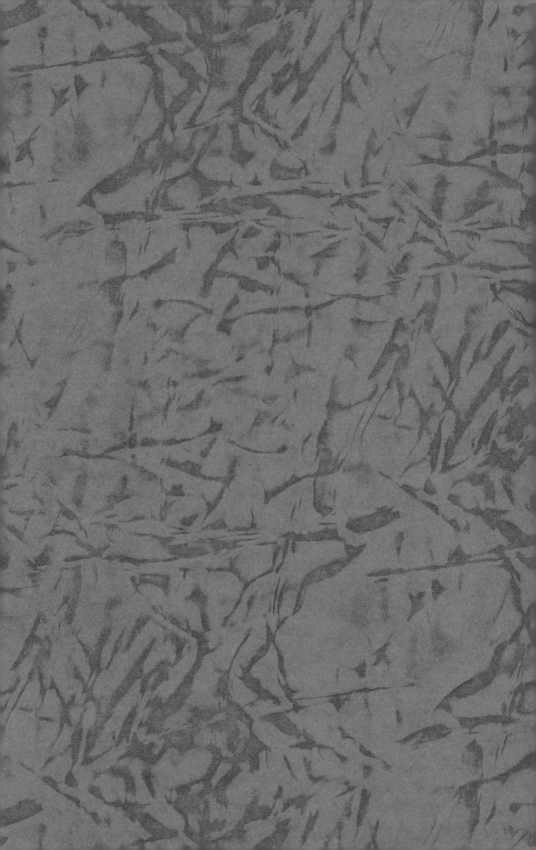

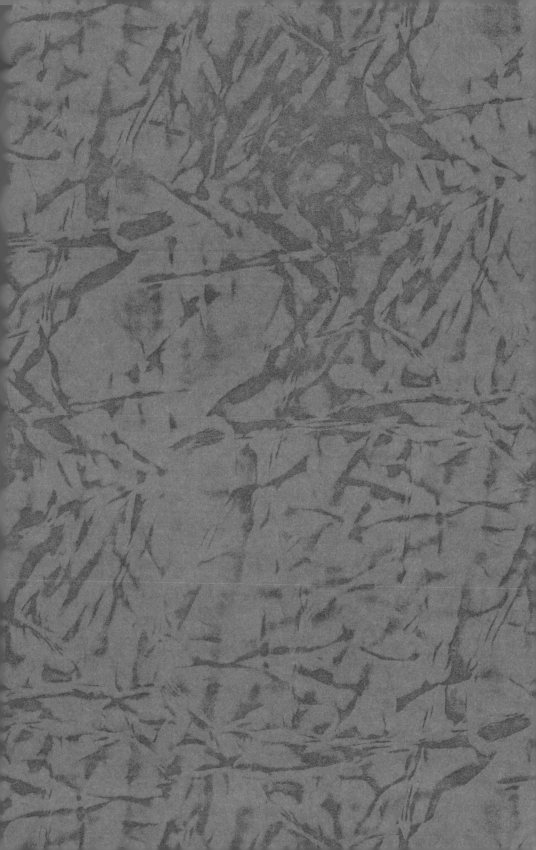